「異文化理解」のディスコース

——文化本質主義の落とし穴

馬渕　仁

目次

序章

一　三人三様の「異文化理解」論

——とにかくもっとグローバルにならないと日本人はだめですよ。そのためには、語学力とともに、日本人に欠落している国際的な交渉能力を身に着けなくてはならない。日本にも、例えば女性が、しとやかでやさしい、いや、やさしかったかな……、というようないいところもあると思う。でも、国際的なセンスや能力はゼロに近いね。（日本企業の海外支店に赴任した商社マン）

——私は、いつも生徒に言うんです。これからは、人類共存、共生の時代だって。だから、文化が違うからって、差別してはいけないんです。文化には、決して優劣はないと思う。それと、これからの時代は何と言っても、語学力、英語ですね。自分はできないけれど、これからの時代を生きる子供たちには付けてやりたい。それともう一つとても大切なことは、国際人になる前に、立派な日本人になることです。（日本人学校の教員）

——近所の人と付き合おうと思うんですけど、やはり言葉が壁になって……。学校の先生たちは、異文化理解っておっしゃるけれど、やはり、自分の子供が日本に帰ることを考えると、進学に必要な学力がついているかどうかが心配で……。日本社会ですか？　まだ日本で働いている、かつての友達なんかと話すと、やはり日本で女性として生きていくのは大変みたい。でも、私には、そんなにつらいとかくやしいとかという経験がないので、よく分かりません。（学齢期の子どもを帯同した海外駐在婦人）

これらは、私が二〇歳の時、はじめて海外留学の機会を与えられてより何度も聞かされ、そして考えさせられてきた声の一部である。以来、そのような声を聞く度に、様々な疑問を抱かずにはいられなかったことを思い起こす。ここに挙げた三人の声に限ってみても、その疑問は、次のような問いかけとなって拡大していく。

海外駐在経験を持つビジネスマンからは、国際的なセンスや能力が日本人には欠けているという話をよく聞く。しかし、そこで言われるセンス、能力とは、どのようなセンスであり能力のことなのだろうか。また、最近、「国際化」に替わって「グローバル化」という言葉がよく使われるようになったが、その意味するところはいったい何なのだろうか。

近年、「共生」や「共存の時代」という言葉を頻繁に耳にするようになった。だが、そのような社会は本当に実現できるのだろうか。そのためにはどうすればよいのだろうか。また、文化には優劣がないとも言われるが、本当にそうなのだろうか。さらに、立派な日本人とは、果たしてどんな「日本人」を指すのだろうか。

かつてのように海外赴任が羨望の的であった時代は過ぎ去ったとも言われるが、しかしそれでも、多くの日本人にとって、数年に亘る海外生活を送ることのできる人たちは、異文化接触の最前線で貴重な体験をした人たちと見なされる。そのような眼差しの中、言葉の壁は、なぜこれほどまでに強く意識されているのだろうか。そして、海外にいる日本人の女性は、いずれは帰国する日本社会での多様性、例えば男女の差異について、何を感じ、何を訴えているのであろうか。

本書は、私のこのような問題意識から出発している。

二　本書のねらい

はじめに、本書のねらいについて、なぜ、研究の題材として、日本の「海外・帰国子女教育」[1]をめぐる問題を重要な領域として取り上げるのか、そして、研究の対象として、なぜ「文化仲介者」と呼ばれる一群の人びとによる「ディスコース（言説）」に焦点を当てるのかの二点を中心にして説明したい。

本書は、「グローバリゼーション」（後で説明するように、日本では、一般的には従来から使われてきた「国際化」と呼ばれる言葉とオーバーラップして使われることが多い）という大きな社会変動の中で、社会や教育がそれにどう対応しているのか、あるいはしようとしているのかを、そこで語られているディスコースに焦点を当てて考察しようとするものである。日本において、教育における国際化は、経済における国際化とともに、政策のスローガンであり続けてきた（経済企画庁 1997：岩波 1997）。それは、出版物における傾向からも顕著である。国際化をキーワードに出版物を検索し、テーマを調べてみると、その結果が読み取れる。国立国会図書館のデータWeb—OPACによると、現在日本では年間一〇〇点近くの出版物が「国際化」をタイトルに含んで出版され、国会図書館に収められているが、その中には、経済領域と教育分野で国際化をテーマにした本がほぼ同数あり、両者を合わせると全体の約三分の一にも及ぶ。タイトルだけでは分類できないものを除くと、残りの半数近くを、政治等他の全てのテーマ領域での国際化論で分かち合っていることになるのである。

では、なぜ教育において、国際化がよく取り上げられ、議論されてきたのであろうか。実は、その問いにある回答を示すのが、本書の一つの目的である。そのため、本書では、国際化について語られている「ディスコース（言説）」を、研究の中心に据える。2章でみるように、現在日本では、これらのディスコースは、異文化間教育、国際理解教育、そして共生のための教育というフレーズのもとに語られている。本書は、それらの言わば「語り」について考察を進めていく。そこで私が重視したのは、「なぜ、それらの教育を推し進めなくてはならないのだろうか」という「何故」である。同時に、「異文化理解の意味は何なのか」、「共生とはいったいいかなる概念なのか」という、これらの教育が「語られる」際の、根本的な概念の「中身」についても掘り下げを行う。後でみるように、従来の研究では、これらの「問い」は、どちらかと言えばあまり省みられずに、言い換えるならば自明のこととして取り扱われてきた傾向があるからである。「グローバル化時代を迎えて、国際理解、異文化理解を図る教育は、必要不可欠である」という命題が、常に前提として議論がなされてきた。本書は、その前提そのものにメスを入れようとするのである。

1　なぜ、いま新たに「海外・帰国子女教育」なのか

次に、これらの教育における言説を考えるにあたり、なぜ、海外・帰国子女教育という領域が、日本においては特に重要なのかを述べたい。現在の日本の国際理解教育、異文化間教育において、海外・帰国子女問題は、その中心的課題だとは決して言えない。それは、学会等におけるこの問題の研究発表数の推移にも現れているし、文部省の海外・帰国子女教育課が国際教育課と名称を変更したこと、そして、ブームは去ったという見解が関係者間でみられること（小島　1996）などにも表れている。しかし、それにもかかわらず、日本の「教育の国際化」

に関する考察を進める上で、この領域はすぐれて重要なのである。その理由を挙げておこう。

現在、日本で教育の国際化が語られる時、そこには、次の諸領域が含まれる。例えば、文部省（現文部科学省）[2]の白書にあたるものとして毎年発行されてきた『我が国の文教施策』[3]によれば、それは海外・帰国子女教育、留学生教育、日本語教育、外国語教育、在日外国人子弟教育などの諸領域が挙げられる。国内でこの分野を代表する異文化間教育学会の中心的な研究者たちも、著書の中でほぼ同様の分野を取り上げている（小林 1995；江淵 1997）。これらの諸領域の中で、海外・帰国子女教育は、一九七六年、『我が国の教育水準』に、「海外勤務者子女教育」としてはじめて登場して以来、例えば先ほどの文部省が発行してきた政策文書において、過去二五年以上に亘り一貫して取り上げられてきた。こうした、教育政策における歴史の長さ、そして継続性という点から、この領域が重要であると言えるのである。

第二には、出版物、マスコミ等で、海外・帰国子女教育が広く取り上げられてきたという事実がある。私はかつて、一九八四年から一九九五年の一一年間に出版された、国際理解教育を扱った二〇四冊の本を調べたことがある。後で触れるように、この時期はちょうど日本のバブル経済の期間を含み、教育の領域でもその国際化について大いに論じられた時期でもある。その二〇四冊の多くは、国際理解教育を様々な領域から取り上げているが、そのうち海外・帰国子女教育を主要テーマのひとつとしたものが四三点、外国語教育に限って論じたものが一六点、海外・帰国子女教育のみを扱ったものが一二点となっていた。海外・帰国子女教育問題は、これらの教育問題における中心の一つであったと言えよう。また、新聞や雑誌でも海外・帰国子女教育はさかんに取り上げられ、「帰国」や「バイリンギャル」などという彼ら／彼女らを指す言葉が流行したことが指摘されている（佐藤郡 1995）。実際には、海外・帰国子女の数はそれほど多くはなく、海外からの帰国児童数は毎年数千人程度に過ぎない。それにもかかわらず、出版物やマスコミにおけるこの問題への関心は高かったのである。それは、海外・帰国子女の問題が、日本の教育や社会の領域で広く認知された、特異な問題であることを示している。そしてそこでは、「わが国の教育目標が国際社会に生きる日本人の育成にあり、海外子女はそのパイオニアともいうべき貴重な存在である」（海外子女教育振興財団　1977）という表現が、常に見られたのである。

次に、実際の教育の場において、海外子女、帰国子女のための教育施設や学校の数が急増したことが挙げられる。海外子女教育振興財団の資料（2002a）によると、現在、全世界で八三校の全日制日本人学校、一九六校の補習授業校（そのほとんどが土曜日のみに授業を行っている）がある。また、国内には、帰国子女の受け入れに特別の配慮をする中学が約一八〇校、同じく高校が約二九〇校、そして、大学入試で帰国子女受け入れ枠を何らかの形で設けている大学は三五〇以上に上る（海外子女教育振興財団　2001a）。2章でみるように、これらの学校数は、日本経済がその成長を最ももてはやされた一九八〇年代を中心に激増した。日本の教育の場で、他の特定の児童・生徒、例えば、在日外国人の子供や発達に障害を持つ子供などを対象とする学校や施設がこのように短い期間で急増した現象は、いまだ起こったことがない。よって、海外・帰国子女教育の急速な広がりという事実は注目に値するのである。

四点目に挙げられるのは、日本の経済界、中でも、海外に進出している大企業の関係者間において、この海外・帰国子女問題が大きな課題であったことである。一九八〇年代を通じて私も関わった、通産省主導下の日本企業数社による海外大型プロジェクトにおいて、「海外における人事や総務というアドミニストレーションの最も大切な仕事は、駐在員の住居の問題と、彼らの子供たちの教育問題、その二点である」と何度も聞かされた。一九九〇年代の後半に、中国、マレーシア、オーストラリアの諸都市で、在外日本企業の代表者にインタビューした折にも、その声は変わっていなかった（国際交流研究会 1999）。それは、海外に進出している大手企業をメンバーとした「日本在外企業協会」が発行する月刊誌からも明らかであり、駐在員の海外での安全の問題と並んで、子供たちの教育の問題が、最重要の課題として掲載され続けている。当然、これら経済界から出された教育政策や教育現場への要求や提言は数も多く、日本の教育の中で、海外・帰国子女教育問題にユニークな性格を与えてきたのである。

最後に、この問題に対する研究者の関心の高さを挙げなくてはならない。「教育の国際化」に関する日本国内で最大の研究者組織は、「異文化間教育学会」であろう。この学会は、一九八一年に発足して以来、日本の教育の国際化について、オピニオンリーダー的な役割を果たしてきた。現在、会員数は一〇〇〇名を数える。同学会の当初の研究テーマを学会誌を通じて振り返ると、その多くが海外・帰国子女教育問題に焦点を当てていたことが分かる（異文化間教育学会 1987）。日本の「教育の国際化論」が海外・帰国子女教育問題を中心テーマとして始まったという事実は、看過できない点である。国内の他の研究組織においても同様の傾向が認められる。確かに最近では、この問題への関心は、他の領域に比べて突出しているとは言い難い状況がある（そうした変遷そのものも、考察の対象として大切であろう）。しかし、二〇年以上に亘り、日本の教育の国際化において語り続けられた問題が海外・帰国子女問題であることは、それが研究の対象として如何に重要であるかを示しているのである。

以上、五つの点から、海外・帰国子女教育問題が日本における「教育の国際化論」に占める地位について考察してきた。それらは、教育政策、一般の出版物やマスコミ、教育現場、経済界、そして研究者組織と多岐に亘り、いずれの点からも、海外・帰国子女教育問題が日本の教育における国際化論の中で、極めて重要であったことを示している。同時に、それは図らずも、この問題を研究するいま一つの意義についても、我々の目を開かせる。それは、日本における海外・帰国子女教育問題に関わる人びとの多様性という点である。文教行政、マスコミ、経済界、教育現場、そして研究者という異なった立場の人たちが、この問題へ継続的に発言し続けてきたという事実である。留学生教育や国際理解教育などの隣接する他の領域と比べても、これほど多様な立場からの積極的な関与があるという事実は、海外・帰国子女教育問題の見過ごせない点である。そればかりではない。後でみるように、これらの発言の多くは、海外・帰国子女教育を促進するという、ほぼ同じ立場からなされてきた。そして、それがひいては、日本の教育の国際化に大きく寄与するという大前提のもとに語られてきたのである。

数ある教育の国際化論の中で、日本における海外・帰国子女問題をあえて取り上げる理由は、ここにある。問題の歴史の長さ、継続性、関与する人びとの多様性、そしてそこで語られることの方向がほぼ一致してきたこと、これらの諸点を全て持つこの問題に焦点を合わせることは、冒頭に述べた、「グローバリゼーションという大きな社会変動の中で、教育がそれにどう対応しているのか、あるいはしようとしているのかを考察する」という本書の目的に、すぐれたケーススタディになり得ると考えるからである。

2　「文化仲介者」の「ディスコース」を取り上げる意味

次に、本書のもう一つの特色である、文化仲介者と呼ばれる人びとのディスコースを分析の中心に据える理由について述べる。本書は、従来この分野の研究で多く取り上げられてきた海外・帰国子女や国際理解教育における教育内容そのもの、あるいはそれに関わる子供たちを研究の対象にしたものではない。この問題を取り巻く人びとによる、この問題に関するディスコースに研究の焦点を合わせたのである。ここではまず、本書におけるディスコースとは何かを説明し、そしてなぜ文化仲介者によるディスコースを分析するのかについて論を進めることにする。

「ディスコース（言説）」という言葉の意味するところは様々であるが、基本的には、発話や書かれたものの中で、文より大きな単位として理解されることが多い。日本語では「談話」という言葉が、それに該当する。談話としてディスコースを捉えると、話されたものとしては会話、インタビュー、評論、スピーチ、そして書かれたものとしては、エッセイ、メモ、書物やその部分など、意味をもってまとまったものであれば全てディスコースとして見なすことができ、極めて広い内容をもった用語になる（クリスタル　1987）。この意味で、すなわち「書かれているものや言われているもの」というかなりゆるやかな定義で、ディスコースという言葉を使う場合があるが、本書ではほとんどの場合、ディスコースを、M・フーコーの考えたところの意味で用いる。それは、ディスコースを、それを作り出した社会的状況の中での知識や価値、そして力関係を表出する言葉として理解することにつながる。ここで、本書において、フーコーのいう意味でディスコースを捉える意義について説明しておこう。

フーコーが説く意味でのディスコースは、単なる発話や文の集合体としてよりも、実際に社会のコンテクストを規定し、また社会のコンテクストによって逆に規定されるものとして理解される（マイルズ　1997：11）。ディスコースをこのように理解することは、本書で取り上げる様々な文献やインタビューの内容が、いかに社会的コンテクストによって規定されているかに目を向けさせる、大切な視点を与えてくれる。すなわち次項で述べるように、本書では、五つの異なるグループが紡ぎだすディスコースを考察していくが、それぞれのグループ、例えば、海外ビジネス駐在員グループと海外日本人児童の母親グループが、異文化理解について、同じようなコンテクストに基づいて同じような見解を表明するとは、考えにくいのである。

ディスコースとは、それが関係している組織や、それが由来する社会的な位置などによって規定され得る特定な言語領域のことである。ここでいう社会的な位置とは、該当するディスコースが、それ自身と他との関係を通して立つところとして理解できる。（マクドネル　1986：3）

本書では、この領域における研究では従来あまり注意を払われてこなかった傾向のあるこうしたディスコースの社会的コンテクストについて、特に異文化理解との関係の中で考察していきたいと考えている。ディスコースが作り出されてくる社会的なコンテクストや位置について考えることは、フーコーによりディスコースを捉えることの第二の意義に結び付く。

フーコー（1977）は、社会の中で力を持っている者が、知識、または知識を手に入れる方法を制御し、また、そのような知識を持っている者が、知識を持っていない者に対して社会的な力を保持することを指摘した。

我々は、社会的な力が知識を生み出すこと、社会的な力と知識はお互いを直接意味し合うものであること、関連し合う知識領域のないところには力関係も存在せず、同時に力関係のないところにはあらかじめ存在する知識などないこと、これらを認める必要がある。（1977：27）

本書では、海外・帰国子女教育における政策担当者と研究者の二つのグループをディスコースの生産者とし、海外のビジネスマン、学校教員、母親たちから成る三つのグループを、それらディスコースの消費者ないし仲介者として捉える。はじめの二つのグループは、異文化理解に関する政策を提示し、それに関する研究をリードしていく立場にあって、この問題においては、後のグループより明らかに大きな影響力、すなわち社会的な力をもっている。そして、海外日本人社会を構成する後のグループでは、母親たちが、社会的には最も力の弱いグループである。異文化理解に関するディスコースを、その発話者や書き手の社会的な力関係を考慮しながら分析していくことは、本書の大切な視点の一つである。

さらに、本書では、政策立案者や研究者が作り出すディスコースを、「公的なディスコース」と見なす。

> このタイプのディスコースは、結局、どのように人間が形成されるか、どのように組織が社会生活の周辺部にいる人たちを「正常」なものにしようと試みるか、そして、どのように知識の歴史的な状況が変わっていくかということに、密接に関係付けられるのである。（マッコールとグレース　1993：41）

それに対して、海外におけるビジネスマン、学校教員、母親たちは、文部省を中心とする政策や研究者の見解の影響下にある。政策や研究者の論稿は、これら三つのグループに属する人たちにとっては、規範的かつ正当化された公的なディスコースと見なされるのである。本書では、三つのグループに属する人たちが、この正当化されたディスコースに、いったいどのように応答しようとしているかを掘り下げていく。

知識と社会的な力の問題においていま一つ重要なのは、調査する側とされる側の関係、例えば、インタビューをする者とされる者の関係について考えることである。

> 社会的な力と知識の関係は、その関係を貫き、その関係を作り上げるプロセスや葛藤そのものであり、知識の形式とその可能な領域を決定するものである。（フーコー　1977：27–28）

調査や研究に被調査者として参加する者と、調査を実施する者との間に存在する力関係は、調査結果の内容やその内容を導く調査上のインターアクションに大きな影響を与える。それは、調査から得られるトランスクリプションなどの様々な調査結果に対して、その妥当性や信頼性に問題を投げかけてくる。そしてその問題は、本書の方法論上の重要な視点へと我われを導くのである。

フーコーにとって「真理」というものは、何か本来的にそなわっているものではなかった。

> 真理とは、この世の状況的なものであり、幾重もの制約された価値観によって作り出されたものである。（1979：46）

> 我われは、社会的な力によるところの真理によって作り出されたものの支配下にあるし、我われは、その真理によって作り出されたものを通じることなしには、社会的な力を行使することもできない。（1980：93）

様々なディスコースを考察する際、本書では、中立的で客観的なディスコースはあり得ないという考えを重視する。具体的に言えば、私自身は、調査をする者としてインタビューを実施したが、しかし同時に、日本人児童・生徒の教員、そして親として、すなわち調査参加者[4]と共通の体験を持つ者として、調査参加者との対話をすることを、可能な限り試みたのである。

フーコーは、真理を語れる位置というものがあることを主張しない。彼自身が、その時点において流布している漠

然とした枠組みによって押し付けられた限界の中でしか語れないという事実に気づいていた。(マイルズ　1997：33)

私は、一方では、調査参加者の状況に関係をもち、それを理解できる「インサイダー」として自らを捉えているが、同時にもう一方では、調査参加者の生活に、限られた時間で限られた接触しかなし得ない「アウトサイダー」の調査者としても自らを位置づけていた。加えて、実際のインタビューでは、調査者である私にとって意味があると考える内容に焦点を合わせざるを得ないわけである。その点では、得られた調査結果には、調査を実施する立場の者としての、調査を受ける者に対する「力」が表れていると考えなければならない。これらの問題は、3章の方法論で、いま一度詳しく説明することになる。

次に、本書で対象とするディスコースは、どのような立場の人びとによるものなのかを述べておきたい。本書は、「文化仲介者」というグループの人びとを対象にして、異文化理解に関するディスコースが、どのように受け入れられ、解釈され、応答されているかを考察する。その研究の目的は、それら文化仲介者にいろいろな「問い」をぶつけることによって、異文化理解について当然だと思われてきた見解を支える価値観に迫り、そのディスコースの背後にある隠された意味を探ることでもある。得られた調査結果とその分析が、この問題に対する新しい理解のきっかけとなり、そこからさらに発展した「問い」を生む契機になることを目指すのである。

本書では、日本においての異文化理解、国際理解教育における言説に関わる人びとについて、次の五つのグループを考える。それは、政策担当者、この問題の研究者、海外駐在の経験のある企業関係者、学校の教員、そして保護者たちである。そして、前項で述べたとおり、最初の二グループ、すなわち政策担当者と研究者たちを、この問題における公的な言説の主要な生産者と捉え、後の三グループ、企業関係者、教員、保護者をそれら公的な言説の仲介者として捉える。後でみるように、従来の研究では、前の二グループ、政策担当者や研究者が生産する文書、論文や本は研究の対象となることが多かったのに対し、後のグループの人びとが生み出す言説については、学問的な関心はあまり払われてこなかった。

私は、異文化理解や国際理解教育の文脈の中で、この問題に関する公的な言説の生産者だけではなく、従来看過されてきていた公的な言説を受容、消化、解釈する人びととそのディスコースに、より注目すべきだと考える。彼ら／彼女らは、出版されるような論文、政策文書、あるいは学術書という形では言説を表明することは少ない。しかし、彼ら／彼女らは、学校で、企業で、そして海外の日本人社会で、異文化理解や国際理解教育について多くのことを考え、語る人たちなのである。一般の日本人と比べると、この問題に関する関心ははるかに高い。それは、母親や教師たちがその異文化経験を体験記として多く出版していることにも現れているし、かつて私が実施した調査でも、ほとんどの質問に、待っていましたとばかりに回答をしてくれたその姿勢にも示されていた（国際交流研究会　1999）。

M・フェザーストーン（1991）は、「文化仲介者」という社会的カテゴリーを提示し、知的なアイディアをさらに多くの人びとへ伝達する仲介者としての役割の重要性を指摘している。フェザーストーンは文化仲介者に、ソーシャルワーカーやカウンセラーといった援助的職業を含める。S・N・アイゼンシュタット（1972）も、知的作品の解釈や伝達に従事する人びとを、第二次的知識人として、その社会的役割に注目した。彼によれば、教師やビジネスエリートなどが第二次的知識人と見なされている。本書で取り上げる、企業人、学校教師などは、まさにこのカテゴリーに入る。また、海外駐在の夫人、特に現地日本人会や学校ＰＴＡで指導的な役割を果たしている母親たちも、文化仲介者として捉えられる。これらの母親たちは、様々な公的な言説や情報を自らの子どもや家庭内だけではなく、海外日本人コミュニティーの他のメンバーに仲介する働きをも果たしているのである。吉野耕作（1997）が『文化ナショナリズムの社会学』で示したように、これらの企業人、教員、母親たちは、研究者や政策作成者の書いた文書を直接読む機会は少ないかも知れないが、学校や委員会などの様々な機会を通して公的な言説に接し、それを自分の経験に照らして解釈し、平易な言葉で表現し直して、さらに再生産する働きをしているのである。日本人会や学校運営理事会などの組織を通じて、彼ら／彼女らの声が、教育の現場、例えば海外日本人学校や日本人社会で、オピニオンリーダーとして機能するわけである。

具体的には、本書では、海外子女教育に関わる海外日本企業の代表者たち（彼らは、学校運営理事会の理事でもある）、校長を含む日本人学校教員管理職、そして母親の中から学校ＰＴＡの役員たちという三つのカテゴリーを選んだ。そして彼ら／彼女らを、先に述べたような文化仲介者として捉え、その言説を分析したのである。インタビューで話し合われた内容は、海外・帰国子女教育問題に止まらず、国際理解、文化概念、日本社会の変動、日本人論についてなど、彼ら／彼女らの、日々の異文化接触の場から生まれる多様な内容に亘った。

文化の狭間で生活することを、日常的に余儀なくされている海外の文化仲介者たちは、否応なしに、あるいは無意識のうちに異文化理解や国際理解教育における公的言説を聞かされ、自らも何らかの価値判断を下す機会が多い。調査に参加した人たちは、それぞれの置かれたコンテクストの中から、まさに、様々な異文化や教育に関する感慨や見解を、そして彼ら／彼女らの文化に対する哲学を語ってくれた。彼ら／彼女らの言説を分析することは、本書の目指す、日本における国際化に関する言説の豊かな諸相を、鮮やかに我われの前に見せてくれる作業となったのである。

三　本書における基本的用語

本書は、異文化理解をめぐる幾つかの基本的な概念を表わす言葉に、特定の定義づけをすることを目論むものではなく、それらの言葉がどう使われているかを考察することを、主たる関心、目的とするものである。しかし、ここで用いる用語の中で、次の四つの言葉と、特にその関係について、暫定的な説明を加えておくことは有用であると考える。それは、「国際化」、「グローバリゼーション（グローバル化）」、「異文化（理解）主義」、「多文化主義」の四つの言葉とその関係についてである。

まず「国際化」である。すでに述べたように、「国際化」は、日本の中では、至るところで使われ続けてきた言葉の一つである。ただ、国内で「国際化」という言葉があまりにも多用されたため、そのこと自体に対する抵抗や批判の声すら聞かれるようになった。同時にそれは、この「国際化」という言葉が、非常に広い意味で曖昧に使われている現状を示しているとも言えよう。H・ベフ（1983）はかつて、日本で使われている「国際化」という言葉の意味するところを、一六もの項目を挙げて示している。

「国際化」は、そのような多義性を持つ言葉であるが、本書では、それを、「グローバリゼーション（グローバル化）」とほぼ同じ概念として用いる。もちろん、「国際化を論じる時は、国家が分析の単位になっているのに対して、グローバリゼーションでは、国家という単位そのものが再考を迫られており、国際化とグローバリゼーションを同じ枠組みで語るのには問題がある」という議論を展開することも可能である。しかし、「グローバリゼーション」を、経済、政治、文化領域における地球規模での急激な社会変動と捉えた場合（1章参照）、日本では従来、「国際化」という言葉がそれを表してきたと本書では見なす。その意味で、本書のコンテクストでは、「国際化」と「グローバリゼーション」は、置き換え可能な場合が多い。

次は、「異文化(理解)主義」という概念である。前述したように、国際化の中での教育を検討する主要な学会の一つが「異文化間教育学会」という名称を持っていることは、日本でのこの問題に対する概念把握のあり様を示しているとも言えよう。先述の江淵一公(1997)は、異文化間教育を、暫定的としながらも次のように定義する。

> 異文化間教育とは、異文化との接触や交流を契機として、あるいは異文化との接触と相互作用が恒常的に存在する構造的条件のもとで展開する、人間形成に関わる文化的過程ないし活動である。

しかし一九八一年に学会が設立されてから、「異文化」という言葉は、「異文化間教育」という枠組みを超えて、非常に広範囲に使われていった。出版物を例にとってもそれは顕著で、一九八〇年代の中頃から「異文化」をテーマにする本の出版が徐々に増え始め、一九九〇年以降は、少なくとも毎年三〇点以上の本が、「異文化」や「異文化理解」をテーマにして、出版されている。これは、何度かブームが起こり、その度にもてはやされた「日本人論」の出版物よりも多いほどである。まさに「異文化理解」が、言葉や概念として、社会に浸透してきたことを表わしているのである。

「異文化間教育」の「異文化」を「多文化」に置き換えて先の定義を見てみると、異文化間教育が海外でいわれる多文化教育とかなりの部分で重なり合うことが分かる。例えば、異文化間教育学会の前会長加藤幸次(2000)は、日本とアメリカにおける違いは、「異文化間教育」と「多文化教育」という名称に現されています。……日本の場合、在日外国人の人口は極めてわずかで一パーセントほどにすぎないのです。……したがって、「異なった文化」という意味を強調して「異文化」という言葉が用いられていると考えています。

と述べている。異文化間教育については、多文化教育を含むもっと広範囲の概念だとする考え方、さらには、異文化間教育と国際理解教育や国際教育（International Education）の関係についても様々な議論があるが、本書では、「異文化間教育」を、国外で使われる「多文化教育」とほぼ同じ意味を持つものとして捉える。

「異文化主義」という言葉は、一般には使われていない。しかし、先に説明したように、国内での「異文化」と海外で使われている「多文化」という言葉が往々にして相互交換可能であるとの見解に立ち、本書では、「異文化（理解）主義」を、他の国で用いられている「多文化主義」に相当する概念として扱うことにする。

以上の観点から、冒頭で述べた四つの言葉の日本における関係を、本書では「グローバリゼーション（グローバル化）」≒「国際化」（日本）、「多文化主義」≒「異文化（理解）主義」（日本）であるとする。そして本書の理論的枠組みを考察する次の1章では、「グローバリゼーション」と「多文化主義」を取り上げ、その概念、議論、問題点等を検討していくことにする。

四　本書の構成

最後に、本書の構成について述べておきたい。

序章に続く1章では、本書の理論的枠組みと基本概念を述べる。まず、グローバリゼーションについて、教育の国際化を考える際に不可欠なコンテクストであるとの認識から、その分析を行い、続いて、教育がそれら社会変動に如何に応答してきたかを、日本の教育に非常に大きな影響を与えているアメリカを中心に考察する。そこでは、同化主義に基づく教育、文化多元論に基づく教育を、日本との関連の中で分析し、最後に、多文化主義について、その概念と問題点を、特に文化本質主義の視点から検討する。この1章は、本書における問題意識を掘り下げると共に、後に文献を考察する折、またインタビューの分析を試みる際の重要な「問い」を形成する役割を担っている。

2章は、この研究のコンテクストとしての、海外・帰国子女教育問題を振り返ったものである。問題の発生、行政の対応の変化、急速に発展する海外・帰国子女教育、そして、この問題が国際理解教育に収斂していく動きなどを、批判的に取り上げる。同時に、研究者を中心とするこの問題に関する論稿についても、異文化理解のディスコースを考察する上で重要と考えられる視点から分析する。

3章は、リサーチの方法論についてである。そこではまず、調査における客観性と中立性について論じ、ディスコースに隠された意味を探ると共に、この領域への新たな問題意識を提供するためにも、本書がポスト実証主義の立場に立った質的なアプローチを試みることを説明する。さらに、調査対象の選び方、調査の実施方法、また本書で用いるアプローチの意義と限界についても述べる。

4章では、この問題における現在までの政策文書、研究文献の中から代表的だと考えられるものを、本書におけるディスコースとして検討する。政策文書は、審議会の答申などを加えるとかなりの数に上るが、ここでは、『我が国の文教政策』と題する文部省の白書にあたる文献を中心に考察した。研究文献は莫大な数の論文、書籍が蓄積されている中から、一九八〇年代と一九九〇年代に、その時点での代表的な研究者によって書かれた論文集という性格を持つ二点の書籍を中心に分析した。

5章と6章は、海外文化仲介者による異文化理解のディスコースについての現地調査の結果とその考察である。調査は、オーストラリアとマレーシアにそれぞれ複数校ある全日制日本人学校から、一校ずつを選んで行った。調査対象としたのは、学校運営理事会の理事である現地日本企業の代表者、文部省から派遣されている校長を含む学校の管理職教員、そして、母親グループからは、調査時点でPTAの役員をしていた母親たちの三グループである。それぞれのグループは、五名から一〇名の間で構成されており、最終的な調査対象者は四六名となった。5章では、調査参加者の異文化理解や海外・帰国子女教育、国際理解教育に関する様々な見解を分析し、6章では、そうした見解の背後にある「文化」に関する調査参加者の考え方を探っている。

最後の終章では、5章と6章を受けて、本書における文化仲介者たちによる、グローバリゼーションに対応するものとしての異文化理解のディスコースが持つ意味、特にその問題点を、本書全体の中でまとめ、再考した。そして、二一世紀を迎え、さらに激しい社会変動が予想される中で、それらの考察による新たな知見がもたらす可能性を示して本書を閉じている。

序章　注

1　本書で扱う文化仲介者が日常接するのは、在外の日本の児童・生徒、すなわち海外子女と呼ばれる子供たちであることを考えると、「海外子女教育」と「帰国子女教育」を使い分けたほうが良い場合もあるが、本書のテーマであるディスコース（言説）というコンテクストにおいては、両者を峻別するよりセットにして論じたほうがはるかに適当なので、本書では特別なケースを除き、一貫して「海外・帰国子女教育」という言葉を用いる。
2　本書の多くのコンテクストにおいては「文部省」が適当であり、以下、特に必要のない限り「(現文部科学省)」という但し書きは挿入しない。
3　『我が国の文教施策』は、二〇〇一年に『文部科学白書』に替わった。
4　本書では、被調査者という言葉を使わずに、調査参加者という言葉を用いる。
5　例えば、「異文化間教育学会」では、「異文化間」の「間」に意味があるという議論がある。

第1章　グローバリゼーションと多文化主義

本書は、前章で述べたように、日本の海外・帰国子女教育問題という領域における、異文化理解についての言説を考察することを目的としている。そして、特に文化仲介者と呼ばれる人たちの語り、「ディスコース」に焦点を当てて考察するのである。この1章は、そうした考察を試みるに際しての、本書の概念的な枠組みを提供する。すなわち、本章では、「グローバリゼーション」と「多文化主義」について、その概念的分析を行う。また、「文化」に関する様々な概念の中で、「文化本質主義」を、それが本書におけるディスコースを貫く重要な問題を提起しているものとして取り上げる。これらの概念についての理解を深めることは、日本という文脈での「国際化」や「異文化（理解）主義」を考察する際の、重要な枠組みを提供することになると考えるからである。

まずはじめに、本書における「グローバリゼーション」の持つ意味を考察する。「グローバリゼーション」という言葉は、近年、一部の研究者やビジネスマンの世界のみならず、多くの人びとに広く使われるようになってきた。しかし後でみるように、この「グローバリゼーション」という言葉が、今日用いられているような意味で使われ始めたのは、研究者の間に限ってもさほど最近のことではない。さらに昨今では、「グローバリゼーション」は人びとにとって好ましいことなのか、あるいは好ましくないのかという、いわゆる是非論に偏った議論が展開されている。

ここでは、そのような「グローバリゼーション」の是非を中心に論ずるのではなく、「グローバリゼーション」という事象が、「多文化主義」や「異文化（理解）主義」のコンテクストとして、いかに重要であるかという視点から、その有り様に迫りたいと考えている。そして、急激な社会変動としての「グローバリゼーション」が、文化理解、特に教育にもたらす影響について、経済、政治、文化の三領域から考察を進めることにする。序章でも述べたように、本書は、「多文化主義」や「異文化（理解）主義」を「グローバリゼーション」への大変重要な応答の一つだと捉えているからである。

本章の後半では、「多文化主義」について考える。「多文化主義」とひとくちに呼んでも、その意味するところは、国によっても、また歴史的にも多様な側面がある。本書では、日本の「異文化（理解）主義」に大きな影響を与えたアメリカ合衆国での「多文化主義」への流れを中心に考察を進める。そこで展開される議論は、「多様性」と「統一性」という相対する考えを巡ってなされてきたと捉えると、分析がより深まる。同時にそこからは、「多文化」の「多」を巡る議論から、「文化」に比重を置いた議論、すなわち「文化主義」の問題点というものが浮かび上がってくる。

本章の最後の部分では、これらの議論の根底にある「文化主義」、さらに特定して正確に言うと「文化本質主義」の問題について考える。1章で扱うこれらの内容は、本書全体の枠組みを提供すると同時に、後でみる文献、インタビュー調査における「問い」を構成することで、本書の理論的核心をなすものとなるのである。

一　グローバリゼーション

グローバリゼーションとは、航空機や情報産業に代表されるテクノロジーの発達、国境を越える物流や情報、そして人の流れの爆発的な増加と多様化などに因って引き起こされる「時間と空間の圧縮」（ハーヴェイ　1989：240）の過程と捉えることができる。A・ギデンズは、「グローバリゼーションとは、様々な異なる社会や地域間の結び付きの様式が、地球全体に網の目状に張りめぐらされるように拡大する過程を、基本的には指す」

(1990：64) と定義している。R・ロバートソン (1992) は、グローバリゼーションという言葉は、一九八〇年代の後半からその使用が急速に増加したと分析し、M・ウォーターズ (1995) は、グローバリゼーションこそが、一九九〇年代以降の社会を考える際の主要概念であると述べている。

このように現代のキーワードの一つとなったグローバリゼーションであるが、その理解において、研究者の間には、大きく二つの捉え方が認められる。枝葉を切り落として整理するならば、その一つは、近年の社会変動の全てをグローバリゼーションを鍵にして理解することには懐疑的な考え方、もう一つは、近年の社会変動の多くをグローバリゼーションを軸にして把握しようとする考え方である。

前者の考え方に立つ者は、グローバリゼーションを特定の領域で起こっている、ある意味で限定された現象と捉えるべきだと考える。グローバリゼーションという言葉が、最近の急激な社会変動という意味で使われ始めたころ、その意味するところは国民国家という社会生活上の主要な組織を否定するラディカルな考え方だと抵抗を示す研究者たちがあった。例えば、J・バートン (1972) やH・ブル (1977) たちである。一九八〇年代に入ってもR・ギルピン (1987) のように、資本主義の進展との関連に限ってグローバリゼーションを把握しようとする見解が多かった。世界システム論を提唱し、日本でも多くの著書が訳されているI・ウォーラーステイン (1990) にも、グローバリゼーションを経済分野での現象に限定して論ずる傾向があった。これらの研究者に共通するのは、グローバリゼーションはまず経済領域で発生している現象として捉え、他の分野にそれを拡大して考えることにあまり積極的ではない姿勢がみられることである。

それに対して、グローバリゼーションとは、経済領域のみならず社会の全ての分野で起こっている事象であると強調する研究者が近年増えてきた。「グローバリゼーションは、世界の縮小を表すと共に、一つの全体としての世界という意識の増大にも当てはまる概念である」(1992：8）と捉えるロバートソンは、その代表的な研究者のひとりであろう。後でもみるように、彼は、世界が一つのものになっていくこと（それがまとまっていくと呼べるかどうかは別にしても）は間違いのないことだとして論を進める。英国を代表する社会学者のひとりであるギデンズ（1990）によれば、近年増え続ける民族間の対立すらもグローバリゼーションへの反動とは捉えず、逆にそれらがグローバリゼーションのプロセスそのものである、との主張がなされる。すなわち、地域の民族主義やナショナリズムもグローバリゼーションの過程と不可分に生起する現象だと述べるのである。ドイツの社会学者U・ベック（1992）はかつて、「リスク」を現代社会を理解する際の中心概念として用いた。その上で彼は、「リスク」のブーメラン効果というものを指摘し、ある地域で起こったことが他の地域に及ぼす影響が飛躍的に増大していること、そうして引き起こされた他の地域で起こった出来事が、もとの地域にさらに影響を及ぼすことを分析した。彼の考えは、ある一地域の社会は今日もはや他の社会と孤立しては存在していない、いやできないという、いまやグローバリゼーションが地球上のあらゆる領域で、しかも飛躍的に進行しているという理解に通じるものである。グローバリゼーションが現代社会の全領域を巻き込む急激な社会変動だと主張する論者たちには、一つの共通の論点がある。それは、国民国家の存在とその主権の衰退への言及である。そして、その議論は、後に政治の領域におけるグローバリゼーションと教育との問題を考察する上で、重要な論点を提供することとなる。

グローバリゼーションの把握の仕方について、幾つかの見解を取り上げてみた。このように垣間見ただけでも、そこには異なった理解、中心となる視点や見解の相違が浮かび上がってくる。本章では、以下、グローバリゼーションを、経済、政治、文化の三領域に分けて考察を進めていく。それは、この問題を考えてきた多くの研究者たち、例えば、ウォーターズ（1995）、A・アパデュライ（1996）、F・J・レッチナーとJ・ボリ（2000）がそのように整理してきたことにもよるのであるが、より大切な点として、本章のねらいである「多文化主義のコンテクストしてのグローバリゼーション」理解への有効な枠組みになると考えるからである（ブルブレスとトーレス 2000；ストロムクイストとモンクマン 2000）。

1　経済的領域におけるグローバリゼーションと文化帝国主義

「私にとって、グローバリゼーションという言葉からのイメージは、インターネットですね」、「グローバリゼーションのおかげで、私たちは世界中をずっと容易に旅行することができるようになりました」。これらの声を、以前、中国、東南アジア、オーストラリアで調査をした際によく耳にした。グローバリゼーションは、往々にして、交通網や情報技術の飛躍的発達と結び付けて考えられる。P・ディッケン（1992）は、これらテクノロジーの進歩がグローバリゼーションを推し進めた主たる要因であると述べ、それが、我われの意思の伝達、物の生産や移動など多くの分野にどのように影響を及ぼしたかを論じている。アパデュライ（1996）も、テクノロジーの進歩が、グローバリゼーション、特に経済の分野におけるグローバリゼーションを加速度的に推し進めた側面を指摘している。

経済分野で起こったグローバリゼーションのすぐれた例としては、目に見える形での生産物に留まらず、より移動性のある目に見えない製品の移動、例えば金融市場での取引の飛躍的な拡大などが挙げられる（ウォーターズ 1995）。また、労働市場や観光産業にみられる、質、量ともこれまでとは比較にならない人の移動も、グローバリゼーションが最も顕著に表れた例として挙げることができよう。急増した旅行者や、ビジネスマンはじめ多くの一時滞在型の海外在住者、留学生、様々な形の移民など、人の移動の多様化と増大の例には枚挙の暇がない。

経済分野でのグローバリゼーションのポイントの一つに、生産する側からものごとを考えず、消費する側に比重を置いた視点のシフトということも、挙げることができる。そこでは、生産者側の可能性より、消費者、すなわち受け手側の欲求を満たすことへの重点の傾斜が指摘できる（ウォーターズ 1995）。グローバリゼーションの中での消費という観点の重要性は、他の論者によっても様々な指摘がなされている（フェザーストーン 1995：アパデュライ 1996）。

ここで問題となるのは、これらの経済領域でのグローバリゼーションが、本書の主題である異文化理解や多文化教育にどのように関わってくるのかという点であろう。重要な影響として、まず、経済分野のグローバリゼーションとそれに伴う変化が、ある特定のスキルを身に着けた人材を求める重要な要因として働いている点を挙げなくてはならない。その最も典型的な例は、外国語能力と異文化理解能力の育成への取り組みがいたるところでみられることである。各国が世界経済（グローバル経済）に組み込まれていく中では、語学力の育成、そして異文化理解能力を伴った人材の確保は、緊急の課題の一つとなったのである。例えば、カナダにおける国際教育で目指すべき資質について、J・ナイト（1999）は次の五点の必要性を報告している。

- 異文化理解能力の育成
- ビジネス英語と国際的顧客の必要に応じたエチケットの認識
- カナダ人としての、かつ世界的なものの見方の養成
- （第一言語以外の）他の言語の基本的技能の獲得
- 問題にうまく対処できる柔軟な能力の発揮

この報告全体では、外国語を中心とした言語能力と異文化理解能力の二つが強調されている。日本の文部省が発行してきた『我が国の文教施策』にも、やはり同様の主張がみられる。後でみるように、同文書では、国際化時代に生きる人材の資質として、国際理解能力と外国語能力の二点が、常に強調されてきたのである。

現在、世界の各国は、経済分野のグローバリゼーションに起因して押し寄せる環境の変化に直面し、それに対応できる国民を育成する必要をひしひしと迫られていると言えよう。さらに、国家ばかりではなく、企業においても、これらの資質をもった人材を確保することは急務である。D・ハーヴェイ（1980）はかつて、ポストモダン時代の生産体制における特徴として、消費者の側の感覚を十分に持つ、高い資質をもった人材の育成を主張した。特に多国籍企業や超国家的企業（どの国に属しているのかということがあまり意味をなさなくなった企業）にとって、グローバリゼーションは待ったなしの要求を突き付けつつあると言える。

> 開発途上国の超国家的企業で働く男性にとっても女性にとっても、文化的な属性（英語力、生活のスタイル、その地域ではなく欧米の態度や価値観を身に着けること）は、正規な職業能力と同じくらい、昇進するためには重要なものに見える。（スクレア　1991：112）

このように、異文化を理解する能力や外国語能力（英語力）は、経済的なグローバリゼーションに対応する人材を育成するために、世界のいたる所で推し進められているのである。

しかしこれらの動向は、文化帝国主義、特に英語を世界の国際語と見なす問題、そしてそれに付随して広まった社会的なルールや規範の問題についての問いかけを、我われにもたらすことにもなった。文化帝国主義とは、ある特定の文化について、その価値観や慣習が、他の文化を犠牲にしてでも広められていく状況を指す言葉である。近年聞かれるようになった英語（言語）帝国主義は、その典型とも呼べるものである。英語帝国主義論における先駆者のひとり、A・ペニコック（1994）は次のように議論を進める。英語は、実のところは真偽の疑わしい自然性、中立性、そして有用性をその大義名分とし、国際語として現れてきた。しかし現実には、世界の多くの人にとって、英語は自然でも中立でも有用でもない。よって国際語としての英語を、そうした意味で正当化しようとするのは不可能である。ペニコックの言うところによれば、英語が国際語であるという言説は、すでに英語を獲得した人たちが自らの優位性を保持するために、そうでない他の人びとに英語ならびに英語に付随する規範を受け入れることを説得しようとする時にこそ、正当なものだとされるのである。

日本でも「グローバル・スタンダード」という和製英語が、経済界に端を発して近年よく使われるようになってきた。その背景には、欧米、特にアメリカで用いられる様々な規範が、より普遍的かつ合理的であるとして、それを採用することを往々にして良しとする風潮が認められる。グローバル・スタンダードなるものは、欧米に存在するものとして日本人が創り出した想定なのかも知れないという視点は、そこでは希薄になる。

文化帝国主義をめぐる見解は、経済のグローバリゼーションと切り離して論ずることはできない。そのことは、本書の主題と大きな関わりのある教育政策やその目指すところの議論において、特に重要であろう。これらの考察は、後に文献を理解する上で、またインタビュー調査を解釈する上で大切な視点を提供することになる。以上を踏まえた上で、経済の領域でグローバリゼーションが進んだことに伴って進展したともいえる、政治領域でのグローバリゼーションについて考えを進めることにしたい。

2　政治的領域におけるグローバリゼーションと国民国家

政治的な領域でのグローバリゼーションに関する主要な論点は、「国民国家」を巡ってなされる。研究者の中には、グローバリゼーションがいかに進展しようと、主権や意思決定機関としての役割は国民国家に属し続けるとの見解を持つ者が少なくない（ウォーターズ 1995）。しかし、A・マクグリュー（1992）のように、国民国家の存在そのものが、グローバリゼーションの生産物だと主張する研究者もいる。ここでは、国家もグローバリゼーションの強い影響下にあるとする見解を検討することにする。グローバリゼーションの国民国家への影響という点では、次の二つの領域における事象から考察することができよう。

その第一は、従来は国家が主導権をほぼ独占してきた領域において、もはや単一の国家のみで左右することのできる事象が無くなりつつあることである。一つの例は、人権問題をめぐる出来事にみられる。最近一〇年ほどの間に起こった、南アフリカのかつてのアパルトヘイト政策への各国からの圧力、天安門事件を機に活発化した中国の人権問題へのアメリカ等の介入、旧ユーゴスラビアや各地での民族紛争や少数民族問題への関与などは、ある一つの国の内部や地域内の人権問題に、それと境を持たない国々が関わることの正当性を大幅に拡大したと言える。人権を侵害することが他国の非難を呼び起こし、国際的な政治的行動の介入を時として引き起こすことは、介入のあり方やその有無に一貫性はないものの、世界各地でみられるようになってきた。

同様の現象は、環境問題についても言える。例えば、空気中の二酸化炭素の排出量についての、京都議定書に至るまでの話し合い、それ以降の過程、そして特にアメリカの去就を巡ってなされた応酬――これらのプロセスは全て、環境問題が優れてグローバルな政治問題であることを教えてくれた。同じことは、食糧問題、人口問題などについても言える。自国内の問題は、かつては当該の国家がほぼ主導権をもって左右したのであるが、いまや直接利害関係の乏しい他国の状況すら、度外視しては解決できない。そうした事象が、格段に増え出したのである。

グローバリゼーションのもと、国民国家がその影響を受けているいま一つの領域は、国境を越えた人の移動や機関・組織の増大に起因するものである。先述した多国籍企業や超国家的企業に加えて、国の枠を超えた組織は、質量ともに増加の一途をたどっている。多くの組織は、国家が行使する政策やその支配力に、国境を越えて影響を及ぼす可能性を持っている。さらに近年爆発的に増加した非政府系の国際組織（ＮＧＯ）は、まさにその名が示すとおりに、国民国家の枠を超えたグローバリゼーションを示す典型とも言えるだろう。これら多くの組織の存在が、国家の伝統的役割の有効性について、我われに再考を迫ることになったのである。Ｊ－Ｆ・リオタールは『ポストモダンの条件』（1979）の中で、国民国家の誘引力が衰退していることを述べ、先述のＬ・スクレアも、「国家中心主義的な考え方から、グローバル・システムの分析へ焦点を移行すること」（46）の意義を主張している。

ここで再び重要な点は、これらの国民国家の現状とその捉え方に対する認識の変化が、本書のテーマである異文化（理解）主義や多文化主義とどのように関係があるかを考察することであろう。殊に、教育という分野においては、国家が従来非常に大きな役割を果たしてきたことを考える時、国家の役割の衰退という議論を鵜呑みにすることには留意しなくてはならない。前項で見たように、国家がその教育政策を通じて、異文化理解教育に積極的な役割を果たす例も多くあるのである。現に、国民国家の一方的な衰退説には、疑義を唱える研究者たちも存在する。

例えばギデンズ（1990）は、次のように考える。「企業が世界経済の中で最も支配的なエージェントであるように、国民国家は世界の政治秩序の中では主役なのであり」（71）、「国民国家の統治主権を過小評価してはならない」（168）。ウォーラーステイン（1995）も、資本主義システムにおける国家の再分配機能に言及し、普通選挙制度、社会的な立法や福祉を通じて、国家がグローバリゼーションの進行する中でも主役であることを述べている。このような文脈の中、教育、特に異文化理解教育に果たす国家の役割を、その政策において、また文化仲介者とのインタビューを通じて考察していくことは、本書の重要な課題の一つになろう。

しかし、これらの議論にもかかわらず、国民国家がその機能において、従来と同じような役割を果たし続けているという見解が、大きな修正を迫られることは否定できない。ロバートソンが指摘するように、従来の同質的（ホモジーニアス）な国民国家の社会という概念は、現今のグローバリゼーションという局面のもとでは崩壊しつつあるからである（1992：30）。アパデュライ（1996）は、B・アンダーソンの「想像の共同体」という概念を用いて、やはり国民国家の限界を指摘した。その言うところによれば、現在地球上の多くの人びとが、想像の共同体の世界で生活している。ここでいう想像の共同体の世界とは、顔を合わせることのない、多様性に満ち、流動的で、アドホックな、そして暫定的な組織で構成された世界である。アパデュライによれば、国民国家概念というものは、まさにそれら現今の新しい組織概念の反対の極に位置するものであり、極めて再検討を必要とする概念とされるのである。

このように議論を進めてくると、グローバリゼーションの影響下で、国民国家が異文化理解や多文化教育において果たす役割を再検討することの意味は、ますます深まってくるといえよう。同時に、これらの議論は、問題の焦点を、国民国家の役割に限定されたものから、国民意識やナショナル・アイデンティティの問題へ移行させていくことにもつながっていく。S・ホール（1992a；1996）は、国家を政治の単位としてのみ見なすことから、何らかの意味を生産するもの、すなわち文化表象の制度だと捉えることを提唱する。その上で彼は、かつては求心性、整合性、そして全体性があったナショナル・アイデンティティがグローバリゼーションの過程の中で分裂、混乱してきている点を指摘するのである。

ここまで議論を進めてくると、国民意識やナショナル・アイデンティティの問題を政治的なグローバリゼーションの領域で考察することから、文化的領域でのグローバリゼーションを考察することへと移行する必要が出てくるだろう。国民意識の問題は、本章の後半でも再び取り上げることにするが、次項では、文化的領域におけるグローバリゼーションについて考察を進めることにする。

3　文化的領域におけるグローバリゼーションと普遍性・進歩の概念

これまでの、経済的領域や政治的領域でのグローバリゼーションに関する考察から、グローバリゼーションが人びとの価値観や好みといった問題とも関わらざるを得ないことが分かってくる。ここでは、文化領域でのグローバリゼーションを、特に進歩と普遍性という二つの概念との結び付きに焦点を当てて分析する。これら二つの概念は、本書の基本的な問いの一つ、すなわち、グローバリゼーションが進行する中にあっての異文化理解を考える際に、大変重要な枠組みを提供するからである。まず本項で、進歩と普遍性の概念を批判的に捉え、次項ではそれと異文化理解、多文化教育との関係について考察を進めることにしたい。

これらの概念を検討する際、ポストモダニズム[1]の視点について考察を加えることには意味があると考える。それは、グローバリゼーションの理論家にポストモダニズムについても主要な論者である場合が多いことにもよるが、ポストモダニズムが引き起こした価値観、普遍性や進歩についての論点が、まさに文化理解や教育の問題に非常に重要な問いかけを提供したからである。ただ、ポストモダニズムの問題全般をここで論ずることは本書の枠を超えることになるため、本書にとって特に意義のある議論を抽出して検討することにしたい。すなわち、社会・人文科学において従来と異なる様々なものの見方や考え方を提供したポストモダニズムから、次の二つのパースペクティブに焦点を当てるのである。その第一は、多くの知識というものは、それが生み出されたところに存在する力関係をみる時にのみ理解されるのだという点、そして第二は、従来あまり疑われることのなかった、普遍性や何らかの進歩の概念を懐疑的に捉え直すという点である。第一の点に関しては、すでに序章でかなり触れたので、ここでは第二の点を中心に考えたい。

一九七九年に『ポストモダンの条件』を出し、一躍この問題の旗手となったリオタールは、普遍性とその正当性の問題を、文化がポスト・モダン時代に入るという文脈の中で考察した。彼は、正当性というものは、人類の解放そして進歩という概念から導き出されてきたと述べる。しかし彼によれば、これらの概念は、往々にして西洋におけるものの見方によってのみ考察されたとされる。普遍性とは、人類に共通の解放を追及するという信念である。そして、ある言説の正当性とは、こうした普遍性による解放にこそ基づくという理念であるとリオタールは言う。その上で、彼は、そのような共通なものが存在するかどうかを問う。すなわち、普遍的とされるものが実はそうではなく、西洋の、それも一部の価値観に基づいたものであるならば、先の議論は大きな矛盾に陥ることになるのではないかと指摘するのである。

リオタールに引き続き、『ポストモダニティの条件』を一九八〇年に著したハーヴェイも、普遍的な言説というものに否定的である。彼は、ポストモダニズムは、モダニズムに見られた普遍的、全体的な言説を信用せず、リニアな進歩の概念、さらには平等、自由などの啓蒙主義的概念を捨て去ったと述べる。ここでいうリニアな進歩の概念とは、例えば、世界は紆余曲折があっても徐々により解け合った、より望ましい状態になっていくという考えである。ハーヴェイによれば、ポストモダニズムはそのような考えを受け入れない。

こうした問題に常に関わってきたとも言えるウォーラーステインにおける主要な考察の一つも、普遍主義を巡ってなされてきた（1995；1996）。彼は、「普遍主義への信奉こそが、史的システムとしての資本主義のイデオロギーのアーチの頂点に置かれた要の石であった」（1995：81）と言う。その上で、ほとんどの真理というものは、普遍的というより自己中心的な特殊なものであり、西洋化のことを傲慢にも近代化であるとしてきたのだと指摘する。ウォーラーステインによれば、西洋化や近代化は、真理の探究こそを進歩の基礎としてきたのであるが、そのようにして導かれた科学、人権、能力主義に基礎を置く普遍主義は、近代化が行き詰った今日、大きな矛盾を抱えることになったとされるのである。

その他にも多くの識者が、この普遍性と進歩の概念について論じてきた。そして、その多くが、従来の近代化を支えてきた概念では捉えることのできない、新しい時代の到来を示唆している。研究者の間には多くの見解があり、例えばそれを、ポストモダンの時代と呼ぶのか、あるいはこれまでの近代の帰結と見なすのか、議論は絶えないところであるが[2]、それらの議論を分析するのは本書の目的ではない。ポストモダニズムに関する議論の一部をここで取り上げたのは、グローバリゼーションが進む中で、普遍性と進歩の概念が大きく揺さぶられてきたことを示すためである。そのことは、教育、特に多文化教育や日本での異文化理解教育を考える上で、重要な視座を提供するからである。

4　普遍性・進歩の概念と教育

多くの国の教育政策は、近代化の理念のもとに展開されてきた。特に公教育の領域では、近代化主義に基づく主張、すなわち、教育の発展は国家の発展につながるという理念が教育を引っ張ってきた（トダロ　1997）。この考え方は、基本的には現在も自明のことのように教育のあらゆる分野で認められ、例えば後でみるように、国内の国際理解教育やグローバル教育を提唱、推進する教育者たちの中にもみられる。しかし、そのような考えの一つの基礎となる、普遍性へのナイーブな信頼が[3]、ポストモダニズムによって大きなチャレンジを受け、見直しを迫られていることは、先に見たとおりである。そして、教育に関わる者がこのチャレンジに応答を試みるならば、そこに何らかの緊張や摩擦が生じることは避けられない。

伝統的に多くの教育機関は、普遍的な真理や知識の探究に関わり、かつ貢献することにその使命を見出してきたし、さらに、そのような真理や知識が近代化を推し進めようとする人びとの努力に信任を与えてきたのも事実である（ナイトとデ・ウィット　1995）。しかし、グローバリゼーションが急速に進む時代において、社会がそのような普遍的な知識を持つ人びとを本当に必要としているかどうかは、少なくとも再検討しなくてはならない。すでに見たように、普遍的な真理や知識は果たしてどの程度存在するのか、また存在するとすればそれは誰にとっての普遍性なのかなどの問いを、無視できなくなってきているからである。また、現実的には、国家や企業は、より即戦力のある、より専門化された、すなわちより個々の状況に対応可能な、特殊な人材を必要とする場合が多くなってきた。これら、グローバリゼーションの一側面やポストモダニズムが提出する問いに、教育に関わる者は、その方法論や実践についての研究を進めるのと同時に、根源的に考え直さなければならなくなってきたわけである。

普遍性概念と同様のことは、進歩の概念についても言える。進歩については、政治、経済などの分野では、すでにかなり以前から議論や再考がなされてきたのであるが、そのような思索が、教育の場ではそれほど活発でなかったことは否めない。先進国、途上国の如何を問わず、「さらなる教育の発展が、さらなる社会や国家の発展につながる」という言説は、自明のこととして受け入れられてきたのである。しかし近年、それに再考を促す議論もみられるようになった。それはあくまで教育の一側面を論じた議論ではあるが、例えばP・ヒューズ(1995)は、OECDの教育部会では、教育プログラムへの国民の高い参加率が、必ずしもその国家の発展を高めることの保障にはならないとの議論がなされていることを報告している。

日本においては、普遍性と進歩の概念に支えられて、将来への希望を込めた、かつ規範的(ノーマティブ)な見解が、国際理解教育やグローバル教育などの教育分野に数多く見出される。後で詳しくみるように、「なぜ、普遍性を追及することが、グローバリゼーションの進行する現在に意味を持つのか」という理由や、「これらの概念は、日本での異文化理解という文脈の中で、どのように形成されてきたのか」というプロセスについて検討することは、とても大切なことだと考える。例えば、栗本一男(1996)の言う「一般的に、日本の国際教育は、欧米のモデルを、より近代的な、そして必然欠くべからざるモデルとして受容してきた」という見解に、応答する必要があると考えるのである。

インドネシアの高等教育を比較教育学の観点から検討したR・キャノン(1997)は、そこで説かれる普遍性が、決して普遍的なものではなく、西洋、なかんずくアメリカにその起源を持つことが多いという指摘を行った。同じことは、日本でのキャッチフレーズ「グローバル・スタンダード」を巡る論議についても言える。この「グローバル・スタンダード」という言葉は、一九九〇年代の終わりころから、メディア、特にビジネス界、そして後には教育界において、盛んに用いられるようになってきた。しかし、そこで言われる「グローバル」が具体的に何を指すかと言えば、キャノンが指摘したのと同様に、アメリカでの事例や規範にしか言及していない場合が往々にしてある。先述したように、その場合「グローバル」とは、それを喧伝する者が創り上げた、ある意味では都合のよい構築物になっている可能性があるのである。これらの点は、本書の基本的な問題意識を形成することになる。

本節では、特に異文化理解や多文化主義のコンテクストとしてのグローバリゼーションについて考察を試みてきた。経済的領域のグローバリゼーションとそれが引き起こす文化帝国主義の問題、政治的領域のグローバリゼーションと国民国家、そこから生ずるナショナル・アイデンティティの問題、そして文化的領域のグローバリゼーションにおいては、特に普遍性と進歩の概念について、検討を行った。グローバリゼーションを三つの領域に分けて考えたが、もちろんこれらは整然と分けられるものではなく、相互に重なり合っている。また、グローバリゼーションをめぐる問題を、以上の考察で全てカバーできたとは言いがたいが、そこでの議論は、本書でのリサーチとその分析の際の重要な「問い」を形作ることにもつながっている。これらを踏まえた上で、次節では、多文化主義と多文化教育についての考察を進めていくことにする。

二　多文化主義と多文化教育

本節ならびに次節の目的は、多文化主義と多文化教育における議論について、本書にとって重要な観点から考察することである。多文化主義と多文化教育を共に論じるのは、両者が密接な相互関係にあるばかりではなく、その作業が、本書のテーマ、異文化理解のディスコースを考察する上で有用な枠組みを提供することにつながるからである。考察は、以下の問題意識によって、さらに二つの部分に分けられる。

その第一は、多文化主義的な立場とそれに抵抗する反多文化主義的な立場との間で展開される議論や見解に焦点を当てるものである。そして第二は、文化概念そのものの捉え方、より限定して言うと、文化を本質的に理解する見方についての検討である。言い換えるならば、第一の点は、多文化主義や多文化教育の「多」の部分に焦点を当てるのに対し、第二の点は、多文化主義や多文化教育の「文化」の捉え方を考察するということができよう。本節ではその第一の点を、次の第三節では第二の点を検討していくことにする。

多文化主義や多文化教育とひとくちに言っても、その理解や展開の仕方が、国やコンテクストによって様々な特徴をもっていることは言うまでもない。本節では、主にアメリカ合衆国における多文化主義とそれをめぐる議論、そして多文化主義に至るまでの展開について、そこにみられる考え方を中心として、年代を追って振り返ることにしたい。なぜならば、後でみるようにアメリカにおける多文化主義と多文化教育での議論が、日本の異文化（理解）主義、国際理解教育等に、強く影響を与えているると考えるからである。アメリカにおけるその流れは、おおよそ次のように捉えられる。

同化主義的なアプローチ ─→ 文化多元主義 ─→ 多文化主義

もちろんこの流れは、段階を追って、あるものから次のものへ完全に移り変わっていくようなものではなかったし、その変化の時点をある年代に確定できるような単純なものでもない。例えば、同化主義的な考え方は、現代でもまだ社会のいたるところに見出すことができるし、さらに、先の考え方が、前のものより後になるほどより高次な考え方だと一概に断定することも控えなくてはならないだろう。また、文化多元主義や多文化主義という概念には、状況や論者によって実に幅の広い解釈や用いられ方が混在しており、中には両者を同義的に捉える見解もある（パリロ 1996）。

それでも、多文化主義に至る経緯を先のような流れにそって検討するのには、理由がある。それは、文化多元主義が、同化主義に異議を唱える観点から生まれたこと、多文化主義における重要な論点が、文化多元主義の問題を指摘する中から登場してきたと捉えることができるからである。すわなち、本書では、上のそれぞれの段階はそれ以前のアプローチや考え方に対しての批判の中から、また、それ以前のアプローチの問題点を克服しようという立場から登場してきたと見なす立場をとる。そして、これらの流れを考察することは、現在の多文化主義とその問題、さらに多文化主義とそれに疑義を唱える立場との論争等を理解するのに大変役立つのである。

本節での考察には、いま一つ重要な視点が含まれる。それは、多文化主義と多文化教育を、「多様性」と「統一性」という二つの概念を軸にして検討しようというものである。この二つの相対する概念は、形を変えながら、多文化主義に至る過程を、また多文化教育に関する議論そのものを形成してきたと言って過言ではない。「多様性」と「統一性」の相克こそ、これらの議論の通奏低音とも言えるのである。これらのことを心に留めて、以下では、各々の段階の内容や事象を細かく検討するのではなく、その中心的な考えを探ることによって、多文化主義が何を目指して登場してきたかを考察することにしたい。

1　同化主義的な考え方

同化主義とひとくちに言っても、その捉え方や定義には様々な幅がある（パーク 1928；M・ゴードン 1964；レイファー 1981)。「郷に入れば郷に従え」という諺がよく使われるが、この諺の背後にも同化主義的な発想が色濃くある。しかし様々に表現される同化主義的な考え方にも、次のような共通項を認めることができる。

同化とは、マイノリティがマジョリティに溶け込んでいく過程である。そのプロセスの速度や程度には様々なものが考えられるかも知れない。しかし、どのような紆余曲折があったにしても、同化は不可逆的にかつ継続的に進行していく（パーク 1928)。同化主義は、社会は徐々に業績主義的、合理主義的、普遍主義的なものに変わっていくという考えに支えられている（関根 1989)。すなわち、同化主義の考えは、近代主義の考え方と密接に結び付いているのである。同化主義には、リベラルな期待、言い換えるならば、人類とその社会の進歩と結合を信じ、寛容性を信じる信仰がみられる（M・ゴードン 1975)。「時間はかかるかも知れない。しかし、我われは、いつか一つになれるであろう」という信仰である。

しかし、ここで大切なのは、いったい何に同化するのか、という問いであろう。同化主義のプロセスは、あくまでマイノリティがマジョリティに溶け込んでいくという一方的なものであり、そのアプローチには、次第に疑問や反論が出てくるようになった。例えば、アメリカやオーストラリアなどの英語圏で同化するということは、マイノリティがアングロ化（英国系に順応）するということと同義ではないのか、などという疑問である。同化主義の考えに立つと、マジョリティに順応できない人びとは、道理の分からない不適応者として扱われることになり（マージャー 1985）、その現象は非合理な民族性の残存現象だと見なされることになる（ニールセン 1980）。すなわち、同化主義は、支配する立場の集団がその社会や国家の統一を達成、維持するためのイデオロギーに貢献するという可能性が高いのである。

他方、同化主義の考え方では説明できない事象が増えてきている。近年、世界各地で続出している民族間の摩擦や紛争の多くは、マイノリティの人びとが、この同化主義的アプローチに反旗を翻している現実を明示している。マジョリティとマイノリティの間で、あるいは、あるマイノリティと別のマイノリティの間でみられる紛争は、先進国においても鎮火どころか激しくなる様相すら示している。同化主義者によって奉ぜられたリベラルな期待は、現実には裏切られることが少なくないのである。

2　文化多元主義的な考え方

C・ニューフィールドとA・F・ゴードン（1996：84）によると、文化多元主義という言葉を最初に唱えたひとりは、H・M・カレンだとされる。カレン（1956）は、アングロサクソン文化への同化のように、人びとは支配的な文化に統合されることを目指すべきではないとし、個々の民族集団がその文化を肯定的に認識すべきだと提唱した。彼は、社会における民族の多様性を否定的に捉えるのではなく、逆に強みとして、それを積極的に保持していこうとする文化多元論的アプローチを説いたのである。

文化多元論の立場からみると、同化主義は、支配的グループによる文化や社会の統合であると批判されることになる。同化主義のメタファとして有名なのは、多くのマイノリティが一つのマジョリティに溶け込んでいくことを表した「メルティング・ポット」、すなわち「人種・民族の坩堝」というモデルであった。それに対して、文化多元論は「サラダ・ボール」や「モザイク」などというメタファで表される。サラダ・ボールでは、坩堝と異なり、個々の民族集団は、その独自性を保ったまま、共に存在することができる。この「サラダ・ボール」というメタファは、異文化理解や国際理解教育の場で理想的な文化や民族の関係を表す便利なモデルとして、日本でも広く知られるようになった。

こうして同化主義に対する批判から登場してきた文化多元主義であるが、異なる民族集団やグループがその独自性を保ちながら、ではどのようにすれば共存できるのかというプロセスについては、具体的な方策を十分提示できたとは言い難い。その結果、文化多元主義は、その解釈によっては、異なった理解や主張に陥ってしまうという多義性を残したのである。例えば、R・キンバル（1990）やA・M・シュレジンガー（1991）などは、社会における統一性と多様性は共に追求すべきだという見方に立つ。しかし彼らは、多様性は社会の統一性を損なわない限りにおいてそれを尊重するという、統一性をより重視する立場を崩さない。この立場の文化多元論者にとって、支配的集団とマイノリティ集団の間の現実の力関係を変えることは、その目論見に入らないのである。彼らの考えは、リベラルな人びとばかりではなく、アングロサクソン文化の優位を疑わない保守的な支配層にも受け入れられることになった。つまり、多様性より統一性を重視するという見解は、文化多元主義を、究極のところでは同化主義の変種にしてしまう可能性があったのである。

それに対して、統一性よりも多様性を重視するグループもある。そこにも様々な視点からの主張がみられるが、例えば、S・ニエト（1992）やW・テイト（1997）は、多様性に基づく平等を優先しなくてはならないとして、次のように考える。異なる民族や文化の間には不平等な関係がある。真に平等な社会を目指すには、歴史的に差別を被ってきたマイノリティのメンバーに特別な権利を与えることにより、それを実現しなくてはならない。そのために、教育は、法的、制度的な関わりの中で取り組んでいく必要があると言うのである。

アファーマティブ・アクションは、雇用における差別の撤廃を図ることを中心に広まっていった経緯がある。教育においては、その例として、大学や大学院におけるアフリカ系やヒスパニック系などのマイノリティの入学志願者を優遇する措置や、初等・中等教育においてのエスニックグループに対する各々の文化やエスニック・アイデンティティを保持していくことを尊重し奨励する教育などが挙げられる。その支持者たちは、雇用や大学入試の選考のプロセスで、特定の民族集団のメンバーに特別の配慮をすることを主張する。アメリカにおけるアファーマティブ・アクションの多くは、同化主義への反動の中から登場してきたと言える。次項でみるように、多文化教育は、アメリカにおける多文化主義の牽引車ともなったのである。

そのような中で、多様性を統一性より優先する見解に、早くから危機感を示した研究者のひとりにN・グレイザー（1976）がいる。彼は、アファーマティブ・アクションを支持するような文化多元主義では、マイノリティ集団がそれぞれ独自の政治的圧力をかけ始め、国が分裂してしまう危険があると指摘する。後に、M・ゴードンは、文化多元主義を二つのカテゴリーに分類した（1981）。その一つは、例えばグレイザーなどに支持されるリベラルな文化多元主義であり、もう一つはコーポレイト多元主義と呼ばれるものである。前者は個人の尊厳や平等は尊重するが、社会の中のマイノリティを集団として扱い、その集団としての現状を政治的に変える行動を支持することには消極的である。翻って後者は、マイノリティ集団の現況を変える何らかの政治的権利が彼らに与えられなければ、不平等などの問題は決して解決には至らないと主張する。多文化主義の主張は、主に後者の立場の文化多元主義の延長線上にあると捉えることができる（戴　1999）。

3　多文化主義

多文化主義と文化多元主義は、その基本的概念を考えると、文化の多様性の尊重という点では共通している。どちらの概念も、それを使う人や使われる文脈によって幅のある捉え方ができるし、二つを明確な線で分けることは難しいかも知れない[4]。しかし、ここでは以下のように理解する。すなわち、多文化主義は、（アメリカ）社会全体が一つの文化を共有しているという見解に疑問を突き付ける。多文化主義は、文化多元論では必ずしも問題にはされなかった、一つの主流な文化や核となる文化を基盤とする社会を受け入れない。多文化主義の概念では、異なる文化は等しく重要であり、政治的にも経済的にも同じ力関係をもった上で共存するものとされるのである。

アメリカにおいて、多文化教育は、多文化主義を推進するにあたって重要な役割を果たしてきた。アメリカの多文化教育を代表する研究者のひとり、J・バンクスは、「多文化教育とは、全ての社会階級、人種、文化、そしてジェンダーからなる生徒たちが、学校やその他の教育機関を作りかえるための教育改革運動である」（1994：10）と定義した。バンクスは、日本の異文化間教育に大変影響を与えた研究者であり、それは、異文化間教育学会の二〇周年記念シンポジウムに彼が主題講演者として招かれたことからも分かる。一方、C・スリーターとC・A・グラント（1988）は、多文化教育を社会の改革運動と位置づけ、多文化教育にみられる幾つかのアプローチの分析と可能性を論じている。さらにニエト（1992）は、多文化教育では、生徒や学生と教師が、社会の公正のために自らが学んだことを行動に移すことが重要であるとの指摘を行っている。これらアメリカを代表する多文化教育の研究者による見解には、様々な内容が含まれ、強調点も異なるが、同時に共通項も認められる。それは、多文化教育は、人種や民族の差異による社会的な不平等を取り除くことを目指すということ、そのためには、学校、様々な機関、社会の教育的かつ政治的変革が伴うという認識があることである。

しかしながら、多文化主義や多文化教育が推進されるにつれて、それに対する批判や反論も登場してきた。多文化主義は、国民国家の統一や社会の平和と秩序を脅かすものと見なされたのである。

4　多文化主義への反駁

多文化教育や多文化主義の考え方が広まるにつれて、それに反対する、反多文化主義とも呼べる考え方が多くの支持を集めるようになった。彼らによると、多文化教育はあまりにも政治的で、教育の場に、マイノリティによる見方を取り入れることを強調し過ぎると批判される。多文化主義に対する反駁の中心には、多文化主義を徹底すると社会の統一性が脅かされるという危機感があるのである。

反多文化主義の代表的論者のひとりシュレジンガー（1991）は、次のように言う。多文化主義は、アメリカ社会共通のアイデンティティを攻撃し、その統一を脅かす。殊にアフリカ中心主義[5]などはあまりにも急進的な多文化主義であり、そのような考えはアメリカ社会を分裂に導く恐れがある。（戴　1999）

シュレジンガーがこの見解を出す前年に書かれた、多文化教育の動向を批判するD・ラヴィッチの論文(1990)は、反多文化主義を早い時期から鮮明に打ち出したものとして知られている[6]。彼女は、どのような考え方も極端に走ると有害になるが、公教育の場における多文化主義の現状こそまさにそれであるとして警戒を促す。彼女の主張には、「高い目標を目指して懸命に努力すれば人種、民族、ジェンダーは障害にならないと示すことは、教育の大切な目標だ」という考えが根底にある。その上で、多文化主義教育の典型としてのアフリカ中心主義には、自らの先祖や歴史を過度に重視する一方、逆にヨーロッパ中心主義に支えられた普遍性を傲慢だと軽蔑するとして、アフリカ中心主義に強い不快感を示すのである。ラヴィッチはその一方、アメリカの学校で、歴史や文学などの教育内容においてヨーロッパとの結び付きが強調されても、それは何ら驚くべきことではないとも述べる。なぜなら、アメリカは主にヨーロッパから来た人たちの子孫によって形成され、現在アメリカに住む人の多くがヨーロッパ系だからであると彼女は述べている。さらに、公教育のカリキュラムは、経験をつんだ教師や学者といった専門家が最良の知識と実践に基づいて作成すべきで、一部の多文化主義者のように政治的に扱うべきではないと批判する。そして最後に、アメリカという「一つのもの」と、アメリカ国民の多様な歴史という「多からなるもの」の、双方からの要求のバランスを保つことの意義を説くのである。

これら多文化教育と多文化主義への批判者たちは、アファーマティブ・アクションにも批判的であった。彼らによれば、アファーマティブ・アクションは市場経済への介入であり、それにより、逆にマイノリティは経済的地位向上の機会を制限されてしまう。さらにアファーマティブ・アクションによる優遇措置はマイノリティに劣等感を感じさせ、いままで想定されてきた白人の優位性を再認識することになってしまうというのである（戴1999：63)。以上の多文化主義を批判する見解に対しては、当然、急進的な多文化主義者から反論が出されることになった。

5 多文化主義批判への批判

ラヴィッチの見解に対しては、M・アサンテ（1991）がすぐに反論を提出した。本書が特にこのラヴィッチとアサンテの論争を取り上げるのは、日本の多文化主義研究や異文化間教育でこの論争が広く知られ、その影響力があるからである。ラヴィッチ、アサンテ両者の論文は翻訳され（多文化社会研究会 1997）、それについてのすぐれた紹介、解説もなされ（戴 1999）、そして先に述べた二〇〇〇年の異文化間教育学会シンポジウムでも、当時の学会長により同論争が紹介されている。

アサンテは、ラヴィッチの見解はヨーロッパ中心主義的な覇権主義の新趣向であると断言する。彼は、ラヴィッチが擁護するヨーロッパ中心主義的な考え方も、それ自らに普遍的な価値があると主張さえしなければ有効な視点として認められると述べ、さらに、アフリカ中心主義が、決してヨーロッパ中心主義に取って代わるつもりはないのだと反論する。その上で、アサンテは、ラヴィッチが「主流のアメリカ人」という時、その「主流」とは「白人」を意味するとして、共通のアメリカ文化などというものは存在しないと主張するのである。アサンテによると、ラヴィッチが言うところの共通の文化とは、あたかも共通の文化であるごとくに押し付けられた支配する側の文化となるのである。

多文化主義を批判する見解には、アメリカ社会の分裂という危険性を過大視する傾向があるのかも知れない。J・D・エラー（1997）は、多文化主義と反多文化主義との論争を次のように整理している。すなわち、反多文化主義者は、多文化主義を、アメリカの統一を脅かす偏狭な自文化第一主義であり、問題を政治抗争の場に持ち込もうとすると言って批判する。しかし例えば、カリキュラムの正当性の問題が政治的に議論されるのは、何も決して目新しいことではない。反多文化主義者が実際に案ずるのは、一つに統一されたものと思い込まれてきた西欧文化とその優位性が失われることなのであり、リベラリズムが決して中立なものなどではなく、実は近代ヨーロッパの産物だと認識しなくてはならないことなのである。多文化主義は、西洋やアメリカ文化というものに取って代わろうとするものではない。戴エイカ（1999）は、以上をまとめて、「多文化主義の主張が大切なのは、単にそれによってマイノリティのメンバーが権利を拡張できるからではなく、文化的差異を積極的に呈示することにより支配的文化も数ある観点の中の一つに過ぎないことを暴き出すからである」（59）と述べている。

6　「多」概念から「文化」概念の検討へ

以上、多文化主義までに至る経過、そして多文化主義をめぐる代表的な議論を取り上げた。理念的には、多文化主義の考え方には頷首するところが多く含まれているが、はじめにも述べたように、議論は議論として、社会一般には同化主義的な考えもいまだ根強く残っており、さらには保守的な文化多元論、反多文化主義、反・反多文化主義などが混然となって存在している。本章では、それらをかなり単純化して眺めてきたことになる。ただ、ここまで見てきたように、いずれの場合でも問題の焦点となってきたのは、統一性と多様性という二つの相反するベクトルを内蔵した理念の相克であったと言えよう。

しかし、議論をさらに分析していくと、多文化主義が提示したのは、統一性の否定という単純な議論ではなく、何が何に統一されるのかという問題、言い換えると文化の間の力関係に焦点を当てた議論だったということも分かってくる。そこでは、文化を、誰の立場に立って眺め、捉え、発言するのかという点が重視され、特にマイノリティの立場から、これまでの言説を脱構築し、新たに考察することが提案されてきたのである。

それらをさらに検討するためには、文化をどう捉えるかという問題、「文化主義」の問題を考える必要がある。酒井直樹は、「多文化主義を民族文化への回帰として推進する側」、また、「国民の統合を民族の単位によって分断するものとして糾断する側」の双方とも、「文化主義」の弊に陥っていると指摘した。彼の言う文化主義とは、「文化を有機的な統一体とする見方」である。テッサ・モーリス‐鈴木（1996）も、多文化主義をめぐる議論の焦点を、「マルチカルチュラリズム」の「マルチ」から、「カルチュラリズム」へ移行する必要性を提案している。そこで次節では、文化主義の問題、特に文化本質主義の問題について、様々な角度から検討したい。

三　文化本質主義をめぐる問題

これまでの議論においては、文化は民族や人種集団と重ね合わせて考えられてきた。このような考え方は、「文化本質主義」につながっていく。文化本質主義においては、「文化は存在する」という前提があり、その前提自体を問題視する視点は希薄である（戴　1999）。本書では、文化本質主義を、各々の文化は、その文化を表わす純正な要素をもっており、他の文化との間に何らかの明確な境界をもっている、と捉える文化観だとする。

本節では、まず、国内でもよく知られているC・テイラー（1992）の『多文化主義――承認をめぐる政治を検証する』と同書をめぐる議論を取り上げ、なぜ、文化本質主義の問題が、今日の多文化主義を検討する上で重要なのかを考える糸口にする。次に、これらの議論の背景にあるナショナリズムやエスニシティの問題を、文化本質主義との関係の中で考察する。最後に、「文化本質主義」の問題への一つの有効な回答となり得るディアスポリック・ハイブリディティの可能性について考え、また、ジェンダーの視点の有効性について考察を進めることにする。

1　多文化主義と文化本質主義

テイラーは、『多文化主義―承認をめぐる政治を検証する』の中で、現代社会におけるアイデンティティの重要性を指摘した。テイラーによれば、アイデンティティとは、我われが誰であるか、そしてどこから来たのかということを意味する。人は、他者との対話や時には闘争を通じて、自らのアイデンティティを確立していくのであって、近代におけるアイデンティティの確立には、重要な他者の承認が、核心的な役割を果たすとされる。その上でテイラーは、多文化主義はフェミニズムなどとともに、他者による承認が拒否される状況下で登場してくると指摘する。そこに、平等の承認を求める「承認の政治」が展開されるのである。ところが、承認の政治には、差異を考慮するよりも普遍的なものに焦点を当てて人びとを救おうとする立場と、差異を積極的に認めその涵養を説く立場という二つの相対する立場があり、両者はぶつかり合う。テイラーは、西洋における承認をめぐる政治、さらには多文化主義や多文化教育における論争を検討した上で、多様な諸文化の価値の平等性を認めることこそが重要なのだと主張する。そのような彼にとって、アファーマティブ・アクションは、逆に差異を維持し擁護してしまうものであり、はなはだしい逸脱だと断罪される。彼は、等しい価値がある全ての文化は共生すべきであって、極端ではない中道を模索すべきだと述べるのである。

H・バーバは、テイラーが全ての文化の平等性を説きながら、現実には、より多くの人びとにより長い時間影響を与えた文化、すなわちマジョリティの文化価値をマイノリティ文化より重んじている視点を鋭く追及した(1996)。バーバは、文化の多様性を単に多元的な文化として並列するリベラルな多文化主義を批判する。その上で彼は、マイノリティをマジョリティとの二項対立的な視点からみるテイラーの姿勢の限界を指摘し、文化の同質性から文化内部の差異へと眼を開くことの重要性を主張するのである。

M・トリンも、文化間の差異のみに焦点をあてる多文化主義を批判している(1991)。彼女は、多文化主義が、ある一つの文化と他の文化との間にある違いの問題としてとどまる限り、あまり有益なものとはならないと述べる。なぜなら、違いは同じ文化の内部にも、また現代の顕著な状況として多文化主義が我われ自身の内部にも存在することを理解しなくてはならないからである(107)。ここには、文化を本質的に捉えるならば、多文化主義も現状(status quo)維持に貢献してしまうのだという重要な指摘がみられる。

では、文化内の差異とはいったいどのようなものなのであろうか。例えば、L・ロウ(1996)は、文化間ではない文化内の差異について、次のように述べている。彼女は、固定した輪郭を持つエスニックな特性によって表象されるアイデンティティへの欲望を持つ本質主義に対して、そうしたアイデンティティという観念そのものへの挑戦を促している。具体的にはアジア系アメリカ人が取り上げられ、

アジア系アメリカ人たちは、男性であり女性であり、アジアの「オリジナルな」諸文化――それも中国から日本、

韓国、フィリピン、インド、ベトナムまでと多様である――からの距離も世代も異なっており、合衆国生まれであったりアジア生まれであったり、両親も純粋にアジア人であったり混血であったり、都会に住んでいたり田舎に住んでいたり、難民であったりそうでなかったり、共産主義者のアイデンティティをもっていたり反共的であったり、英語が堪能であったり話せなかったり、高学歴であったり労働者階級であったりする。(226)

と、文化内の差異を暴いていく。ここで、このように長く引用したのは、ほとんどの議論が、国の名前を冠した文化名によってのみ語られる多文化主義、異文化理解で占められている本書のコンテクストを省みる時に、このロウの指摘に常に立ち返る必要を感じるからである。彼女は、アジア系アメリカ人などと呼ばれるような、一つの同質的な集団を構築する支配的言説を揺さぶるためには、その集団の異質性（ヘテロジェニーティ）、雑種性（ハイブリディティ）、複数性（マルチプリシティ）を戦略的に強調せよと説く。そうすることによってこそ、他のマイノリティ集団と連携することができると、ロウは主張するのである。

これらの議論から、前節で見た「多文化主義」の「多」をめぐる議論からは、問題の焦点が様相を変えたことが明らかになってくる。そこでは、「多文化主義」の「文化」の捉え方、殊にそれを本質的にみることの問題性を指摘する議論が盛んに行われるようになってきたことが見て取れるのである。重要なのは、文化内の差異の捉え方を検討することであり、文化本質主義は、その問題性が指摘され、それが常に志向してきた文化の「本質」を脱構築することを突き付けられていると言えるのである。ここでは、異文化理解や多文化主義に必ず登場する国民性や民族性という問題の中で、この文化本質主義についてさらに検討していくことにしたい。

2　ナショナリズムの問題

ナショナリズムに関する研究は、前世紀の終わりころから多くの理論家が特に英国を中心に次々と登場し、華々しい議論を展開してきた。例えば、E・ゲルナーは、近代における工業化とナショナリズムの関係を論じている（1983)。すなわち、近代工業社会は、従来の血縁などとは異なる、言語や文化による新しい形の社会的統一を必要とし、その機能を担うものとしてのナショナリズムの成立を説明したのである。アンダーソンは、近代に入って登場した印刷資本主義こそがナショナリズムの起源だとして、ネーション（国民）の成立を説明した(1983)。直接関係を持たない人びとが、印刷された言語によって同質的な空間を共有するネーションは、「想像の共同体」だとアンダーソンは捉えたのである。E・J・ホブスボームは、よく知られている彼の「伝統の創造」とナショナルな事象の関係に言及している（1983)。彼によれば、例えば「フランス」や「フランス人」のような概念は、「創造された」要素を含む近代的な概念とされるのである。

これらの考えに共通するのは、ネーションが近代化に伴って生み出され、同質的な統一を志向するものとして作り上げられてきたものだという点である。そして、その紐帯となるのが、ナショナリズムなのだとして捉えられている。C・カルホーン（1993）は、民族意識に支えられた古くからの歴史的な構築物（A・スミス　1986；1991）とみるか、それとも近代になって新しく生み出されたものと捉えるかの違いはあるにせよ、民族意識もナショナリズムも、ともに特定のエリートたちによって大衆の感情を操作するために構築されたという点を見落とすことはできないと述べた。そして、歴史の中で自然に発生したものと受け取られやすいナショナリズムは、必然的に本質的なもの、純正なものを志向すると指摘するのである。そこでは、集団を構成するメンバー間に存在する差異や異質性は、抑圧されざるを得ない。

バーバ（1994）は、そこに問題を見出そうと試みた。バーバによれば、ネーションは本来活性化する裂け目を包摂しようとする、常にアンビバレントに引き裂かれた存在として捉えられる。しかし、ネーションは、ある国民的統一を作り出すために、自らの存在を自然なものに見せかけようとする努力を絶えず試みるのである。このような国家の「構築性」は、従属させられた異質な民による言説によって挑戦を受け、多様なテクストを脱構築的に読むことで暴かれなければならないと、バーバは言う。

検討を迫られていることは、国家とそれを支えてきたナショナリズムの問題性であろう。酒井は、均質な社会編成を作り出すという点で近代の最先端をいくような国家においては、このナショナリティこそが徹底的に脱構築されなければならないと主張する。彼によれば、

> 国民の輪郭＝言語の輪郭＝文化の輪郭という近代国民国家制作の論理を徹底すれば、多民族社会は、必然的に、複数の、単一言語＝単一民族＝単一文化を原則とする国民国家へと分裂せざるを得なくなる。（1994：15）

ということになり、前節で見た、多文化主義への反発も同じ論理から理解できることになる。すなわち、反多文化主義者たちは、多文化主義は分離主義による民族紛争をもたらすとの判断によって、多文化主義に反発するのである。この論理は、文化を本質的に捉えるという点では、従来の多文化主義者たちと共通している。したがって、多文化主義も反多文化主義も、文化本質主義に陥っている点では、変わりはない。このように考えることによって、例えば「アメリカ文化」や「日本文化」などという修飾語を多用することに何の違和感も抱かない文化

本質的な捉え方が、いかに大きな問題を含むものであるかということが、明らかになってくるのである。

3　エスニシティの問題

多文化主義や異文化理解が語られる際、エスニシティの問題は、必ずと言ってよいほど登場し、議論が繰り返されてきた。そうした中で、第二次世界大戦ののち、近代的な国民国家の形成がさらに進むと民族集団間での紛争は徐々に消えていくのではないかという期待は、見事に裏切られてきたと言えよう。先進国においても民族対立が先鋭化してきた例はきりがないくらいである。現状は、近代化論的な発想に基盤を持つ同化主義アプローチが、その実効性を失ってきたことを示しているのである。有効性が問われる同化主義アプローチに対して、原初主義アプローチは、現代産業社会の中にあっても、人びとにとって集団の歴史的起源に関する絆や集団内で共有される文化の絆は不可欠であるとする考え方である（シルズ　1957）。H・R・アイザックス（1975）は、人びとは基本的集団のアイデンティティを持っており、それが、自ら固有の文化・言語・生活様式への愛情を、現代社会の中でより活性化させるのだと説明した。

同化主義と原初主義は相対するアプローチではあるが、民族には何か固有の文化があるという前提を基礎に持つ点では両者とも共通している。それに対して、エスニシティ問題においては、その集団が持つ文化の内容ではなく、集団を規定しようとする境界こそが重要だとして、境界主義を提唱したのがF・バルトであった（1969）。彼は、民族問題を検討する際に、個々の集団の固定的な特徴ではなく、集団のメンバーが内集団と外集団を主観的に区別する動的な境界過程を分析することの重要性を説く。F・バルトは、「（原初主義では、）ある民族を構成するメンバーは自分がその民族の一員であることを確認するために、特定の文化の特定の特徴を所有していなくてはいけないことになる」として批判したのである（吉野　1997）。境界主義の視点に立てば、民族やその文化的特性は、原初的なものというより、状況的であり変化するものであると捉えられる。すなわち境界主義では、エスニシティを自他との関係性の中で理解しようとするのである。

E・ローゼンズ（1994）は、F・バルトの境界主義にのみ立脚する考え方には異議を唱えながらも、グループに属するとの概念を人びとが作るためには、一般化された外部者の存在さえあればよいと述べた。かつてW・ソラーズ（1989）も、アンダーソンやゲルナーがナショナリズムについて、それが近代の創出物だと指摘したことを参照し、エスニシティも創造されたものであると主張した。すなわち、自然発生的で永続的であり、その集団にしかない独自の文化を持つように一般に理解されているエスニシティが、その実、ある歴史的な状況の中で、特定の権力によって、他民族との動的な交渉や文化内の混合性に目を向けることなく作り上げられてきたのだと、ソラーズは述べるのである。

このような考え方にたつと、民族性とは、特定の政治経済的目的遂行のための手段であるという理解、すなわちエスニシティ問題を、手段的、道具的に捉える見方につながってくる。もちろん、民族問題から、全ての原初的特性や自らの意味世界の表出を求める表出性をまったく排除することは難しい。その点で、ソラーズの一方的なエスニシティ創造論には問題があるし、F・バルトの境界主義論も、エスニシティにおける過去との繋がりやアイデンティティへのこだわりを軽視し過ぎると批判される。しかし、A・コーエン（1969）以降、幾人かの研究者が指摘するように（例えば、ヘクター　1976；オルザックとネーゲル　1986）、現在の多くの民族紛争において、経済的な希少資源の獲得を目指し、政治的集団として利益を求めるという要因をまったく排除した事例は考えにくいのである。梶田孝道（1988）は、Ｊ・マッケイ（1982）による民族紛争の類型を紹介しているが、それによると、多くの民族問題の中で、純粋に原初的、表出主義的な事例は、伝統的なユダヤ教の教義にそって生活するユダヤ人等に限られ、あまり多くを挙げることはできない。

以上で明らかになってくることは、常に閉じられた固定的な文化という視点のみに立った（あるいはそれを前提にした）議論が、有効性を持たなくなってきていることである。問題とするべきは、エスニシティをめぐる見解において、このような見直しや議論が進展しているにもかかわらず、多文化主義や異文化理解というコンテクストでは、いまだに文化本質主義が色濃く反映された叙述が支配していることである。本書で取り上げる研究で具体的に問題となるのは、例えば、何々人という概念、スコットランド人、マレー人などという、民族と結び付いた概念である。例えば、「マレーシアは、マレー人、中国人、インド人が共存する複合国家である」という言説は留意して用いなければならないし、時には脱構築されなければならない。そこには、文化と民族が常に同一視される本質主義がみられるからである。すなわち、先にナショナリズムについて明らかになったことが、エスニシティについても、同様に指摘できる。多文化主義、異文化理解を考える際に、我われは、いたずらに「文化を礼賛する」ことから、文化の境界の不確かさ、流動性の意味について考察を広げていく必要があるのである。

4　ディアスポリック・ハイブリディティの可能性

ナショナリズムに関する議論も、エスニシティ研究から提出された議論も、ともに「文化本質主義」的な視点に疑問を突き付け、その見直しを求めてきたと言えよう。従来から「文化」が語られる際の枠組みとなってきた国家やエスニシティに関する言説が、再検討を迫られているのである。しかしそのことは同時に、一つの問いを生じさせる。では従来の枠組みに替わるどのような枠組みが考えられるのだろうか、という問いかけである。ハイブリディティやディアスポラといった概念が新たな議論の地平線を構成するのではないかというのが、その問いに対する本書の立場である。

異なった種類のものが混在している状態を意味する「ハイブリディティ（異種混淆性）」という言葉は、殊に一九世紀以降、主に生物学や人種理論の文脈の中でネガティブな意味で使われてきた（R・ヤング 1995）。さらに、多くの国家や集団において統合や同一性が達成され構築されてくる中で、往々にしてこのハイブリッドな要因の存在が否定されてきたことはすでにみたとおりである。しかし、近年になって、こうした異種混淆性を肯定的に評価しようというアプローチがみられるようになってきたことも指摘される（バーバ 1994）。例えば、R・ヤング（1995）は、バフチンの示したハイブリディティにおける意図的な側面を重視しようとした。社会における異種混淆性を重視することは、社会における力関係、例えばマジョリティとマイノリティ間のそれを変えていく契機になる可能性がある。ハイブリディティは、文化を語る際の従来の枠組み、例えばナショナル・アイデンティティに替わる有効な枠組みになる可能性があるのである。

一方、「ディアスポラ」は、各地に離散しているある特定の民族集団の構成員を主に指す――例えば一般には歴史上のユダヤ人たちに対してよく用いられた――言葉であった。しかしこの言葉も、最近になって、被害者としてディアスポラを表わすのではなく、生まれ故郷を離れた人びとが世界の各地で繰り広げる様々な生活経験を広く表わす概念として使われ始めている（R・コーエン 1997）。ディアスポラとは、排斥や迫害の結果、あるいは内戦、紛争、戦争の勃発のためなどの様々な理由で、故郷をやむなく離れた人びとを一般的には指す（ブラー

1996)。しかし、全てのディアスポラが生まれ故郷にいつかは戻りたいという願いを持っているわけではないともA・ブラーは言う(1996：193)。自らの拠り所を、ある特定の場所に求めないこのような生き方の意味するところは、ディアスポラがルーツから切り離された、あるいはルーツを失った者たちであるという見方からの転換である(同：197)。ディアスポラに対するこのような新しい見方は、国家あるいはどこかに所属していなくてはならないという従来の本質的なアイデンティティとは異なる新しいアイデンティティの模索を説明する際に、そして近年の国を超えた人の移動を説明する際に、大切な視点を提供してくれる。新しいディアスポラ観は、伝統的なアイデンティティ観の排他性を乗り越える一つの有効なアプローチとして検討されるべきなのである。

日本では、英語でいう「ルーツがない(rootless)」をまさに意味する「根無し草」という言葉が、異文化理解や国際理解教育に関する領域でよく使われてきた。後に6章でみるように、日本における「根無し草」という概念は、複数の異なった国や文化を渡り歩いた故に、自らの核となるアイデンティティを確立ないしは維持できなかった人びとを表わす、どちらかというと否定的な意味合いで用いられてきたのである。このような例えば日本におけるアイデンティティに関する従来の見方を適用すると、先にみてきたディアスポリック(離散者的)なハイブリディティ(異質が交じり合っていること)は、常に否定的にしか見なされないことになってしまう。しかし、「根無し草」はほんとうに否定的な意味しか持ち得ない概念なのであろうか。「根無し草」概念を、先にみたディアスポリック・ハイブリディティの視点から捉え直すことを、6章では試みる。

かつてアンダーソンが「想像の共同体」と呼んだ現象が、現在地球規模で起こっている。しかしこの現象は、地球規模での文化的同質化を意味するのではなく、人びとがそれぞれの位置で異なる想像をすることを意味していると捉えた方がよい(戴　1999)。そうした意味で、グローバリゼーションの進行する現代におけるアイデンティティは、何かコアとなるものがあり、それへの同質化を志向するものではなく、ディアスポリックなハイブリディティによって特徴付けるほうが様々なものが見えてくる可能性がある。ホール（1990）は、ディアスポラ的経験を定義する際に、「（文化の）違いにもかかわらず」ではなく、「（文化の）違いとともに」、あるいは「（文化の）違いを通して」生まれるアイデンティティという概念への転換を図らねばならないとの指摘を行った。彼は、「差異」を通してのみ獲得できるアイデンティティの基盤としての「ハイブリディティ」に重要性を見出すのである。このホールの主張は、本項で見てきた新しいアイデンティティ、すなわちディアスポリックなアイデンティティが、従来の国家や民族性に規定されたアイデンティティに置き換わる可能性を秘めているとの解釈に通じるものである。

5　ジェンダーと文化本質主義の問題

本質主義的なアプローチに替わるものとしてディアスポリック・アイデンティティの可能性を取り上げたが、多文化主義や異文化理解に関わる言説を脱構築するにあたって、いま一つ有効だと考えられるのは、ジェンダーの視点である。

今回の研究を立ち上げる以前、私は、東南アジア、中国、オーストラリアにおける日本人社会で三年間に亘り聞き取り調査に参加した（国際交流研究会　1999）。インタビューに応じた日本人のかなりの人に、多文化主義や異文化理解の促進に好意的かつ積極的な意識が見られた。また、現地の人びと、例えば周囲のマレーシア人を見下すような見解を持つ他の日本人たちに対して、強い批判的な態度を示したりもしたのである。しかし、そのように多文化主義や異文化理解に理解を示す人びとが、現地社会の多様性、例えばマレーシア社会の多様性については、ほとんどと言ってよいほど何も発言をしなかった。彼ら／彼女らとの対話の中で、現地社会は、マレーシア社会、中国社会、オーストラリア社会等、所は変われど、常に「一つの」社会として取り扱われていたのである。

もう少し具体的に考えると次のようになる。例えば、マレーシアの日本人ビジネスマンたちの中には、日本人のマレーシア人蔑視を問題視し、マレーシア人との交流の促進を唱道する人がいる。しかし彼らの考えの中には、マレーシア社会内部の多様性への関心は低い。また、マレーシアでは、現地日本企業で安価な労働者として使われるマレーシア人女性が増加しているが、それがマレーシア社会のある層での男女の地位関係を反映していることなどへの認識は、ほとんど見出せないのである。そのような見方、すなわちマレーシア社会や女性をつねに単一のカテゴリーとして捉える見方は、先のハイブリディティの可能性を失わせ、問題の中での集団の構成員を、一つの固定した枠からしか眺められない危険性を引き起こしてしまう。

先に述べたように、ある特定の文化や社会内部の多様性を掘り下げない文化本質主義に対して、ジェンダーの問題は、本質主義が見過ごす差異に関して、意味のある視座を提供できる可能性を秘めている。例えば、ブラー（1996）やN・ユーバル－デイビスとP・ウェトブナー（1999）は、本質主義に対抗した議論を展開し、文化を本質的にのみ理解する姿勢は、ジェンダーに基づく社会の中での力関係の不平等を無視することにつながると批判する。彼女らの指摘する不平等は、男性と女性との間の差異のみに止まらない。同じ文化を共有していると思われている女性間にあっても、また男性間にあっても、差異を生み出すものなのである。

ユーバル－デイビス（1997：8）は、「仮に特定の時点での同じ社会内にあっても、全ての女性が同じように同じ程度で、抑圧され服従させられているわけではない」と論じた。また、C・T・モハンティ（1984）も、すでにでき上がった変化に乏しい枠組みで女性を論じることや、一枚岩的に女性を捉えることを強く批判している。そこには、既成の一つの枠組みには収まりきらない女性の存在が示唆され、女性間の差異に焦点が当てられる。結婚しない女性が急増し、特定の地域に長く留まらない女性、中には自らの生まれ育った国を飛び出す女性がいる反面、いまだに根強い男性社会に順応することを生き方の基本にする多くの女性の存在がある。彼女たちの混在は、女性内にある様々な差異の一断面を顕在化させている。

以上のジェンダーに関する議論は、グローバリゼーションというコンテクストの中での多文化教育や国際理解教育に、大変有用な視点を提供する。J・ブラックモア（2000：137）は、「グローバリゼーションは、その競争原理によって、女性の社会の中での地位をよりカジュアルで流動的な役目を果たすものとして、再評価、いや、再度不安定なものに逆行させる」ことを指摘している。そこで、女性に期待される仕事としては、周辺化された仕事、例えば、通訳、ガイド、接客等のサービス業などが挙げられる。これらの職業は、一部の男性、例えば駐在ビジネスマンたちからは、いわゆる「語学屋さん」などとして補助的な役割と見なされている職種である。それにもかかわらず、日本では、「流暢な語学力を生かせる」という美しいフレーズのもと、これらの職種は、ある種の花形的存在として受け取られる傾向がある。また、特にある程度の英語力を持っているとされる帰国子女や短期・長期の留学経験を持つ者、中でも女性に人気のある仕事となっている。一連の現象は、ブラックモアが言うところの、グローバリゼーションが女性を従来のような社会の中での補助的な役割に引き戻す結果を生み出している、という解釈を可能にするのである。

異文化理解や国際理解教育の分野において、ジェンダーを基盤にした差異に関わる議論は重要である。それが、先にみたディアスポリック・ハイブリディティの考察とともに、文化本質主義的なアプローチに挑戦を試みるからである。と同時に、その議論は、戦略的な本質主義という視点を切り開く契機ともなる。

6 戦略的な本質主義

ここまで、本質主義的なアプローチの問題点を様々な角度から考察してきた。先のトリンやロウの主張に見られたように、文化内の差異への視点を欠く多文化主義は、多文化主義にその実効性を失わせると同時に、多文化主義と反多文化主義との議論をも膠着させる。多文化主義や異文化理解の促進が唱えられ始めて、すでに相当の年月が経ったにもかかわらず、いまなお多くの問題を残し、さらには、多文化主義や異文化理解の流れに逆行するような動きまで活発となっている現状の根底には、この文化本質主義が横たわっているのである。

日本においても、その構造は変わらない。次章以下でみるように、異文化理解や国際理解教育の場では、本質化された異文化（外国の文化）と、本質化された日本文化という二項対立的な視点や見解が至るところに見受けられる。良くも悪くも日本を特殊化する「日本人論」と呼ばれる一群のディスコースが、日本人、特に文化仲介者と呼ばれる人びとに浸透している事実も見逃せない（杉本とマオア 1995；吉野 1997）。

しかし、「それでは、本質主義を徹底的に脱構築していけば、問題の解決に至るのだろうか」という新たな問いが提出されるだろう。言い換えるならば、それはアイデンティティの果てしない細分化をもたらしはしないだろうかという懸念である。I・M・ヤング（1996）は、次のように考える。

> 一方で男性と女性、白人と黒人、健常者と障害者との間の本質的な差異を否定し続けなければならない。……他方、男性と女性、白人と黒人、健常者と障害者との間の集団的差異を積極的に主張する必要性があることも認識されるようになった。(118)

すなわちそこには、本質主義を否定し続けるだけでよいのかということが問われてきているのである。辻内鏡人(1995)は、本質主義を否定した上で、ではどのような自己理解の方法があり得るのかという問いかけを発している。

ポストコロニアリズムの代表的な論客であるG・C・スピヴァク(1988)やホール(1992b)は、本質主義を時として戦略的に用いることを提唱して、この根源的な問いへの解決を見出そうと試みる。そこで言われる本質主義は、エスニシティや文化を、固定した、安定したものではなく、流動的で異質性に富むものと捉えようと試みる。それはまた、「アイデンティティを果てしなく断片化し、多元化してしまうことで、何ら有効な集団的関与を不能にしてしまうという考え方とは、一線を画されるべきである」(ラタンシ 1996：126)。しかし、同時にそれは、個々の特殊なコンテクストの中では、一つの本質性を戦略的に持ち得るのである。

多文化主義は、ちょうど両側が谷底につながる尾根道を進むような任務を与えられているのかも知れない。一方からは、徹底的な本質主義の脱構築がひしひしと迫り、もう一方には以前からある古い本質主義への誘惑と新しい本質主義への模索が姿を見せるのである。多文化主義も異文化(理解)主義も、このせめぎ合いの中で、個々の固有のコンテクストに見合った道をどう選び取っていくかに、その将来がかかっていると言えるだろう。

四　まとめ

本章で得られた、グローバリゼーション、多文化主義、そして文化本質主義の問題についての幾つかの知見を以下にまとめてみる。

（1）グローバリゼーション、特に経済分野でのグローバリゼーションは、それに対応できる外国語、特に英語能力や、異文化対応能力を備えた人材の育成を多文化教育に求めたが、同時に文化帝国主義の問題をも突き付けた。これらの議論が求める能力と、多文化主義や異文化（理解）主義が求める能力は、果たして対応しているのだろうか、もしそうだとすればどのような関係があるのかを調べる必要があろう。さらに、例えば、なぜ英語を学ぶ必要が特に重要視されるのかについて問うことも重要である。

（2）グローバリゼーションの影響の中で見過ごせないのが、国民国家への影響である。グローバリゼーションは、国民意識に変化をもたらすが、現実的には、教育における国家の役割を強める働きもする。本書のコンテクストの中では、国家が、多文化教育や国際理解教育において、どのような役割を果たそうとしているのか、関係者はそれをどう受け止めているのかが問われている。

（3）文化の面でのグローバリゼーションは、普遍性の概念と進歩の概念を中心に考察された。それを教育の分野に限って言うと、支配的でない文化（往々にして非欧米文化）がより普遍的な文化（往々にして欧米の文化）に同化していく過程を進歩と見なす見方、あるいは、普遍的と考えられてきたものが、実は欧米、とりわけ英語圏の一部の規範である場合の問題性が検討された。異文化理解や国際理解教育の領域では、例えば、英語圏の社会規範に適応できないことが、まだまだ遅れていると捉えられてはいないか等を検討する必要が指摘できる。

（4）多文化主義、そしてそれが最も鋭い形の一つとして社会に表出されている多文化教育の歴史的な流れが、日本に大きな影響を与えているアメリカを中心に検討された。そこには、同化主義、文化多元主義、多文化主義という展開が見出されたが、同時に常に議論の中心となったのは、統一性と多様性のどちらに重点を置くのかという問題であった。明らかになった一つのことは、マジョリティとマイノリティの共存が説かれる際、それはあくまでマイノリティ側がマジョリティ側に合わせていくことであって、その逆はほとんど見られない、すなわち両者の社会での位置は変わらないということである。日本国内での異文化（理解）主義や国際理解教育では、後でみるように、文化は全て平等であるという、力関係についての議論には立ち入らない多元論的アプローチが多くみられる。関係者は、本当に文化間に優劣はないと考えているのか、また、日本に他文化をもった人たちが入ってくることにどう対応したいと考えているのか。これらの問いを掘り下げる必要があろう。

（5）本章の最後の部分では、文化本質主義について考察した。多文化主義に反対する立場も、また多文化主義を推進する立場も、ともすれば文化を静的で境界線をはっきりと持つ、本質的なものと捉える傾向がある。そこでは、一枚岩的な固定した文化が並列に展示されるのである。文化をつねに国単位、あるいは民族単位で論じる立場もこれにあたる。ある文化を、他の文化との違いという観点からのみ分析するのではなく、その文化内部の差異（例えば、男女による違い）に目を留める脱構築という作業を試みる必要がある。ナショナリティやエスニシティに替わる新たな視点として、異文化理解や国際理解教育においては、特にディアスポリック・ハイブリディティやジェンダーの視点が有効ではないかとの提案もなされた。ただし、全てのアイデンティティを限りなく脱構築すること、それは究極の目的にはなり得ない。個々のコンテクストにおいて、戦略的な本質主義を立ち上げていくという、脱構築と抵抗の双方を同時に追及することが、多文化主義に新たな道を提供するのではないかとの課題も出された。これらの議論を受けて、次章以降、日本の異文化（理解）主義や国際理解教育に関わる人たちが、日本社会や文化をいかに本質的に見ているか、あるいは脱構築的に見ようとしているか、また差異の一つとしての男女の違いをその力関係の視点からどう捉えているか等を問う作業を試みる。

この1章でみた議論とそこから導き出された幾つかの問題意識は、本書が、政策文書や研究書を分析する4章、文化仲介者のディスコースを考察する5・6章において、分析のための「問い」を構成する理論的な枠組みとなるものである。これらの概念的議論を踏まえた上で、2章では、日本の異文化（理解）主義の流れを、特に海外・帰国子女教育の観点から批判的に分析し、本書にとっての固有のコンテクストを示す。それは、ここで挙げられた「問い」をさらに精緻なものにする作業へつながるものでもある。

4　まとめ　74

第1章　注

1　ポストモダン、ポストモダニティ、ポストモダニズムという言葉が、ある時は同様の意味で、ある時は区別されて使われているが、ここでは、それらの使用法をめぐる議論には立ち入らず、ポストモダニズムという言葉を使うことにする。

2　例えば、ギデンズはかつて、近代の帰結としての現代を重視する立場から、ポストモダンという言葉を使うことを否定した。

3　本書では「ナイーブ」を、「単純過ぎる」、「無警戒に無邪気な」といった意味を表わす言葉として用いている。

4　多文化主義の多様性については、例えば松尾知明（2000）を参照。

5　アフリカ中心主義は、アフリカに対する従来の歴史観や文化観を、ヨーロッパ人の支配的な見方のみにより形作られたものだと否定する。その上で、アフリカ人の視点から、例えば、アフリカ系アメリカ人の歴史や、古代エジプト文明のような歴史上のアフリカの貢献に焦点を当てることによって、歴史観、文化観を再構築することを主張するのである。

6　後の論文で、ラヴィッチは、自らの多元論的多文化主義こそが正当な多文化主義であり、急進的な多文化主義は多文化主義とは認めないという見解を述べているが、ここでは議論を明快にするために、彼女のそうした定義は用いない。

第2章

海外・帰国子女教育から国際理解教育へ

本章では、日本での異文化（理解）主義について批判的に考察する。その作業は、本書のねらいから、特に、海外・帰国子女教育から国際理解教育へという流れを検討するものとなる。すなわち、この2章は、本書のコンテクストを提示するものと捉えることができる。

本章は、大きく二つの部分から成り立っている。前半では、文部省（現文部科学省）の政策を中心に、主に海外・帰国子女教育問題について第二次世界大戦後の歴史的な流れを追いかける。そこでは、海外子女教育の始まり、その変化と発展、そして海外・帰国子女教育が国際理解教育へとシフトしていく流れを、それぞれの時期における政策に焦点を当てながら考察する。本章の後半は、現象の歴史的な流れというよりも、それについてどのように書かれているかを考える。特にこの問題を扱った研究に焦点を当て、研究書や論文を年代を追って振り返ることにする。本章における歴史的な文脈の検討は、1章で得られた概念的な枠組みと併せて考察することによって、この研究における問題意識を、さらに鋭いものにしようとする試みでもある。

一　政策と問題の変遷

1　問題の登場（一九五〇年代）

戦後の海外子女教育がいつ始まったかについては議論を要するところだが、海外全日制日本人学校（以降、日本人学校）の設立については、記録を遡ることが可能である。在外公館が公式に関わったはじめての日本人学校がタイのバンコクに設立されたのは、一九五六年一月であった（佐藤弘 1991）。初期のころの日本人学校は、そのほとんどがアジア諸国に設立されている。いわゆる欧米先進国において日本人学校が設立されたのは、一九六九年のシドニー日本人学校が最初であり、先進諸国での設置が本格化するのは、一九七〇年代半ば以降となる。これらは、戦後の終焉と言われる一九五五年以降に海外日本人学校の設置が始まったことと共に、日本企業の進出がまず近隣アジア諸国であり、その地域から海外子女教育の必要が誕生していったという、当初からの海外子女教育と日本の経済的発展の関係を示す事柄と言えよう。

一方、海外子女が教育上の問題として取り上げられ始めたのは、一九五八年に、ブラジルにある日本企業の社長より文部省へ宛てられた照会状が端緒となったとされる（佐藤弘 1991）。その内容は、「現地の学校で学ぶ日本人子女が帰国した時に、小・中学校に編入が許されるか、高等学校および大学への編入学についてはどう扱われるのか」という質問であった。文部省の回答は、「外国の学校教育を受けた者が国内で学校教育を継続するのに、資格上何の支障も差別もない」という、いわば国内の教育制度上での見解を示したものに過ぎなかったが、その後、同様の照会は他地域の海外日本人社会からも寄せられるようになる。

これは、海外子女教育が、海外に進出した日本企業やそれに関わる人びとからの要求によってスタートしたことを示している。主にビジネスの都合で海外に一時滞在する日本人は駐在員と呼ばれるが、そのほとんどは男性、かつその多くは父親である。彼ら駐在員が自らの企業を通じて、または後にみるように、企業の属する経済組織を通じて、在外公館、外務省、そして文部省に対して働きかけていくという仕組みは、海外・帰国子女の問題に恒常的にみられる構造となっていった。ただし当初は、文部省など政府関係機関の対応はどちらかというと場当たり的なものが多く、国として統一された海外子女教育政策は、まだ明確な形を取るには至らなかったと言えよう（佐藤弘　1991）。

2　政策の変化（一九六〇年代）

海外子女の数が増え、それに伴う問題や要求が顕在化してくる中で、文部省は一九六五年にはじめて本格的な実態調査を実施する。対象は、海外に進出している民間企業、官庁、教育委員会、国公立私立大学など、計一二四四機関であった（佐藤弘　1991）。佐藤郡衛（1997）によると、その結果は次の二つの点で注目されるという。第一は、海外から日本へ帰国する多くの子供が、帰国時に学年を下げて編入しているという実態が明らかになったことである。海外子女の親である駐在員の多くがいわゆるエリート社員であり、自らは学年を下げるといった経験をほとんど持ったことがないことを考えると、この調査結果は、海外・帰国子女教育問題が、深刻な社会問題として受け止められる契機になった。第二は、赴任先に相応しい学校がないため、駐在員の半数近くが、いわゆる単身赴任を余儀なくされているという事実が分かったことである。この第二の点は、一九六六年以降の海外日本人学校の急増につながっていく。

調査結果が、駐在員と彼らを取り巻く企業関係者にとって、その切実な問題を改めて認識させることになったのは想像に難くない。駐在員が属する企業の多くは日本経済をリードするいわゆる大企業であり、特にこの時期に海外へ赴任する社員たちは、国際化時代の尖兵とも例えられる貴重な人材、エリートたちであったのである（海外子女教育振興財団　1977）。海外・帰国子女は、彼らの子供たちである。その子供たちを「何とか救済すべきだ」という声は、保護者や関係者を通して広まっていくことになる。

それらの声がまず反映されたのは、一九六〇年代後半から変化をみせる海外子女の受け入れとしての帰国子女教育においてである。文部省は、一九六五年以降、国立大学の附属校において帰国子女のための特別学級を設置していく。また、幾つかの公立・私立の小中学校においても、一九六七年以降、帰国子女を積極的に受け入れる（これらの学校はのちに「帰国子女教育研究協力校」と呼ばれるようになる）学校が指定されていった（桑ヶ谷 1991）。どちらも、海外から帰国する児童・生徒の受け入れを少しでも円滑にするために取られた措置である。海外・帰国子女教育において、最も関心を集めた問題が、帰国時に学習面、生活面でうまく適応できるかという点にあったことを考えると、帰国子女教育の整備に力が注がれていったことは当然の流れであると言えよう。一九七〇年代に入ると、帰国子女教育は、質量ともにさらに拡充が図られることになる。

一九六〇年代は、海外子女教育においても、様々な動きが現れ始めた時期であった。国内からの教員が戦後はじめてバンコク日本人学校へ派遣されたのは、一九六二年のことである。初期の派遣教員は国立大学附属校の教員のみであったが、日本人学校の増加に伴い、公立学校からも選抜されるようになり、その数は飛躍的に増大していくことになる（多田 1991）。また、当初、派遣形態は統一されていなかったが、のちに日本人学校への教員派遣はほとんど全てが文部省を通して行われることとなり、政府の海外子女教育施策の中で、教員派遣は最大規模のものとなっていく。またこの時期は、海外にいる義務教育段階の子供に、教科書の無償給付が広まった時期でもある。日本人学校に在籍する児童・生徒には全教科の、またそれ以外の児童・生徒にも一部の教科の教科書は、一九六七年以降、在外公館を通じて無償で配布されるようになった（佐藤弘 1991）。

これら一連の変化は、海外・帰国子女教育が、政府、特に文部省の指導のもとに発展するという枠組みが形成されていった過程と捉えることができる。佐藤郡（1997）が指摘するように、教員派遣制度の整備と、教科書の無償給付に伴う学習指導要領に則った教育課程の編成は、特に海外日本人学校が国民教育の機関として明確に位置づけられていくことにつながっていくのである。一九六〇年代の海外・帰国子女教育の流れは、次のようにまとめられるであろう。政府、特に文部省は当初、この問題にあまり積極的な政策を打ち出さなかった。しかし、海外在留の保護者、彼らが属する企業、関係する在外公館、そして経済界からの声を看過できなくなり、その政策に変化がみられるようになる。その変化は、海外・帰国子女教育を、国民教育の枠組みから捉え直そうとする方向性を示していったのである。

3　海外・帰国子女教育の発展（一九七〇年代）

一九七〇年代は、様々な面で急速な発展がみられ、今日に至る海外・帰国子女教育の基本的な枠組みが確立した時期である。まず、日本企業の海外進出が飛躍的に拡大したことと相まって、海外子女教育の歴史上、最も多くの在外教育機関が設立された。四〇校以上の日本人学校と、六〇校以上の海外補習授業校（以降、補習校）が誕生し、補習校から日本人学校へ移行した学校も三〇校を数え、一〇年間で計一〇〇校以上の学校が海外に新設されたのである。まさに驚異的なペースであると言えよう。ただし、英語圏と途上国を含む非英語圏では、日本人学校と補習校の設立に関して、地域的に異なった状況が見られた。つまり、在外日本人コミュニティーが小規模なために日本人学校の設立にまでこぎ着けない地域を除くと、補習校はほとんどが英語圏に作られ、日本人学校は途上国と非英語圏に設立されるという傾向が明らかになっていったのである。このことは、英語圏の海外子女は必ずしも日本人学校に通わず、現地の学校で学習することを積極的に認めようとする考え方に、保護者を含めた関係者の間で一定の理解が得られていることを示している。

この時期は、帰国子女の受け入れ体制が法的に整備された時期でもあった。文部省は一九七二年に、学校教育法施行規則の一部を改正する。それまでは、海外から国内の高等学校へ進学する場合、国内の中学校の卒業資格が求められることから、海外の生徒は、国内の中学に一時的にでも在籍し卒業した上で受験することを余儀なくされていた。それを、施行規則の「中学校を卒業した者と同等以上の学力があると認められた者」の条件に、「文部大臣が中学校の課程に相当する課程を有するものとして指定した在外教育施設の当該過程を終了した者」という項目を追加することによって、海外日本人学校の卒業生にも、国内中学の卒業生と同等の資格を認めるようにしたのである（佐藤弘　1991）。

日本人学校が国内の教育法上の位置づけを明確にしたことは、一九七二年以降、全ての日本人学校に、学習指導要領に則って教育課程を編成する必要があるという結果をもたらした。すなわち、学習内容の細部まで、国内の教育に倣った内容であることが求められるようになったのである。これは、日本人学校の教育が、現地社会との関わりよりも、在籍児童・生徒の帰国後の教育をより重視する姿勢になっていったことを示している（佐藤郡　1997）。もちろん、それに対する批判も出され、現地理解教育の大切さを説く声も散見された。しかし佐藤郡（1997）の述べるように、ここにきて日本人学校の教育は、国民教育を基礎にして、その上に現地理解教育を行うという基本的な方向性が確定していったのである。その後、文部省の発行する『我が国の文教施策』[1]の海外子女教育の項に、「日本国民にふさわしい教育」、あるいは「日本人の育成」というフレーズが必ず挿入されていくことは、それを如実に表わしていると言えよう。

一九七〇年代は、行政の様々なレベルで、海外・帰国子女教育問題が熱心に討議された時期でもあった。まず、国会において、衆議院外務委員会、同文教委員会、内閣委員会等で、活発な議論がなされている。佐藤弘毅(1991)によれば、一九七三年からの五年間に、海外子女教育問題が国会で取り上げられた記録だけで、計二九回を数えたとされる。特に、一九七四年の「中央教育審議会」の答申と、一九七六年にそれを受けて出された「海外子女教育推進の基本的施策に関する研究協議会」の報告書は、その後の海外子女教育の方向性を大きく規定していくものとなった。その具体的な内容は次の四点にまとめられる。

第一は、海外子女教育を極めて重要な国家的課題として受け止め充実させるよう、政府の姿勢の転換を求めたことである。国際性豊かな日本人の育成という課題の緊急性、重要性を考えると、政府はもっと積極的な役割を果たすべき時期に来ていると、報告書は主張する。第二は、日本人学校に対しては、さらに現地社会に開かれた日本人学校を志向することを求め、補習校に対しては、日本語の学習を中心に、また集団行動を通じて日本的な生活習慣や態度を涵養するカリキュラムの整備を示唆した点である。第三は、教員の海外派遣にあたっては、国が経費の全額を負担するとともにその身分を保証すること、さらに教員への指導体制の強化を求めたことである。そして第四は、帰国子女の受け入れ体制の整備の必要性を説き、特に、帰国子女受け入れを主目的とする高等学校の設立を強く求める内容になっている。以上に盛られた内容の多くは、例えば、一九七八年以降、首都圏と京阪神地区に、帰国子女の受け入れを主目的とした高校が設立されていくなど、それ以後の海外・帰国子女教育において具体的な形となって現れてくる。

一九七〇年代は、これらの行政における審議、報告書と相まって、この分野で重要な役割を果たす幾つかの機関や組織が設立された時期でもあった。その一つが、海外子女教育振興財団である。そこには、前節でみた、この問題への企業や経済界からの強い働きかけという側面を見落とすわけにはいかない。滝沢州（1991）によれば、経済界が公的に海外子女教育問題を取り上げたのは一九六四年に遡り、当時、経済同友会の「教育問題委員会」が対策を協議したのが始まりであったとされる。そして一九六九年に、海外勤務者子女教育振興懇談会が組織され、さらに一九七〇年には、外務、文部、通産省と財界が連携する形で海外子女教育対策会議が設置され、協議が重ねられることとなっていく。すなわち、財界と政府が一体となって海外子女教育をサポートできる組織の設立が、強く求められたわけである。それ以降の展開は速く、一九七一年一月に、官・財・教育の各界の発起人を中心とした、財団法人海外子女教育振興財団が生まれた。財団の活動資金は、維持会員と呼ばれる日本を代表する企業からの会費によって賄われている。二〇〇一年度の維持会員会社数は約六四〇社、会費総額は約五億一〇〇〇万円となっている（海外子女教育振興財団　2001b）。同財団は、設立後、政策に関する数々の要望書を提出するに留まらず、月刊誌の発行、海外児童・生徒への通信教育事業等を通じて、海外・帰国子女教育全体へ、大きな影響を与えることになるのである。

経済界との関わりという点では、日本在外企業協会（日外協）も海外・帰国子女教育に影響を与えた。同協会は、海外に進出している企業によって構成されているが、一九七六年に「海外派遣者の子女教育問題推進に関する重点施策について」という提言を行っている。その内容は、海外子女の保護者でもある駐在員からの切実なる願いをもとに、非常に具体的な要望を掲げたものになっている。ただし、海外に子供たちが滞在する期間に、現地との交流を促進すべきだといった、国際理解教育、現地理解教育については、ほとんど言及がない。在外企業協会は、一九八一年、一九八六年にも、同様の提言書を出し、その時々の企業関係者の要望を反映させたものとなっているが、その基本的な姿勢は変わらない。数々の提言が求めているのは、子供たちが帰国後に日本の教育環境で不利を被ることなくその進路を確保できるように、海外子女教育、帰国子女教育の双方における制度の整備を図ってほしいという点に集約できる。これらの要望が、後でみるように、大学等の高等教育機関における帰国子女受け入れ制度の飛躍的な拡大や、海外における私立高等学校機関の設立等の具体的な動きにつながっていったことは、この問題の構造を考える際の重要な観点であろう。

この時期に特筆されるべきこととして、一九七八年、東京学芸大学内に海外子女教育センターが設立されたことが挙げられる。同センターは、規定に次のような目的を掲げてスタートした。「海外子女教育（帰国子女教育を含む）に関し、専門的な調査・研究を行うとともに、全国共同利用施設として、国立大学の教員その他の者で、この分野の実際的調査研究に従事する者の利用に供することを目的とする」（東京学芸大学海外子女教育センター 1998）。同センターは、研究活動、教員研修等の事業活動によって、その後の海外・帰国子女教育問題に関わる研究のメッカになっていくことになる。[2] 本書においても、同センターと何らかの形で関わる研究を数多く取り上げている。

一九七〇年代は、海外・帰国子女教育が、飛躍的に発展、展開された時期であった。海外のインターナショナルスクール等の高等学校卒業生が、国内の大学に帰国生枠という特別枠で入学を認められる制度の整備が始まったこと、派遣教員の準備研修がより長期化され徹底されたこと（一九七六年）、海外日本人学校の校長たちが毎年地域毎に集まり、文部・外務の担当者と問題を分かち合う校長会が組織されたこと（一九七八年）など、後の海外・帰国子女教育施策の原型がほとんど出揃った感すらある。一連の流れは、経済界からの要求が徐々に満たされ、また、文部省を中心とする行政の指導・監督が強化されていく過程とみることができる。それらを支えたキャッチ・フレーズ的役割を果たしたのが、「中央教育審議会」の報告書等にみられる「海外・帰国子女こそ、これからの国際社会で活躍する有為な人材である」というディスコースである。海外・帰国子女教育は、初期のころの救済教育論から、国際化の担い手を育成する人材育成論へと、次第に転換を遂げていった。そして、その全盛期とも言える一九八〇年代を迎えるのである。

4　ピークを迎えた海外・帰国子女教育（一九八〇年代）

一九八〇年代は、一九七〇年代に方向付けられた政策が実施、展開され、海外・帰国子女教育が最も拡充した時期である。海外子女教育においては、一九八〇年から一九八九年の一〇年間に一挙に八〇校近くの補習校が開設され、帰国子女教育においても、一九八三年以降、それまでの帰国子女受け入れ協力校に加えて、帰国子女教育受け入れ推進地域が指定されて「点から面への受け入れ」が提唱された。さらには、様々な調査や提言が相次ぎ、それが再びこの問題に対する関係者の見解や世論の形成につながるという、ある意味で順風満帆に見えた時期でもあったのである。

文部省（1983）は、一九八二年に再び広範囲な海外子女教育の実態調査を実施している。調査結果で特に注目すべきことは、海外在住中の児童・生徒の保護者が、帰国後の子供たちの教育に大きな不安を抱いている点である。調査では、帰国後それらの不安のほとんどは解消されているとの結果も出ているが、それにもかかわらず、海外在住中には八五パーセントの保護者が不安を訴えているとの結果が出た。特に、「日本の学校の授業内容についていけるかどうか」に不安を抱く者は、全体の七五パーセントと最も高く、以下、「日本で友達ができるか」、「日本の気候、風土、生活環境に適応できるか」、「日本の高校・大学に支障なく進学できるか」等の項目が続く。同調査は、海外に在住する日本人の子供たちの生活状況についても調べており、そこでは九四パーセントの子供が日本人の友人をもち、半数以上の子供に、日本人の友人がたくさんいるといった、海外児童・生徒らの現地での交友関係も表れている。

一九八〇年代には、文部省の他に、多くの団体、機関が調査、提言を行った。[3] また、各地の教育委員会等の自治体、さらには大学などでも多くの調査が行われ、それに基づいた幾つもの提言がみられる（佐藤郡 1997）。これらの調査、提言には、海外子女の教育環境と帰国子女の受け入れ体制をさらに整備、拡充するようにとの要望を具体的に述べたものが多い。特に、帰国児童、生徒の進学についての関心は高く、進学や受験で不利にならないような対策を望む（全日本電気機器労働組合連合会 1981）などという声がそれを表している。前節で取り上げた日本在外企業協会も、二度に亘ってこの時期に政府関係機関に提言を行っている。その内容は、基本的には一九七六年の提言と同じ方向性をもって書かれているが、より具体的に、かつ強く海外教育施設と国内受け入れ体制の拡充を要求したものとなっている。国内の高校や大学に帰国子女が入学する際の、いわゆる受け入れ枠制度の拡充についての要望はそのよい一例である。

これらの事象から、次のような指摘ができよう。すなわち、文部省の調査にもあったように、徐々に整備されてきた海外・帰国子女教育の取り組みによって、子供たちが帰国後必ずしも不適応を引き起こすとは限らなくなってきた実情とは裏腹に、保護者は海外・帰国子女教育に、特に進学保障の点において、依然として多くの要求を行っている。そういった保護者の声が、関係する経済界や教育界の担当者たちによって、体制のさらなる整備と拡充への要望として提出されるのである。この時期、保護者やこの問題に関わる者の願いがかなった典型的な事象の一つが、海外における日本人生徒のための在外私立高校の設立であった。一九八六年から一九九〇年の五年間に一〇校以上が設立されている。これらの学校は、その地域が偏っており、一九九〇年にシンガポールに開校した一校を除き、全て西ヨーロッパかアメリカ、そして多くは英語圏に位置している。特に英国のロンドン周辺には計四校もの高校が出現することになり、各校が競って入学者の募集に奔走するというケースさえ生じる場合もあった。

個々の私立学校の事業展開や経営の方針によってこれらの学校が生まれたことは、理解すべきである。しかし、一九八〇年代に集中してこれら在外私立高等学校が開校された背景に、駐在員をはじめとする関係者の強い要望があったことは、間違いのない要因である。それらの学校の設立は、文部省が義務教育の枠を超える故に手を付けなかった、高等学校を海外に設立して欲しいという、保護者、関係者の強い要求に応える形となっているのである。

これらの在外私立高校には、いま一つの特徴がある。それは、多くの学校で、いわゆる従来の意味での海外子女だけではなく、日本国内からも多くの生徒を受け入れている点である。そこには、「語学力が伸び、異文化体験もできる在外の日本の高校で学ぼう」といった学校案内のもと、日本国内の経済的に豊かな家庭の子供たちが入学してくるという実態がある。もちろん全てではないにせよ、これらの学校では、かつての海外・帰国子女救済論というより、貴重な人材の育成、極論すれば、一種のエリート教育的な要素すら認められるようになってきたのである。英国の人類学者R・グッドマンは、かつて日本の海外・帰国子女教育を、特定の経済界や教育界の人たちによって構築された、特定のイメージによる海外・帰国子女像に基づいた教育だと指摘したことがあった(1993)。海外・帰国子女教育をそのような視点からのみ捉えることには、問題があろう。[4] しかし、日本社会における階層と文化資本的な視点にまで踏み込んでこの問題を分析しようとしたグッドマンの考察が、海外・帰国子女教育の一面を鮮やかに提示していることは否めない。

一九八〇年代の後半になると、従来の日本人としての国民教育という理念的枠組みは変わらないものの、海外・帰国子女教育問題に、少しずつ新しい見方が付け加えられるようになってきた。帰国子女教育では、一九八七年に「臨時教育審議会」が、帰国子女、外国人子女、そして一般の日本人子女がともに学ぶ国際学校の設立等を提案し、海外子女教育においては、一九八九年の「海外子女教育の推進に関する研究協議会」が、現地社会に開かれた教育活動の推進を提案している。これらは、海外での教育施設と帰国生の受け入れ体制の整備、拡充を中心に追い求めてきたそれまでの政策に、異文化理解という観点を重視しようとする新しい方向性を打ち出したものだと言える。

前項から見てきたように、海外・帰国子女教育を、ハンディを背負った子供たちへの保障教育とのみ捉えることは難しくなりつつある。翻って、保護者や企業、経済団体等の要求に基づく進学上の不利を排除する方向での展開は、依然として見られはするものの、すでに一定の段階に達したと言えるだろう。[5] 在外私立高校の建設が一九九〇年以降ほとんど見られなくなったことをはじめとして、次項でみられる、海外子女教育から国際理解教育への焦点の転換という実態がそれを表している。しかし、一九八〇年代から一九九〇年代にかけての海外・帰国子女教育に、従来と変わらない一面もあることを見落とすわけにはいかない。先の臨教審の報告書にもある「国際社会の中に生きるよき日本人」、「国際社会に通用する日本人として」という文言に表わされているように、「日本人として」の教育という枠組みが不変のものとして貫かれているのである。この点に留意して、次項における国際理解教育を検討していくことにする。

5　国際理解教育への転換（一九九〇年代以降）

一九九〇年代以降、海外・帰国子女教育は転換期を迎える（佐藤郡 1995；1997）と同時に、国際理解教育という枠組みの中で捉えられるようになってきた。まず、一九九〇年度の前半に、海外子女教育の推進に関する研究協議会が、文部省に対して「補習授業校における教育の充実強化について」（一九九二年）、「帰国子女教育の充実方策について」（一九九三年）、「日本人学校における教育の充実強化について」（一九九五年）と矢継ぎ早に報告書をまとめている。そこでは、子供たちの異文化体験の促進、例えば、帰国生と一般生徒との交流を深めたり、現地社会に開かれた日本人学校を志向したりする、異文化理解に対してより積極的な姿勢が強く打ち出されている。本章の後半でみるように、それらは、この問題の研究者たちが一九八〇年代から指摘していたものが、一九九〇年代に入って公的な政策文書に盛り込まれていったと捉えることができるだろう。すなわち、海外・帰国子女の救済あるいは特性伸張のみに焦点を当てる教育から、海外・帰国子女以外の子供や社会を視野に入れる教育への発展である。そうした意味で、海外・帰国生のために、国内の児童、生徒と比べてできるだけ不利にならないような教育を提供するという、海外・帰国子女教育の当初からの姿勢は、徐々に変化してきた、あるいは変化せざるを得なくなってきたと言える。それは、海外・帰国子女教育が、国際理解教育へと発展、転換していくプロセスと捉えることもできる。[6]

一方、これまで海外・帰国子女教育を牽引してきた駐在員や経済界からの働きかけは、この一九九〇年代以降、かつての勢いを失っていった。これには二つの要因が考えられる。一つは、一九九〇年代以降の日本経済の停滞と不況である。企業の在外駐在員の数は頭打ちとなり、それに伴い、増加の一途をたどってきた海外からの帰国子女の数も、一九九二年をピークに停滞している[7]（海外子女教育振興財団 2002b）。経済の不況は、企業が、それまでのようには海外・帰国子女を援助できないという事態も引き起こした。第二の要因は、海外・帰国子女教育そのものから生じたものである。すなわち、これまでの在外教育施設と帰国子女受け入れ校の急速な整備と発展によって、十分とは言えなくとも、一定の拡充は満たされたとの見解が広まっていった点である。先述したように、海外・帰国子女は新しいエリートの出現との見方が出てきたり、「帰国子女ブーム」、中には「帰国生はバイリンギャル」などとして、その「ブランド化」をもてはやす風潮さえ登場した（佐藤郡 1995：58-81）。かつての、救済の対象としての帰国子女像は、社会一般の中にはもはや描きにくくなってきたのである。

日本の異文化（理解）主義の流れを考えるにあたって、一九九〇年代は、海外・帰国子女教育問題に隣接する形で、新しい問題が顕在化した時期でもあった。ニューカマーという言葉が、マスコミにも頻繁に登場するようになってきた。従来の在日韓国人、朝鮮人や中国人とは異なり、主にバブル期以降の日本経済が引き寄せた、いわゆる新しい形での在日外国人のことである。新聞は、彼らの子供たちへの教育を大きな社会問題として取り上げ、「日本語のまったくできない子供が突然クラスに」、「戸惑う教育現場」、「英語すら通じない保護者たち」等の言葉が、紙面をにぎわしたのである。初期のころは、海外・帰国子女教育が研究の中心であった異文化間教育学会においても、外国人子女への教育問題は、留学生問題とともに重要なテーマとして論文等でもよく取り上げられるようになっていく。総務庁は、一九九七年に『教育の国際化を目指して——日本語教育が必要な外国人子女や帰国子女の教育の現状と課題』を出してこの問題を報告するとともに、提言を行っている。そこでは、教育現場からの切実な要望に応える形で、日本語教育にかなり比重をかけた提言を行うとともに、国内の児童、生徒と外国人児童、生徒の交流、そしてお互いの相互啓発を促している。外国人子女教育問題は、帰国子女教育問題と同列に論じられるところからスタートしたことからも分かるように、従来の帰国子女教育をその雛形とした。また、そこでも提示された相互啓発という視点は、海外・帰国子女教育と外国人子女教育が、ともに「国際理解教育」という新しい枠組みで考えられるようになってきたことを示してもいるのである。

一九九六年に、第一五期中央教育審議会は『二十一世紀を展望した我が国の教育の在り方について』という文部省への答申を提出した。その第三部二章が「国際化と教育」となっており、「国際理解教育の充実」が重要課題の一つとして取り上げられている。文部省は、二〇〇一年に文部科学省として再編された折、これまで海外・帰国子女教育を所管していた「海外子女教育課」を「国際教育課」と改め、また、「帰国子女教育研究協力校」制度を「帰国・外国人児童生徒と共に進める教育の国際化推進地域事業」の一環として再構築しようとしている。従来、日本の国際教育、異文化理解教育の牽引車的役割を演じてきた海外・帰国子女教育は、国際理解教育というより大きな取り組み、アプローチに収斂されようとしているのである。

以上、海外・帰国子女教育の誕生から現在までの過程を、かなり批判的に眺めてきた。そこでは、保護者、企業や経済界からの働きかけが大きな役割を果たした初期の段階から、文部省の政策が次々と展開され、さらには研究者の関心を集め、そして国際理解教育へと発展していった流れを、政策を中心に振り返ってきた。その国際理解教育については、後の二節3項で、特にその考え方、アプローチについての考察を深めていく。国際理解教育にみられる考え方の多くが、一九八〇年代以降、研究者たちが主張してきたことに、その基盤を置いているからである。すなわち次節からは、このような展開、特に異文化（理解）主義という政策に影響を及ぼした研究の流れを中心に考察を試みることにする。

二　問題研究の推移

ここまで本章では、日本の異文化（理解）主義を中心となって引っ張ってきた海外・帰国子女教育問題の歩みを、主に政策を中心に振り返ってきた。ここからは、研究者たちがこの問題をどう捉えてきたかに焦点を当てて考察する。そこで提出されてきた教育観なり文化観が、海外・帰国子女教育に大きな影響を及ぼし、この問題におけるある種の言説を作り上げてきたと考えるからである。もちろん、研究者たちのこの問題に対する見解は、その時々の経済や社会情勢、実際行われている政策によっても大きく規定されている。また、海外・帰国子女教育の実態と研究者の見解は相互作用の関係にあるので、一方通行的な影響を想定することは慎まなければならない。以下では、「適応への取り組み」、「特性伸張と国際化」、「国際理解と共生」という三つの内容に分け、それぞれにおける議論の中から鍵となる概念を取り出して考察することを試みる。

1　適応への取り組み

一九八〇年代中ごろまでの海外・帰国子女教育は、児童・生徒の海外での適応、あるいは帰国後の国内での学校や生活への適応という観点から論じられ、研究されることがその大半を占めていた。小林哲也らのまとめた初期の本格的な調査報告『在外・帰国子女の適応教育の条件に関する総合研究』（1978）には、「［海外子女の適応に関する調査」の意義を考える」、「日本人の異文化への適応と教育」などの論稿がならび、「適応」が当時の研究者の関心を集めていることが分かる。その後も、佐藤弘（1978）、稲村博（1980）、星野命（1980）、中西晃・野田一郎（1980）、川端末人・鈴木正幸（1982）などの研究が精力的に続き、それぞれの研究の焦点はカルチャーショックであったり帰国子女の学習上の困難を扱ったりと様々であるものの、中心テーマは一貫して「適応」となっている。

「適応」が初期のころの中心テーマとなった背景には、海外・帰国子女教育問題が、保護者や児童・生徒を取り巻くいわゆる当事者たちからの切実な要求、すなわち、前節までに見たように、海外・帰国子女の救済的視点から始まったことが考えられる。研究者たちは、問題視される子供たちの現状に対して何らかの応答を試みたとも言えよう。それは、問題を心理学的に解明しようという作業であったり、問題を整理して制度的な提言を試みるものであったりした。また当時は、海外・帰国子女の教科学習上の困難を解明しようとする研究も大きな比重を占めた。例えばそこでは、小・中学校段階では、帰国子女が国語と社会の学習に特に困難を感じていることなどが、教師に対する調査から明らかにされている（中西と野田　1980）。

本章一節3項では、海外・帰国子女教育が、その誕生を経て、社会的な関心を集め始めたのが一九七〇年代であることを明らかにした。この時期の調査、研究は、そのようなコンテクストの中で理解されるべきである。海外・帰国子女教育が、子供たちの学力の保証を一つの焦点にしていたことを省みれば、これらの研究がそうした実践的な課題に取り組んでいったのは、ある意味で当然であったと言えよう。

一九八〇年代に入ると、学習や適応というテーマから、子供たちをもう少しトータルに捉えるべく、海外・帰国子女の人格や性格に関する研究が増えてくる（松原　1980；中西　1980）。そこでは主に、国内児童・生徒と比較した海外・帰国子女の長所・短所が報告されている。これらの調査は、異文化体験のある海外・帰国子女と、それを持たないとされる一般児童・生徒を比較する形で行われ、その違いに焦点を当てたものが多い。それは、海外・帰国子女の特性研究へとつながっていく。すなわち、海外・帰国子女教育を救済的視点に基づく適応教育とのみ捉えるのではなく、海外・帰国子女の特性を肯定的に評価して、それを伸ばす方向を模索しようとする研究へとつながっていくのである。

2　特性伸張と国際化

一九八〇年代に入ると、海外・帰国子女教育に関する研究は多様な展開を見せる。従来からの適応に関する研究も継続して行われるが、子供たちの人格形成に関する研究、中でも海外・帰国子女のアイデンティティに注目した研究、海外・帰国子女の言語習得や保持に関する研究、日本文化や社会と海外・帰国子女との関係を考察する研究など、様々な角度からの研究が相次ぐのである。それはまさに、この時期の海外・帰国子女問題に対する研究者の多様な関心を象徴している。

ここでは、本書の主題である「グローバリゼーション（国際化）の中での異文化（理解）主義」という文脈の中、そうした研究の全てに触れるのではなく、次の二つの視点から、この年代の研究を考察したい。その第一は、海外・帰国子女を国際性豊かな資質を持つ人材として、その特性を肯定的に評価しようとする論稿である。そして第二は、第一の視点と密接な関係を持つが、帰国子女や帰国子女教育が日本の学校や日本社会へ意味のあるインパクトを与え得るという視点からの論稿である。

国際化の促進

一九八六年に『国際化時代の教育――帰国子女教育の課題と展望』が発行された。同書は、それまでの二〇年を超える帰国子女教育について、はじめて本格的に体系づけた本であり、当時のこの分野における代表的な研究者、教員たちによって執筆されている。同書の全体については4章で再び考察を試みるが、ここでは、国際化と帰国子女の特性という観点から、幾つかの点を指摘したいと思う。

同書を貫く一つの視点に、帰国子女教育を「帰国児童・生徒が海外で身に着けた特性の保持、伸張を図る」教育と捉えようとした点がある。例えば原真は、個人的、社会的生活態度における帰国子女の特性を、次のように列挙する（55-58）。

・挨拶をよくする。
・性格が率直、明朗闊達である。
・自立・自助の精神が旺盛である。
・個性的で、創造性に富む。
・自己表明の訓練ができていること。
・進んで社会奉仕する精神、弱者を助ける心をもっていること。
・リーダーシップに富むこと。
・柔軟で弾力性のある思考力をもち、視野が広いこと。
・自分の国「日本」に対する認識が客観的であること。

その上で原は、これらの特性をもった帰国子女を活かした帰国子女教育が、日本国内の学校や教育の場でもっと促進される必要を説いている。

同じ本の中で加藤は、海外での日本人児童・生徒を取り巻く教育環境を国内の教育環境と比べ、海外のそれがいかに素晴らしいかを力説している。彼は、国内の画一的・一斉的な教育に比べて、帰国子女の多くが海外で受けた教育は、ひとりひとりの個性が尊重されていると述べる。各教科の学習でも、例えば、アメリカでの体育の授業は楽しいものであるのに対して、日本のそれはきびしく、体育の不得意な生徒にとってはみじめなものにさえなると指摘する。松原達哉も、多民族多言語の国際社会で生活した帰国子女と、島国の日本だけで生活した者との比較という枠組みを立てた上で、中西（1980）の調査を引用し、帰国子女の発達的特性を紹介している。

以上の論稿に共通するのは、帰国子女の人格や、その海外での教育環境は、国内の一般児童やその教育環境より優れた面があるという指摘、主張である。そして、この考え方は、研究者や教員を中心にこの問題の関係者、そしてメディア、社会一般に徐々に浸透していったのである。佐藤郡らの行った雑誌記事に登場する帰国子女イメージの変遷調査（1995）は、国際化のシンボルとしての帰国子女像が一九八〇年代の後半からいかに構築されていったかという、大変興味深い結果を示している。問題はしかし、なぜこのような見方が広く受け入れられたのか、どうして海外・帰国子女やその教育がこのような視点から捉えられたのかという点である。

ここでは、二つの点を指摘したい。まず第一には、研究・調査の対象の問題が挙げられる。当時の研究の多くは、帰国子女を特別枠で受け入れる帰国子女教育研究協力校を中心に、いわゆる受け入れ校で実施された調査に基づいている。データの多くは、それら指定を受けた学校から、あるいはその教員を通して得られたものである。そこには、同じ帰国子女であっても、全日制日本人学校に通っていたため受け入れ校へは編入していないといった帰国子女は含まれにくい。翻って、受け入れ校には海外の現地校やインターナショナルスクール、特に英語圏の現地校出身者が多い。つまり帰国子女全体を考えた場合、そこにはサンプルに偏りが否めないのである。それにもかかわらず、これらの調査によって認められた帰国子女の傾向というものが、そのイメージとなって社会の中で一般化されていく。

第二の重要な点は、これらの研究が行われた時期に関わる問題である。一九八〇年代は、いわゆる日本人論といわれる一連の書物、そしてそれに基づく言説がもてはやされた時期でもある。E・F・ヴォーゲルの『ジャパンアズナンバーワン』が一九七九年に出版された頃から、当時の日本経済の飛躍的発展とともに日本人論は盛んに消費された。既に世に出ていた中根千枝の『タテ社会の人間関係』、土居健郎の『「甘え」の構造』などはその中の代表的な図書ともなり（杉本とマオア 1995）、特に研究者、ビジネスマン、教員といった文化仲介者たちに多く消費されたのである。ほとんどの日本人論では、ステレオタイプ化された欧米と、その対極にあるとされる特殊な日本が描かれている。文化仲介者たちがこの日本人論の影響の下にあったことは否定できない。当時の帰国子女教育に関わる者が帰国子女を見る「まなざし」は、ある特定のパースペクティヴに彩られていたとは言えないだろうか。帰国子女と接する教員、そして研究者が、帰国子女の中に、構築され理想化された欧米を見出そうとする視点があったことを否定することは難しい。

これら、帰国子女の特性と欧米文化・社会の進歩性を結び付ける論稿は、同時に、海外・帰国子女とその教育が、日本の国際化に意味のあるインパクトを与える可能性を持つという視点につながっていく。次に、そうした論稿を考察しよう。

日本を変える契機としての海外・帰国子女教育

ここまで見たことの裏返しとして、日本文化や日本社会が、欧米のそれと比べるとまだ遅れている面があり、日本における教育の問題は、それら文化や社会の後進性と深く結び付いているという見方が、この時期の論稿には多い。[8] 例えば、川端（1978）は、日本人のコミュニケーション上の曖昧さや、異文化を排除する日本社会の傾向を指摘し、それらが変わらぬ限り、日本は国際社会で尊敬を得ることはできないと主張した。

B・ブラック（1983）は、川端と同様に、日本人の人間関係における曖昧さが生む問題点を指摘し、中西（1985）も、日本においては創造性を育てる教育が欠如していると述べている。さらに、このような日本社会の単一文化性、同質性の問題点に言及した論稿が数多くみられることも指摘されている（小島 1991）。一九八〇年代にかけて書かれたこれらの論稿は、海外・帰国子女教育研究において重要な位置を占めているが、そこに共通するのは、日本の社会や教育の問題点が指摘されると同時に、帰国子女や帰国子女教育こそが、その問題解決の契機になるという主張がみられることである。これらの論稿の著者が帰国子女と帰国子女教育にかける期待が、その役割の重要性を主張することになったという一面も否定できない。日本社会や教育は変わらなければならないという課題に、帰国子女やその教育が貢献し得るという見解と期待を持ち込む一連のディスコースは、その後広くみられるようになっていくのである。

これらのディスコースは、1章でみた文化観をめぐる議論からも考察できる。筆者たちの多くが、一般的には、欧米の文化に何らかのあこがれを抱いているとも考えられるからである。その多くが、期間の長短はあれ、北米を中心とした地域への留学や滞在体験をもち、学ぶ対象としての欧米への「まなざし」が形成されていったことは考慮されなければならない。さらに先述したように、当時は日本人論などに代表されるような、日本と海外

（欧米）という二項対立的な見方が支配的であった時期である。時代背景を含むこれら様々なコンテクストを考えると、彼らの眼に、海外・帰国子女が、日本社会の問題解決の風穴を開ける可能性を秘めた、ある種の宣教師的存在に映ったとしても不思議ではなかっただろう。そうした中で、A・村瀬（1983）は、帰国子女と海外経験のない一般生徒・児童とを比較し、その学業や生活上の不安においては、帰国子女とそれ以外の子どもとの間には明確な差異がほとんど現れなかったという調査結果を報告している。しかし、この調査結果は、一部の研究者を除くとあまり注目を集めず、同じような内容の研究が後には続かなかった。このことも、全てとは言えないまでも、多くの研究が、ある一定のフレームワークを持った上で行われていた可能性を示す一例になると言えよう。

最後に、海外子女教育の政策そのものに、英語圏と非英語圏を峻別する視点が反映されていることを指摘しておきたい。日本人児童・生徒数が少なく日本人学校の設立には至らない地域を除くと、大多数の日本人学校は非英語圏に設立されているのに対して、補習校はその大部分が英語圏の先進国に設立されているという事実である。これは、政府の政策が、英語圏では日本人学校を設立せずとも、現地校の教育を受けさせればよい、しかし途上国や非英語圏ではそうはいかないという見解を表明した、少なくともそれを支持してきたことを示している。戦後の海外子女教育には、明らかに英語圏の先進国とそうでない地域との間で扱われ方に違いが存在するのである。これについては、現象としての指摘はこれまでにもあったが、それが関係者の文化観と結び付けて論じられたことはほとんどなかった。それは、この問題の関係者の多くが、国際化の名の下に、ある種の文化帝国主義的発想が存在することにナイーブであったことの証左でもある。極言すれば、「国際性豊かな海外・帰国子女によってもたらされる海外・帰国子女教育は、日本社会や教育の後進性の改善に貢献する」というディスコースが支配していたのが、一九八〇年代の論稿における一つの特徴ではなかったかと考えられるのである。

3　国際理解と「共生」

一九八〇年代のもう一つの特徴は、海外子女教育の場から、現地理解教育の重要性を指摘するレポートや研究が多くみられるようになったことである。同時に、本章の前半でも見たように、国際理解教育を標榜する論究が多く登場してくる。

一九八〇年代初頭に、小林（1979）や江淵（1982）によってまとめられた調査報告の中には、海外にいる日本人の子供と現地の子供たちの間には接触や交流があまり見られないという指摘がある。そうした調査結果は、「海外子女こそ、現地の人たちと接し、異文化間交流の機会を持つ、日本の将来を担う貴重な人材」と見なす傾向のあった関係者にとって大きな問題を提起した。もし、海外子女が、本当に現地との接触をほとんど持たないならば、海外・帰国子女教育にかける期待は損なわれ、また、その意義も大きく減少してしまうことになる。「もっと現地との交流、インターアクションを増やそう」という声が研究者や教員の中からあがってくるのは、ある意味で当然の帰結であった。この現地理解を深め、ひいてはそれが国際理解を深めるという考え方は、一九八〇年代以降の海外・帰国子女教育の中で広く浸透していくことになった。

しかし、ここで大切なのは、現地理解教育、国際理解教育の意味するところはいったい何なのかを考えることであろう。そこで、まず、一九八〇年代に多く見られた、現地理解から国際理解へという捉え方を批判的に考察する。さらに、一九九〇年代以降は、海外・帰国子女教育そのものが、国際理解教育という枠組みで捉えられるように変遷していったことを踏まえ、この国際理解教育について、どのような価値観に基づいて提唱されてきたのかを考察したい。それは、普遍的な価値や「共生」といった、国際理解教育の鍵となる概念に焦点を当てて検討していくことにつながっていく。

現地理解と国際理解

ここまでは主に研究者の論稿を考察してきたが、海外・帰国子女教育に関わる教員も、多くの調査、研究を報告している（海外子女教育史編集委員会 1991）。特に海外子女教育における国際理解教育については、東京学芸大学海外子女教育センターが毎年刊行する『在外教育施設における指導実践記録』（1978-）などに、多くの報告が寄せられている。田中圭治郎（1991）は、そうした中から、一九八〇年代初期の研究を幾つか取り上げて紹介している。

例えば、サン・パウロ日本人学校に勤務した小川順子（1983）は、現地理解教育を通じた国際理解教育を主張している。また、シンガポールとナイロビの日本人学校に勤務した経験のある日高博子（1983）は、海外子女教育における国際理解教育は、子供たちが日々生活する現地の理解から始められなければならないとして、現地理解の重要性を説いている。ウィーン日本人学校の岡部保博（1983）も、現地での体験学習の重要性を指摘しているが、それらに対して大野正雄（1984）は、現地理解教育は、自国認識の方法、すなわち日本の理解を学ぶことにもつながると、異なった角度からの現地理解教育の意義を述べている。

これらの調査報告には、次のような特徴がある。第一は、現地を理解することと国際理解との間には切り離せない関係があるという考え方である。それは、銭谷芳富（1987）の報告結果にもある「現地理解は…… 広義の国際理解教育の目標と合致する」という主張にいみじくも表わされているように、多くの場合、現地理解は国際理解の前提になるという考え方である。しかし、両者の関係があまりにも自明なものとして捉えられている反面、なぜ現地理解教育が国際理解教育の前提となるのかについて、あるいはその関係性について説明したものは少ない。さらに、現地理解が時として国際理解と緊張関係を持つ可能性があることについて言及した論稿はほとんど見当たらない。

第二の特徴は、先の大野の主張にみられる、現地理解は日本理解にもつながるという考え方である。同様の考え方は、帰国した他の教師の報告、例えば先述の『在外教育施設における指導実践記録』においても、よくみられる。さらに、「国際理解教育は、教師自身の意識、言葉への挑戦、融け合い、そして日本文化への確固たる理解力をつけることが大切である」（野田　1988）として、日本文化への理解が国際理解に結び付くとする見解もみられるようになってくる。すなわちそこでは、現地理解・国際理解と日本理解が不可分であることが説かれているのである。もちろん、先に見たように、現地理解教育も国際理解教育も、日本の国民教育の枠組みの中で捉えられていることを考慮すれば、日本文化、日本社会を理解することの重要性が繰り返し説かれても不思議ではないかも知れない。しかし、これらの考え方には次のような問題点が指摘できる。

まず、これらの考え方の多くには、普遍的な国際理解というものに対する信仰のようなものがある点である。著者たちはそれぞれの期待に基づいて、現地理解教育、あるいは国際理解教育はこうあってほしいという見解を述べる。しかし、そのようなアプローチは、国際理解という概念の普遍性にはメスを加えないままで議論を進めることになり、国際理解、現地理解、日本理解というそれぞれの「理解」の間には、緊張や摩擦は生じにくくなる。さらに、以上のような考え方には、1章で見たようなリニアな進歩に対する素朴な信仰も認められる。例えば、日高や銭谷の論稿にある「現地理解が進むほど国際理解も進む」という考え方や、大野のように「国際理解が深まれば深まるほど、日本理解も深まる」という考えには、それが顕著にみられる。先に要求されている○○理解が、後者の○○理解を必ずしも促進するとは限らないという視点は、そこにはみられない。規範的な言説がまず立ち上がってしまった上で、議論が進められていくのである。

なぜこのような考え方が、海外の教員たちに、そして一部の研究者たちに広まっていったのだろうか、そして、それがこの問題に関わる保護者や他の教員にどう影響しているのだろうか。それについて考えることが、本書における一つの「問い」となる。

国際理解教育と共生

一九八〇年代以降の大きな特徴として、異文化との共生というディスコースが徐々に浸透してきた点を欠かすことはできない。小林は『海外子女教育・帰国子女教育』(1981)の中で、「……国境や民族の壁を越えて協力しあわなければならない国際化時代の課題にとりくんでいける日本人をつくること」を国際理解教育への期待として説いている。その見解は、海外子女教育研究の課題の一つとして「異文化共存の地球社会への教育という視点に立って、海外子女教育を考える」(小林　1983)として発展させられていく。中西(1988a：147)も、「異文化理解教育は異質な文化の存在を認識させると共に、自他の文化の違いを理解し、共存を可能ならしめようとする教育である」と主張する。これらの見解は、本章の前半でも見たように、一九八〇年代の後半以降、問題に関わる関係者の間に徐々に浸透していき、国内の「国際理解教育」の促進に大いに貢献したのである。

同時に、これらの主張には共通点も指摘できる。一つは、「異」という概念の頻出である。それは、異文化という言葉に止まらず、異なった国、異なった人びと、異なった価値観というように至るところで用いられる。もちろん慣用的にこれらの言葉が使われる場合もあるし、他にふさわしい言葉が見つけにくいため使われる場合もあり、全ての使用法に問題があるわけではない。しかし、「異」を前提にして文化や社会を論じることは、よほど注意をしなければ、1章で述べた文化本質主義的な見方に陥ってしまう危険性がある。すなわち、本質的な日本文化と、本質的な異文化が立ち上がってしまう危険である。そうした意味では、「したがって「異なった文化」という意味を強調して『異文化』という言葉が用いられていると考えています。この異文化は「外国の」と言い換えてもよいでしょう」（加藤 2000）などの見解は、異文化を本質主義的に捉えた典型的な例であろう。

上記のディスコースのもう一つの特徴は、「共生」概念の強調である。「共生」は、一九八〇年代以降、現在に至るまで、海外・帰国子女教育、国際理解教育、そしてそれらに隣接する分野において、キーワードとして用いられる言葉、概念となってきた。千葉杲弘（1998）は、日本の国際理解教育における、ユネスコによる国際理解教育概念の変遷を調べ、「共生」の思想や概念が、日本において殊に強く主張されてきたという指摘を行っている。「異文化との共生をめざして」、「多文化共生の社会」、「共生の時代」、「共生への試み」等、それは枚挙の暇なく使われていると言えよう。しかし、共生という概念があまりにも自明のものとして捉えられてきた故に、ではいったい共生とはどのような意味を指すのかについては、正面から取り上げられることは少なかったように思われる。共生は、その社会的な有り様について突っ込んだ議論が深められないままに、普遍的な価値を持つ目標、規範として、そしてあくまで自明の理念として語られてきたという傾向が否めないのである。

そうした中で最近になって、天野正治は「共生が意味するもの」として、その内実に迫ることを試みている（2001）。彼は、井上達夫、名和田是彦、桂木隆夫の三人の共著による『共生への冒険』（1992）を取り上げて、

「共生とは、異質なものに開かれた社会的結合様式である」とし、「利害と価値観を異にし、多様な生の諸形式を実践する人びとが、対立し、論争し、「気になる存在」として誘惑し合うことによってこそ……人間そのものが豊かになるような仕方で、社会発展の活力が絶えず更新される。我々の「共生」理念の核にあるのは、この信念である」（井上・名和田・桂木：26）と引用して、共生の意味を提示する。また、佐藤郡は、『国際理解教育――多文化共生社会の学校づくり』（2001）の中で、「ポストナショナリズム時代の教育は、多元主義を柱とするものであり、その多元性を貫く普遍性の原則が必要になるが、それが共生の理念であろう」（33）と共生の理念について説明している。共に、従来の自明の理念としての共生概念から一歩進んで、その意味するところを掘り下げようとする試みである。

しかし、それでもなお、答えられていない「問い」があるように思われる。もっと突き詰めて言えば、「なぜ、異なる文化や民族が、相互に受け入れ合うべきなのか」という根源的な問いかけには、多くの「共生のディスコース」は答えきれていないのではないかという疑問である。少し別の角度から考えることで、その問いへの応答を探りたい。

普遍主義とグローバル教育の問題

日本の国際理解教育には、二つの特徴的な流れを認めることができる。一つはすでにみたように、海外・帰国子女教育とそれを雛形として発展した在日外国人子弟教育や留学生教育が、国際理解教育を中心となって引っ張ってきたという特異な側面があることである（天城　1998）。いま一つは、ユネスコの国際理解教育、特に、ユネスコが説くところのヒューマニズムに基づく見解の影響下にあったということである（千葉　1998）[9]。そのユネスコは、異なる文化の平和的共存を次のように述べている。

> それは、他者の認識と尊重、寛容、兄弟愛の精神、そして差異の容認である。（ユネスコ　1982）

前節でみた国内の「異文化共生を目指す国際理解教育」で語られる内容は、ユネスコの説くメッセージを継承する、あるいはそれと共鳴し合う部分が多いのである。ユネスコはさらに、「異なる文化が、なぜ相互に容認し合うべきなのか」という先ほどの問いに対して、人類の根源にある同一性を肯定的に捉えることによって答えようとする（トムリンソン　1991）。そこには、例えば兄弟愛という言葉で表わされる、普遍的なヒューマニズムに対する信仰がある。もちろん、ユネスコの国際理解教育へのアプローチも変化を続けており、あまりにも単純化した議論は慎むべきであろう。しかし、この普遍的なヒューマニズムに基づく精神というものは、まさに通奏低音のように、ユネスコの見解を支えているのである。千葉（1998：12）は、初代事務局長のハックスレーの見解を引いて、「それは世界的ヒューマニズムであり、科学的ヒューマニズムであるとともに観念論に対決する進化論的ヒューマニズムである」と紹介している。ヒューマニズムこそが、忍耐、寛容、平和的共存を支える根拠となっているのである。ユネスコの主張は、「異質な文化に対する寛容性や許容性が育成されなければならない」（中西　1988b）という国内の論者たちの見解にも反映しているのである。

しかし、こうした考え方には、問題点も指摘できないだろうか。すなわち「「皮膚の奥で」我われ人間はみな兄弟であるという考え方のセンチメンタリティは、文化的相違だけではなく、支配と不平等に関する歴史的事実を覆い隠してしまう」（R・バルト　1973）という指摘である。また、J・トムリンソン（1991）は、このようなヒューマニズムに基づく普遍主義を標榜する主張は、たいていの場合、支配的な文化の側から唱えられるものだという見解を述べている。この二つの視点は大変重要であり、同時にそれは、ユネスコ等の唱道してきた普遍的とされる「共生」概念が、文化間や社会内部の力関係に対してはナイーブであることへの批判ともなる。

日本における欧米至上主義とそれへの反省として、例えば、途上国の海外子女教育において「現地理解」が推進されるが、その声がまさに「遅れているとされる現地文化を蔑視してはいけません」という上からのスタンスで語られているというケースに出会うことは少なくない。特に日本においては、「平和、人権、民主主義教育」の名のもとに政治的拘束力を強化しようとする動きがユネスコにあった際にも、「共生」概念に基づく「国際理解教育」にこだわり続ける姿勢を示してきたという流れがある（千葉 1998）。それは、社会や文化間における「力関係」にメスを加え、政治的（法的、制度的）にもその変化を目指すというより、できるだけコンフリクト（軋轢）を避ける姿勢、そして、理念的かつ規範的な概念による「国際理解教育」を模索するという姿勢を示したものと言えないだろうか。

本書の後半で、異文化理解のディスコースを様々な角度から検討していく時、ここで見てきた問題や視点は、重要な「問い」を構成することになっていく。すなわち、狭義の文化間のみの差異に焦点をあてた国際理解教育は、文化本質主義に陥る危険性があるという問題である。従来の「内なる国際化」といった言葉が表わすような、一つの国や社会の内部での多文化、多民族への認識や取り組みを深めることに留まらず、一つの文化や民族の「内にある差異性」にまで踏み込んだ視点、また、集団間の力関係にナイーブではないアプローチについて検討することが求められるのである。そうした意味で、「共生を民族間の共生に限定するのではなく、多様な層の人との共生というように広義にとらえていく必要があろう」という佐藤郡（2001：65）の指摘は、共生概念の地平線を広げる一つの方向性を示すものだといえよう。

本章を閉じるにあたって、国際理解教育とともに、近年よく耳にするようになったグローバル教育について触れておきたい。日本におけるグローバル教育の唱道者の一人である魚住忠久は、国際理解教育では、主権国家の集合体としての国際社会が前提になっているのに対して、グローバル教育は、「グローバル化する世界を前にしてグローバルな見方や意思決定、行動のできるグローバル公民の育成をめざすもので、国際理解教育とはその方向とするところが異なる」（1995：46）と述べ、両者の違いを説明している。しかし、1章で見たように、グローバリゼーションそのものをどう解釈するかによって、グローバリゼーションにおける国家の位置や役割に対する理解も異なってくることを考えると、この峻別は必ずしも妥当だとは言い難い。

グローバル教育の一つの問題点は、佐藤郡（2001）が指摘するように、グローバル教育が、「地球市民」という概念を従来の「国民」概念と対比して、二項対立的に捉えていることであろう。言い換えれば、そこには「グローバル」が、構築された概念として立ち上がってしまう危険性があるのである。そしてここでも、普遍性についての問題が焦点となる。佐藤郡は、「「日本的特殊性」と「地球的普遍性」の統合、すなわち両者の止揚をはかる（魚住　1994）」立場や、「特殊性をこえたところに普遍性が存在するという議論ではなく、様々な国民国家の持つ特殊性を貫く普遍なるものの存在を指摘する（堀尾　1995）」立場を紹介している。しかし、「止揚」も「特殊性を貫く普遍性」も、従来と異なる第三の道を探ろうとする姿勢としては評価できるが、共に抽象的概念であり、問題解決の糸口を提示したとは言い難い。佐藤郡自身も問いかけるように、「普遍的価値とはそもそも存在するのか」「存在するとすればそれは何を意味するのか」（2001：28）が問われなければならないのである。その「問い」を考える時、1章で考察した文化内部の差異に着目していくことが、重要な手がかりとなるのである。

国際理解教育やグローバル教育において、鍵となる概念を批判的に考察すると、「共生の目指すところは？」、

「普遍性とは誰の普遍性なのか？」などの新たな「問い」が生み出されてくる。それらの「問い」を異文化理解のディスコースに改めて問い直してみるのが、本書の目論見の一つである。ここでもたらされた「問い」は、公的な、あるいは文化仲介者によるディスコースに対して、可能な限り、問いかけられていくのである。

三　まとめ

本章では、日本における異文化（理解）主義を、海外・帰国子女教育から国際理解教育への流れを省みることで考察してきた。前半では、主に政策を中心とした歴史を振り返る中で、当初必ずしも積極的ではなかった文部省の政策が、海外・帰国子女の保護者と経済界からの声によって変遷していく様子を追ってみた。そこでは、海外・帰国子女の救済的視点からの教育が、国際化という掛け声のもとに、次第に個性伸張をめざす教育に変わっていく様子や、文部省が、海外・帰国子女教育を日本国民教育として位置づけていく様子が窺えた。同時に、一九八〇年代以降、特にこの問題の研究者や教員たちによって、国際理解教育の必要性が唱えられ始め、その見解の浸透とともに、海外・帰国子女教育問題が、国際理解教育問題の中に収斂されていく状況についても触れてきた。

本章の後半は、これら海外・帰国子女教育、そして国際理解教育について書かれた論稿に焦点を当てたものである。ただし、取り上げた研究成果や論稿はごく一部に過ぎず、かなり恣意的な取り扱いをしている部分も少なくない。故に、これをもって問題の研究史とすることはできないし、それは大きな誤解を生むことにもなろう。あくまで本書のテーマ、「グローバリゼーションというコンテクストの中での異文化理解のディスコース」として、これらの論稿を主観的に選択し、私自身の問題意識によって考察したのである。そこでは、「適応」に主眼を置いた研究から、海外・帰国子女の特性の伸張をはかり、ひいては日本の学校や社会を変革する契機としてこの問題を扱おうとする研究、そして異文化との共生を目指し、現地理解、国際理解教育の促進を図ろうとする観点からの研究などを振り返り、中でも、文化帝国主義や文化本質主義的アプローチの問題、共生、普遍性、グローバル教育等の鍵となる概念を、批判的に考察した。そこから、本研究における新たな「問い」も生まれてきたのである。

以上の歴史的な振り返りは、はじめに述べたように、本書にとっての有用なコンテクストを提示するものである。また何度も述べたように、本章での考察は、先の1章での考察と合わせることによって、意味のある問題意識を与えてくれるものとなる。それは、4章で公的なディスコースを取り上げる時、また5章と6章で文化仲介者によるディスコースを取り上げる時に、「問い」となって、考察の内容を構成することにつながっていく。それら本書において中心となる考察に入る前に、次の3章では本書の方法論的立場について説明しておきたい。

第2章　注

1　一九八一年までは、『我が国の教育水準』というタイトルで、ほぼ五年毎に発行されていたが、一九八八年以降、『我が国の文教施策』として、毎年発行されるようになった。

2　二〇〇二年四月に、同センターは、国際教育センターと名称を変更し、外国人児童生徒の教育、及び現在の教育現場で強く求められている国際理解教育を含むより広い領域から調査・研究・開発に取り組むこととなった。

3　主なものとして、全日本電気機器労働組合連合会（1981）の『電気労連の海外総合対策』、関西生産性本部（1983）の『国際化に対応する教育をめざして』、日本建設産業職員労働組合協議会（1984）の『海外赴任に伴う子女教育・医療について』、全日本自動車産業労働組合総連合会（1987）の『海外勤務者の生活・労働条件改善指針』などを挙げることができる（海外子女教育史編集委員会　1991）。

4　グッドマンの研究に対する評価、批判については佐藤郡（1993）、箕浦（1994）を参照。

5　もちろん個々の海外・帰国子女やその家族が、様々な問題に直面し、その克服のために多くの努力を強いられ、中には問題解決の途さえも見出せない者がいまも存在することを、本書は否定するものではない。

6　中西（1998）は、「研究主題名からみた国際理解教育の変遷」という研究で、帰国子女教育問題から国際理解教育への転機を一九八〇年代後半に捉えている。

7　日本人学校、補習校の在籍者数は減少し続けているが、現地校やいわゆるインターナショナルスクール等の在籍者数は増える傾向にあり、二〇〇〇年度以降、海外子女数は再び増加しつつある。

8　「日本賞賛論」よりも、「日本自省論」的、あるいは「自虐論」的な日本人論が顕著にみられる傾向の分析は、吉野（1997）に詳しい。

9　日本の国際理解教育とユネスコの掲げる国際理解教育の関係については、千葉（1998）、嶺井明子（2001）を参照。

第3章　方法論

往々にして私たちは、どこかで、誰かによって、他の目的のために、すでに書かれたものに従って、自らの生き方を語ってしまう。（グッドソン 1995：95）

本書の冒頭で述べたように、本書の研究対象は、異文化理解のディスコース、特に、海外・帰国子女教育や国際理解教育についてのディスコースである。ディスコースに焦点を当てると言っても、談話分析を試みようとするものではない。序章で述べたように、本書はディスコースを、フーコーの言うところのディスコース、すなわち、社会的な力と知識との関係を内蔵し、表出するものとして捉える。その結果、日本の異文化（理解）主義や国際理解教育のめざすところを考察し、その目標への接近を阻害する要因や問題点を分析して、目標達成への手立てを模索するという従来の多くの研究とは、かなり性格を異にするものとなっている。

また、本書におけるリサーチは、質的であり、殊にポスト実証主義的（ポスト・ポジティヴィスティック）な方法論を用いる。これまでこの領域における研究の多くには、アンケートを中心とした量的調査が見られたが、近年、インタビュー等の質的アプローチを採る研究もかなり実施されてきている。しかしそれらは、量的な方法論に基づく調査・研究では拾い切れない部分を補うという目的の、どちらかといえば、量的調査を補完する形で行われる質的調査である場合が多かった[1]。あるいは、質的調査法を主として採用していても、それは、実証主義的な枠内での質的調査法である場合が多かった。それらに対して、本書は、調査の客観性や中立性という概念そのものを再検討し、従来とは違う角度からこの問題へ迫ることを試みたいと考えているのである。それは、政策文書や研究者の論稿との、またこの研究の対象者である文化仲介者との対話を通じて、そこで立ち上がってくる言説の背後にあるものを探る作業となっていくのである。

一　客観性、中立性の問題

本書で行った研究は、一般化のできる、信頼性に耐え得る結果を提供することを主目的にしたものではない。量的なアプローチではともすれば見えてこない研究課題への、新たな問題意識を掘り起こすことを、その目論見にしている。すなわち、ポスト実証主義的なアプローチを採るのである。ポスト実証主義に立つアプローチに対しては、ジャーナリスティックであるとか、疑似科学的であるなどの批判もあり、それらの批判が指摘する問題点には頷首すべき点もあるが、ここでは、その意義のほうが、より重要だと考える。人びとは異文化理解や共生といった概念に対しては、中立的で客観的に語ることはできないということを重要視するからである。例えば、海外在住の大企業のビジネスマン管理職と日本人学校の先生が、異文化理解について、同じ価値観に基づいて考察し、発言するとは考えにくい。彼らの発言は、彼らの地位、職業、個別のコンテクストを反映する価値観によって彩られ、また制限されているのである。

序章では、フーコーが、ディスコースが社会的コンテクストによって規定されていると述べていることを考察した（フーコー　1977；マイルズ　1997）。M・ピットマンとJ・マックスウェル（1992）は、全てのディスコースは価値観を背負っており、コンテクストとの非常に密接な関係の中から生み出されてくると指摘する。そうした意味では、本書で検討されるディスコースでは、中立的で客観的な発話や文章の集まりというより、ディスコースの発言者が置かれている位置や状況での力関係を反映するものと捉えることが重要になってくる。したがって本書は、調査対象における社会的な力関係にあまり注意を払わず、客観的なデータ収集を試み、その一般化を目指すという、ポジティヴィスティックな調査法は採らなかった。中立的でポジティヴィスティックなアプローチが、意味をもたない領域があるという見解に共鳴するからである（グーバとリンカーン 1994）。ディスコースを公的なものと文化仲介者のものに分けて考察することや、文化仲介者の中でも三つの異なるグループのディスコースに分けて分析することは、これらのことからも、本書にとって重要な意味を持つのである。

本書では、限られた数の文献とインタビュー参加者をその調査の対象にしているが、「調査対象の数としては十分である」、あるいは「一般化のためには少ないのではないか」という議論は展開しない。それは、ポジティヴィスティックな見解に基づく枠組みでの議論だからである。どのような調査対象が選ばれたか、また、中立ではない調査者がなぜそれらを選んだかは本書の後半で説明するが、そのことによってここで考察されることの意義が減じることはないと考えている。なぜならこの研究においては、数量的に得られる一般化ではなく、個々の調査参加者が個々の社会の中で、特に力関係を反映したコンテクストの中で考えた、思索的な価値観に基づく見解を（回答者が思索的とは意識しなくても）重要だと考えるからである。ひとりひとりの考えの形成過程や理由を深く掘り下げることには不向きなアンケート調査では見えてこなかった視点を、提供しようとするものである。

また、本書では、普遍的な真理は個人の見解や偏見を超えたところに存在するという考えを前提にした調査は行わなかった（キャリー 1989）。その根底には、普遍的な、大文字のTで始まるような真理（Truth）への不信感がある。G・ベートソン（1972）が言う如く、質的調査法を採るものはみな思索家的志向を目指し、それに基づいた「知」への迫り方（認識論）、そして方法論を試みているのである。調査をする者が中立的な位置に立つことは難しく、そこに生じる全てのディスコースは個々の価値観とコンテクストへの応答として見なすべきであり、調査をする者自身が、そのことを常に意識化する必要があったわけである。すなわち、調査者は決して無垢で中立的な立場では調査に関われないという前提を、重要視したのである（J・スミスとシャックロック　1998）。

調査者は、調査参加者を客観的に理解しようと努める中立的な立場の者ではないという見解は、調査参加者が、個々のコンテクストからのみ発言するという見解とともに、調査における本書の根本的な考え方となった。調査の際には、その考え方に立って、調査の前やインタビューの合間に、調査者である私自身の経験などを調査参加者に伝えることを大切にしたのである。具体的には、例えば調査の始まる前にインタビュー参加者へ宛てた手紙の中で、自らのことを次のように紹介している。

私自身は、かつて海外子女教育にも、帰国子女教育にも教師として関わりました。また、在外日本企業に関わり、駐在員と共に勤務する在外生活を送りました。ですから、自らが、海外日本人コミュニティーで生活をした者であり、かつ、海外・帰国子女の保護者であります。国内では、帰国後の母親グループのアドバイザーとして、貴重な経験をさせていただきました。同時に、この問題に関する研究者のひとりとして、海外・帰国子女教育問題を研究、調査してきた者でもあります。

つまり、調査者が調査参加者と同じような経験を分かち合うことができることを、明示したのである。その意味で、私は、調査参加者のコンテクストを卑近なものとして受け取ることができ、似たような体験を話し合うことのできる、まさに問題のインサイダーとして調査を行った（デグラドーガイタンとトゥルエバ　1991）。しかし同時に、調査を受ける者にとって、私はこの問題の専門家のひとりであり、自らの関心に基づいてインタビューをリードしていく外部からの人間、いわゆるアウトサイダーであることも忘れてはいけなかった。

次に本書では、調査をされる人びとの声が集められるプロセスを重要視した。ここでいうプロセスとは、インタビューを実施する者とそれを受ける者との間の対話のことである。インタビュー参加者は、インタビューの前と後とで、あるいは、インタビューの最中に、自分の意見を変えることがよく起こった。

具体的には、次のようになる。調査参加者は、インタビュー実施前に質問紙へ回答することを求められた。質問紙の内容は、調査参加者の年齢、職業、性別、調査時点までの海外滞在期間とその形態などを問うものと、後で述べるように、文部省の政策文書をもとに、異文化（理解）主義や文化観についての考えを問うアンケートから成り立っていた。事前質問紙調査の目的は、（1）予め統計的なデータを集めてインタビューの時間を短くすること、（2）インタビューで話し合う内容の材料を予告編として提供し、調査参加者にインタビューの内容事項を少なくとも一度は目にしてもらう、そしてできれば考えてもらう機会を提供することの二点であった。今回の調査参加者の中には、多忙のため一時間のインタビュー時間を確保するのが限度であるという者が多くいたことも、この事前質問紙調査を有用なものにした。

インタビューでは、事前に書き込んである質問紙とそのコピーを用意し、調査参加者と私とは、それに目をやりながら対話を進めていった。調査参加者は、一度回答した質問項目について、私とお互いの状況を話し合う中で説明を求められたり、その理由を尋ねられたりしたわけである。調査参加者は、当初の回答と違う見解を述べたり、あるいは、インタビューが経過する中で、その意見を変化させたりすることもあった。意見を変えるまでに至らなくても、回答者は私のぶつける質問に戸惑い、「そんなことは考えたこともなかった」と率直に表明し、答えを見失ったり、ある回答と他の回答が矛盾してしまうことも何回もあった。それらのプロセスに回答者が自ら気づくこともあったし、気づきながらごまかす場合もあった。その結果は5章と6章にまとめているが、これらは、アンケートや選択肢のみを問うインタビュー調査では得にくい結果であったといえよう。

二　ディスコースをめぐるグループ

次に、調査対象である文献やインタビューの参加者を選定していった過程について説明する。序章で述べたように、本書では、以下の五つのグループによるディスコースを取り上げる。五つのグループとは政策担当者、研究者、海外駐在経験のある企業関係者、海外日本人学校教師、そして海外子女の母親たちである。海外子女教育を取り巻く関係者の関係は、図1のように表すことができる。これらのグループ間は互いに影響を与え合っているが、2章の考察を踏まえて、特に強い影響を与えた関係については二重線で表してある。

図1で示されたグループのうち、研究者、経済界関係者、文部省を中心とする政策担当者の三者は、この問題の公的なディスコースの生産者である。従来の海外子女教育の歴史を記述したもの、例えば海外子女教育振興財団による『海外子女教育史』(1991) など、多くの研究論文もこの三者による文献を取り上げてきた。そのうち、経済界関係者による文献は、ほとんどが一九七〇年代の後半から一九八〇年代に集中している。またその内容は、2章でみたように、海外・帰国子女の教育環境の整備という観点に集中している。すなわち、海外子女のための在外高校の設立要求や、帰国子女のための特別受け入れ枠の拡大などである。それらは、矢印(1)の、海外駐在員の切実な声に影響されたものである。そして、その結果は矢印(2)となって、政策に反映されている。グッドマンの研究 (1992) が明らかにしたように、これらのディスコースは海外・帰国子女教育を発展させる大きな要因と

図1：ディスコースをめぐるグループ間の関係

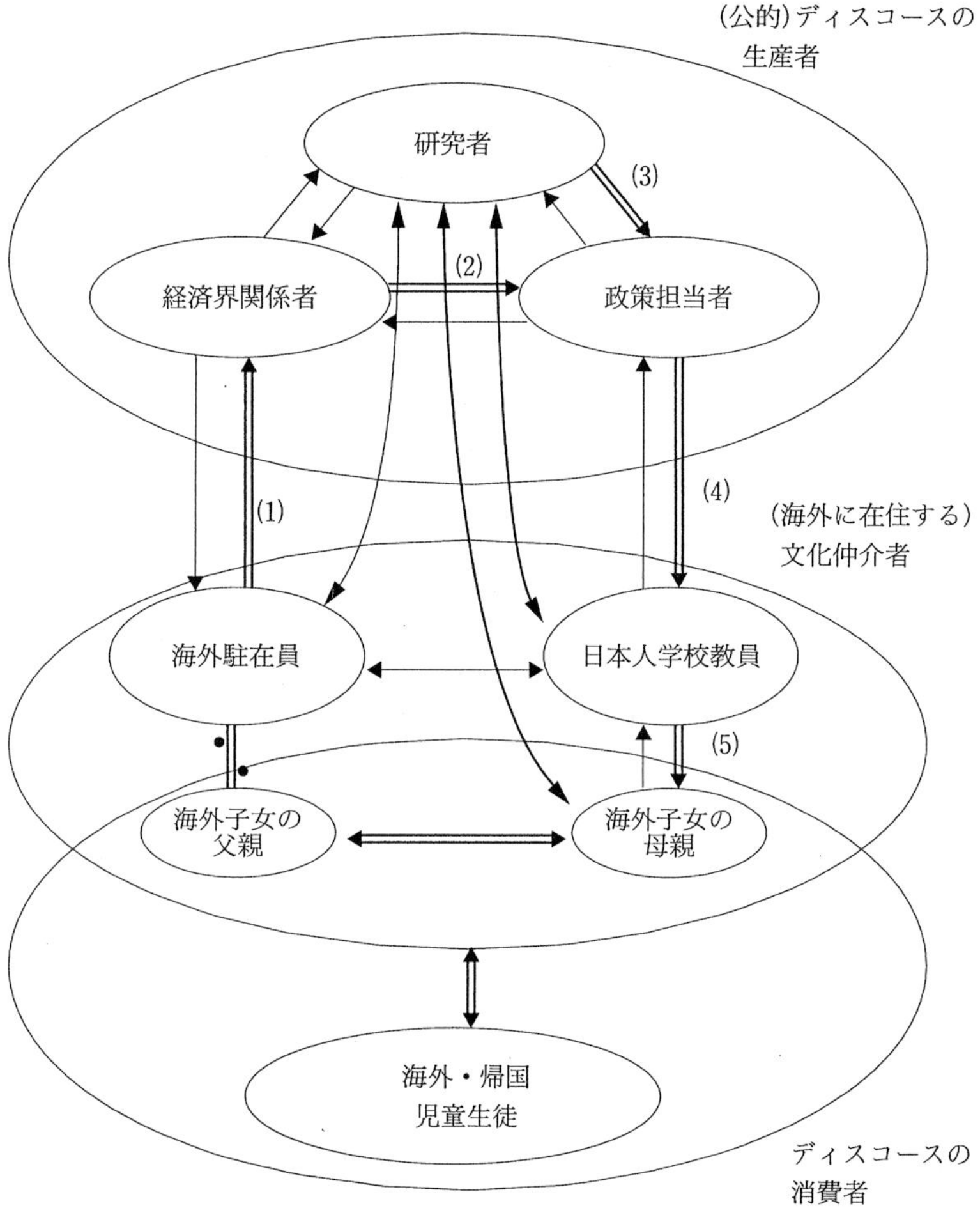

注：二重線は強い影響を表す

なったが、一九八〇年代以降の国際理解や異文化共生論にはあまり興味を示さなかった。また、2章でみたように、一九九〇年代以降、これらのディスコースは急速に勢いを失っている。よって、本書では、文部省を中心とする政策担当者と研究者という二グループによる文献を、その考察の中心に据えることとした。この両者においては、矢印(3)にみるように、特に一九八〇年代以降、研究者の考える国際理解教育観が、文部省等の政策に徐々に浸透している点を指摘しなくてはならない。

図1の中ほどに位置する四つのグループ、海外駐在員、海外日本人学校教師、海外子女の保護者である父親および母親は、今回の研究において中心となるグループである。序章で述べたように、本書では、彼ら／彼女らを文化仲介者として位置付ける。海外で実際に異文化理解教育を受ける子供たちを、この問題での受け取り手あるいは消費者と捉えるならば、ここで挙げた四つのグループは、その子供たちと直接接することで、政策担当者や研究者の生産した理論や政策を伝達する仲介者になるわけである。従来の研究では、これら四つのグループは言説の生産者とは見なされず、どちらかと言えば、海外子女教育の当事者として、その実情を探るリサーチの対象として扱われてきた。事実、四グループのうち、保護者である父親そして母親は、海外子女教育の当事者でもある。しかし同時に、これらのグループが言説を生産しなかったのかと言えば、それは事実に反する。これまではあまり取り上げられなかったが、一九八〇年代以降、多くの海外子女の保護者や教員によって書かれた出版物がそれを物語っているし、何より、彼ら／彼女らは子供たちに、そして彼ら／彼女ら自身の間で、異文化（理解）主義について、国際理解教育について、日々の生活の場で語っているのである。ディスコースの生産者たちによる公的なディスコースを受容すると共に、自らもディスコースを再生産している点で、まさに仲介者なのである。

本書では、その四グループを次のように位置付けた。まず、日本からの海外駐在員は、少数の例外を除けばほとんどが男性であり、かつ、彼らの大多数は、家族を国内に残す単身赴任者を除けば、海外子女の父親ということにもなる（今回の調査では、子供が大きくなり、国内の大学に通っていたり、すでに就職しているので帯同しなかったと言う者もいたが、彼らも過去には子供を海外に帯同していた）。そこで、駐在員と父親とは、同一グループと見なすことにした。次に、海外全日制日本人学校の教員であるが、その大多数は文部省より派遣されてきている男性教員である。派遣の前には、2章で見たように、様々な研修があり、海外子女教育、国際理解教育についての文部省の見解を十分に学ぶ機会がある［矢印(4)］。多くの日本人学校教師の海外での生活環境は、まさに日本人学校を中心とする狭いものである。そして彼らは、文部省派遣の指導者として、主に母親に、その教育観、文化観を語り、アドバイスをすることになる［矢印(5)］。保護者である父親、母親が、教員を経ずに直接、国の教育政策や、国際理解教育の研究者による文献に接する機会は少ない。教員も、政府関係の文書以外に、研究者の書いたものを直接読む者は多くない。今回のインタビューでも、調査参加者の中で、研究者による文献の名前を指摘することのできた者は、二名に留まった。しかし、ではこれら海外文化仲介者たちに公的なディスコースの影響は皆無なのかと言えば、決してそうではない。吉野が日本人論研究で示したように（1997）、文化仲介者は、その置かれた個々のコンテクストの中で独自の取捨選択をして、異文化理解、国際理解教育に関する言説を受容し、解釈し、そして再生産しているのである。その実態を可能な限りていねいに描き、分析することが、まさに本書に課せられた目的の一つなのである。

三 公的なディスコース（政策と研究）

政策担当者や研究者によって生産された文献は、公的なディスコースとして次の4章で取り上げる。文化仲介者である日本人学校教師、企業駐在員、そして母親たちは、異文化理解や国際理解教育について、自らの経験だけで語っているのではない。文化仲介者たちは、政策や研究書そのものからでなくても、雑誌、新聞、そして人から聞いた話などの媒体を通じて、実はすでに語られたり書かれたりした公的なディスコースの影響下にあるのである。これらの文献は、文化仲介者が紡ぎ出すディスコースに重要なコンテクストを提供する。本書で、代表的な政策文書や研究書を取り上げる理由の一つはここにある。

理由のもう一つは、それが公的なディスコースとして意義を持つからである。文部省を中心とする政策文書も、研究者による論稿も、その多くが、海外・帰国子女教育や国際理解教育を発展させる、あるいは推進する立場から書かれてきた。故にそこには、多くのかくあるべしという規範的な主張がみられる。これまでは、この「かくあるべし論」そのものや、その背後にある「文化観」といったものにまでメスを加えられることは少なかった。また、これらの公的な言説がどのように受容され、解釈されてきたかについては、あまり掘り下げられてこなかった。それを明確にするためにも、文化仲介者の言説を分析する前に、これら公的な言説の中で、代表的なものを取り上げておく必要があったのである。

以上の理由から、今回の調査では、インタビューを実施する際に、当時の文部省の国際理解教育における目標を質問紙に記載することによって事前に提示し、それへの調査参加者の回答をベースにしてインタビューを進めていった。同時に、インタビューの質問項目は、政策文書や研究書が焦点として取り上げている内容から構成されている。言い換えれば、本書における文化仲介者の言説は、これら政策文書や研究書が述べる国際理解教育観、そしてその中にみられる文化の捉え方等の公的な見解に対する、彼ら／彼女らなりの応答であると捉えることができるのである。

本書では、政策文書、研究書共に、一九八〇年代と一九九〇年代から、その代表的なものを一つずつ取り上げることにした。2章で見たように、一九八〇年代までは、海外・帰国子女教育はまさに前進につぐ前進の時代であった。そこで、当時の文部省の国際理解教育に関する公式な見解と、一九八〇年代半ばにまとめられた『国際化時代の教育』と題するそれまでの約二〇年の海外・帰国子女教育を集大成した研究書の二点を、一九八〇年代を代表するものとして取り上げた。一九九〇年代は、従来の海外・帰国子女教育を中心とする議論から、国際理解教育というより広いコンテクストで問題を捉えようと変化した時代である。その一九九〇年代の政策文書を代表するものとして一九九六年にまとめられた中央教育審議会答申を、また研究書として一九九七年に出版された『異文化間教育研究入門』の二点を取り上げた。以上の政策文書二点と研究書二点についての具体的な紹介とそれらの文献が持つ意義性については、4章の冒頭で述べることにする。

四　文化仲介者へのインタビュー

インタビューの対象者は、海外日本人学校の運営理事会の理事、日本人学校の教員、そして海外子女の母親たちであった。このうち、運営理事会の理事のほとんどは、現在海外子女を帯同する父親であるか、かつてそうだった者たちである。インタビューは、運営理事として、当該日本人学校の調査時点での理事全員、教員は、校長、教頭、そして各委員会組織の責任者全員、さらに、母親は、学校PTA組織の役員のほぼ全員に実施した。詳細は5章の冒頭で述べるが、調査期間に（調査参加者の）所用で会えなかった者数名を除くと、全ての理事、管理職教員、PTA役員である母親の、合計四六名にインタビューを実施することができた。[2]

本書は、これまでに幾度も述べたように、これら三者を文化仲介者として捉え、彼ら／彼女らの国際理解教育や異文化理解についての見解、そしてそれを支える文化観についての語りを調査の中心に置いている。吉野（1997）は、日本人論をめぐる言説について調査した際、日本国内のある都市における、企業の代表者たちと学校の校長たちという二つのグループをやはり文化仲介者として捉え、彼らの日本人論への語りを分析している。今回の研究では、それに、海外在住の母親が付け加えられている。

母親を加えたことには、理由がある。一つは、この問題を取り巻く関係者から、保護者という立場の者をはずすわけにはいかなかったことである。教育に関わる場としては、学校、家庭、地域などを挙げることができるが、日本において、保護者として主に教育（学校）に関わるのは、ほとんどの場合が母親である。PTAと言っても、そこに登場する保護者はほとんどが母親であることからもそれは窺える。今回の調査でも、ＰＴＡ役員に父親は一人もいなかった。

しかし、母親を今回の調査対象に加えたより大きな理由には、国際理解教育や異文化理解に対する母親の見解を探りたいという、調査者としての私自身の関心があった。国内には、帰国子女たちの親のネットワークがあるが、そこで活躍しているのはほとんどが女性である。私は、そうした団体の一つに唯一の男性として数年来関わった経験がある。彼女たちの、「男性には分かってもらえない」という視点からの語りは、時にはつらいものであり、時には力強いものであった。母親の視点、殊に、従来あまり顧みられなかった、言説を再生産する者としての母親の視点による国際理解教育論や異文化理解論を、聞き出したかったのである。

調査地としては、英語圏であるオーストラリア・メルボルンと、非英語圏のマレーシア・クアラルンプールを選んだ。2章で述べたように、日本における国際理解教育や異文化（理解）主義において、コンテクストとなる言語が英語か否かは大きな問題であることを考えると、調査地としては、英語圏と非英語圏という異なった地域を選ぶ必要があった。英語圏、非英語圏ともに多くの選択肢があったが、今回は、現地の日本人会や学校が全面的に協力をしてくれるという条件を満たしたこの二都市で実施することとなった。なお、二都市の日本人学校とそれを取り巻く教育環境、インタビュー対象者の生活環境については、5章のはじめで述べることにする。

すでに説明したように、インタビューを実施する約一ヶ月前に、調査協力に感謝する手紙とともにアンケートを発送した。各インタビュー対象者からは、約一週間でアンケートに回答し、それを封筒に入れて調査者に返却してもらった。インタビューは、その回答を調査参加者と私がお互いにまず確認してから対話を深めるという形を取り、調査参加者の許可を得て、その全てをテープに録音した。テープはその日の内に、録音状態のチェックと併せて聞き直し、調査終了後、一ヶ月以内にメモと共にトランスクリプトを作成したのである。トランスクリプトは、読み込み、カテゴライズ、「問い」との突合せ、分析、そして解釈等のプロセスを経て（マイルズとヒューバーマン　1994；レコンプト、ミルロイとプレズリー　1992）考察した。それは、「分析の過程で本当に意味のある瞬間が訪れるのは、こうしたパターン化や分類の過程である」（ウォルコット　1994：24）ということを、身をもって体験する作業でもあった。

五　本調査の意義と限界

最後に、この調査の限界についても触れておく必要があろう。J・スミスとG・シャックロック（1998：4）は次のように言う。「我われは、調査者として常にその限界に、その歪みに、その手順に、反省的であるべきである」。ここでいう反省的とは、「調査者はいかに努力しようとも、彼ないし彼女の質問は、その調査者の特定の立場から作られ、特定の方法でその答えが求められ、特定のやり方でその結果が提示されるということを、常に自覚すること」（ルビー　1980：157）に他ならない。

私は、はじめに述べたように、元海外・帰国子女担当教員、企業駐在員の経験者、そして母親グループとの関わりを持つ者として、すなわちインサイダーとして、調査参加者に接することができた。これは、彼ら／彼女らの背景を熟知しているという意味では強みである。しかし同時に、私は、そのことによる自らの調査者としての立場を過信してはならないことに、殊に留意する必要があった（ヴィレナス　1996）。例えば、企業関係者に対して、ほとんどの場合、私はかなり年少であった。彼らは、私にものごとを教えてあげようという態度で接することが往々にしてあった。それに対して、教員の中には、私が研究者でもあることからくる、どこまで話していいのか分からないという警戒心を見せる場合があった。また母親たちには、当然のこととして、異性の調査者に対するためらいがあったことも否定できない。これらは、除くことのできない本調査の限界の例である。

よって私は、インタビューの最中も、その後の作業をする時も、それらのことを常に念頭に置くよう努める必要があった。しかし同時に、はじめは高飛車であったり警戒感や躊躇が先行していても、話していくうちに調査参加者が心を開いて、日頃から感じ考えていることを率直に語ってくれていると感じる場面が多くあったことにも感謝した。それらは、私が質問の形で聞き続けるのではなく、彼らと「対話」をすることによってもたらされることが多かった。そこでは、固有の問題意識をもった調査者である私と、やはり固有の問題意識を持った調査参加者の間に、対話が成立し得る可能性を実感したのである。

この調査の意味の一つはここにあると、私は考えている。また、こういう形の調査であったからこそ、本書の目的であるディスコースの分析に大いに役立ったのだとも考えている。以下に述べるのは、このようにして集められた文献、そしてインタビューでの、調査参加者と私との、ある意味で対話の報告である。

第3章　注

1　2章で見たように、実践に役立つ一般的傾向の把握を目論む、あるいは政策レベルでの調査が多かったこと、また、海外の場合は国内から調査に出かけなければならないという物理的制約なども、その理由としては考えられる。

2　今回の調査に全面的に参加、協力してくださったメルボルンとクアラルンプールの日本人会、特に理事の方々、また、それぞれの日本人学校の校長をはじめ先生方、事務ならびにＰＴＡの方々には、心からの感謝を表したい。

第4章

公的なディスコース（政策と研究）

本章では、日本の異文化理解のディスコースにおいて公的な（パブリック）ディスコースと考えられる四つの文献を取り上げ、代表的な具体例として扱う。お互いの間に相違点があるにもかかわらず、四つの文献をひとまとめにして扱うのは、後でみるように、これら四点を公的なディスコースとして共に扱うことに意義があると考えるからである。これらの文献は、次の5章、6章で、文化仲介者と異文化理解、あるいは文化観について語る際に、彼ら／彼女らの見解に影響を及ぼす重要なコンテクストを形成するディスコースにもなっている。ここでは、文献の紹介と共に、なぜその四点が、この研究における異文化理解のディスコースにとって重要な位置を占めるのかを説明したい。さらに、それらの文献が、本章でどのように取り扱われるのかについても述べることにする。

政策文書として第一に取り上げるのは、一九八八年の『我が国の文教施策』（文部省）である。本章ではその中から、教育の国際化について述べている「第八章　国際化の進展と教育・文化・スポーツ」の部分を取り上げる。『我が国の文教施策』は、文部省のいわゆる白書に相当した文書であり、一九五九年以来、タイトルを変えながらほぼ五年に一回の割合で発行されてきた。一九八八年からは毎年発行されることになり、そうした意味でもこの一九八八年度版は、その構成においてそれ以降の同文書の雛形ともなったのである。以来、細部は変化しているものの、二〇〇一年度に同文書が文部科学省の白書となるまで、章の立て方など、大枠的な構成は変わっていない。一九八八年の『我が国の文教施策』を取り上げるもう一つの理由は、一九八〇年代後半までが、いわゆる海外・帰国子女教育の休むことのない発展期であったことである。国際理解教育、異文化間教育が海外・帰国子女教育を中心に論じられていた時代を代表する政策文書の一つが、この一九八八年の『我が国の文教施策』であるということが言えよう。

もう一点の政策文書は、一九九六年に発行された、中央教育審議会の答申『二一世紀を展望した我が国の教育の在り方について』である。一九九六年のこの文書は、白書に相当するものではない。しかし、それ以降の『我が国の文教施策』を見ても分かるように、多くの政策文書は、この一九九六年の中央教育審議会の答申をもとに作成されている。さらに2章でみたように、国際理解教育、異文化間教育の観点からは、この文書は、国際理解教育という概念が広く浸透する一九九〇年代に書かれたものであり、そのことからも代表的な政策文書と見なすことができる。

以上の理由により、本研究では、約一〇年の隔たりのある二つの政策文書を、政策担当者の立場による公的なディスコースを代表するものとして検討することにした。二つの政策文書は、似通った構成をもっている。すなわち、序論部の後は、国際理解教育について、外国語（英語）教育について、そして海外・帰国子女教育についての部分と続いていくのである。『我が国の文教施策』には、国際交流や日本語教育についてなど他の領域に関わる記述もあるが、本章では、本研究が取り扱う、これら国際理解教育、外国語教育、海外・帰国子女教育の三つの領域における記述を中心に考察することにした。

研究者による文献として取り上げたものは、次の二点である。まず、一九八六年発行の『国際化時代の教育』を取り上げた。これは、東京学芸大学海外子女教育センターによる帰国子女教育問題研究プロジェクトチームによって執筆されていることからも分かるように、その内容は帰国子女教育が中心となっている。同書は、執筆された時点までの戦後帰国子女教育の流れを総括したものとして評価された（小島 1987）。また、一五名の執筆者の多くが、当時のこの分野における中心的な研究者たちによって構成されている。同分野を代表するこれほど多くの執筆者によって書かれた研究書は、この本以前には見当たらない。同書は、一九八〇年代までの国際理解教育における研究書の代表的な一冊であると言えるであろう。

　数ある研究書から、本書ではもう一点、一九九七年発行の『異文化間教育研究入門』を選んだ。その理由は、先の研究書から一〇年を経て、やはり日本の異文化間教育をリードしてきた多くの研究者によって、この問題を正面から論じた代表的な研究書となっているからである。それ以降、現在に至るまで、ひとり、ないしは数名の筆者による個別の異文化間教育論（例えば、留学生問題、在日外国人子弟問題、多文化教育論など）を論じた本や、あるいは、比較教育の立場から各国の国際教育の中での日本のそれを論じた本は出版されたが、日本の異文化間教育そのものに的を絞って、これほど多くの筆者によって論じられた本は出されていない。

　二点の研究書を選んだ理由を述べたが、この二つの本は、一五名という同じ数の筆者によって書かれ、しかもそのうちの数名が重複しているということからも、類似した点がある。ただし、相違点があることも指摘しておかなければならない。それは、前者がどちらかというと実践的な観点からの、また政策への提言を含んだ内容となっているのに対して、後者は、純粋な研究書であり、異文化間教育全般について書かれたものだという点である。

　ここで断っておきたいのは、本書ではこの二つの文献を、現時点におけるこの分野での最新の知見を提示したものとしては取り扱っていないということである。事実、これらの文献に論稿を寄せている幾人かの執筆者は、その後の研究で考えを発展、変化させている。ただ、吉野の日本人論の研究（1997）にもあるように、本書が対象としている文化仲介者と見なされる人たちは、研究者の最新の言説をフォローしているとは必ずしも限らない。ここで大切なのは、調査をする際のコンテクストにおける支配的な言説に焦点を当てることなのである。そうした意味で、調査時点ですでにこの分野の代表的なジャーナルにおいて書評にも取り上げられており、他の論稿からも多く引用されているこの二つの本は、その時点における国内の研究者による、国際理解教育、異文化間教育、そして文化に対する捉え方、日本の教育や社会に対する捉え方を如実に表したものであると言って差し支えないと考えるのである。

最後に、これらの文献への私の接し方について述べておきたい。3章でも述べたが、私はこの問題に関わってきた当事者、インサイダーとして、言い換えると親、教師、駐在員、あるいは永住者（永住権を取得し、一旦は永住を覚悟した者）という海外生活経験者、そして問題意識をもった調査者として、これらの文献をフーコーの言うところのディスコースとして読んだ。また、何度も繰り返すことになるが、以下ではこれらの文献そのものを批判したり、談話分析（せまい意味でのディスコース・アナリシス）をすることを目的とするのではなく、次の5章、6章で試みる、文化仲介者へのインタビューのコンテクストとして検討したのである。この章で検討する内容は、次章以下のインタビューにおいて、その「問い」に重要な焦点を提供してくれるものとなる。よって、各項目で取り上げられる内容は、システマティックな文献分析というより、ある意味では、私の問題意識を恣意的にぶつけたものになっている。この問題意識によって、四つの文献から取り上げる箇所が選択されたという点は、ここで明記しておかなくてはならない。もちろん、その問題意識は1章で考察した概念的枠組みが基底になっており、そこから生じた次の七つの「問い」が中心になっている。四つの文献が、それらの「問い」にどう答えているか、また、何に答えていないかを探りながら、批判的に読み進めたのである。七つの「問い」は以下である。

1　異文化理解の能力について

グローバリゼーション（国際化）の中での、異文化理解、共生の能力とは何か？

2　コミュニケーション能力について
　外国語能力、特に英語の力についてどのように考えているか？
3　グローバリゼーション（国際化）の中での国民国家について
　国際理解教育における国の果たす役割をどう捉えているか？
4　進歩と普遍性の概念について
　日本は遅れている、特にアメリカに対して遅れていると捉えられているか？
　普遍化とは、欧米化、特にアメリカ化のことなのか？
5　文化相対主義について
　文化に優劣はないと捉えているか？
6　他文化の受け入れについて
　同化主義、文化多元主義、多文化主義をどう捉えているか？
7　文化本質主義について
　日本文化、社会をユニークだと見なしているか？
　日本での他の差異性、特に男女による差異性をどう捉えているか？

以下では、これらの問いに、四つの文献がどう答えているかを考察する。その内容は大きく二つの部分に分ける事ができる。まず一節から四節の前半では、先の問いの1から4まで、すなわち国際理解教育、異文化理解そのものについての問い、あるいは、そこで求められる能力を扱う。後半の五節から八節では、これらの文献が文化をどう捉えているかを中心に見ていくことにする。

本章では、四つの文献に次のような略語をあてている。

『昭和六三年度　我が国の文教施策　第八章』＝八八年政策文書

『二一世紀を展望した我が国の教育の在り方について』＝九六年政策文書

『国際化時代の教育』＝八六年研究書

『異文化間教育研究入門』＝九七年研究書

一　異文化理解と共生の能力

九六年政策文書は、「国際化と教育」という枠組みの中で、「国際理解教育の充実」を冒頭に挙げて重視し、「国際化の状況に対応し、我々は特に次のような点に留意して、教育を進めていく必要があると考えた」(50)として、次の三点を挙げた。

（a）広い視野を持ち、異文化を理解するとともに、これを尊重する態度や異なる文化を持った人びとと共に生きていく資質や能力の育成を図ること。

（b）国際理解のためにも、日本人として、また、個人としての自己の確立を図ること。

（c）国際社会において、相手の立場を尊重しつつ、自分の考えや意志を表現できる基礎的な力を育成する観点から、外国語能力の基礎や表現等のコミュニケーション能力の育成を図ること。

これらの目標は、その中心となる内容から次のようにまとめることができるだろう。

（a）異文化理解と共生の能力の育成を図る。
（b）日本人性（日本人としてのアイディンティティ）の確立を図る。[1]
（c）コミュニケーション能力の育成を図る。

以上三つの内容は、それまで様々な形で述べられてきた国際化時代における教育の目標を、当時の政策を担当する者の立場から取りまとめたものとなっている。さらに、それ以降の政策文書は、これらの目標に基づいて書かれることになり、政策文書以外の文献も、国際理解教育を論ずる際には、これらに込められた内容のいずれかについて論を進めていることが多い。三つの目標は、日本での国際化時代における教育の方向性を端的に示し、広く受け入れられた公的な言説であると言えるだろう。以下、この目標を一つずつ掘り下げていく。まず本節では、異文化理解と共生の能力の育成について、第二節ではコミュニケーション能力の育成について、そして第三節では日本人性の確立について焦点をしぼって、考察を加えることにする。

「共生能力の育成を図る」教育については、本章で取り上げる代表的な研究書においても「世界の中の日本人として、共に生存を認め共に生きる教育」（八六年研究書：31）、「異文化間教育とは、多文化共生教育」（九七年研究書：25）として提示されている。2章で見たように、「共生」は、八〇年代以降現在に至るまで、日本の国際理解教育、異文化間教育が掲げ続けてきた目標理念なのである。ただし、これら公的なディスコースにおける共生理念の中には、考察するべき少なくとも二つの課題が内蔵されている。その第一は、先の八六年研究書に登場した「世界の中の日本人として」というフレーズについてであり、第二は、共生の能力の具体的な中身についてである。

まず、第一の点であるが、八六年研究書の「世界の中の日本人として」というフレーズは、八八年政策文書になると、「国際理解教育で最も重要な点は、国際社会の中で信頼される日本人を育成すること」(402)となり、さらにはっきりとした形で表現される。この「国際社会の中で信頼される日本人」というフレーズは、一九九五年度の「我が国の文教施策」まで毎年必ず使用された文言でもある。ここから、これら政策文書における「共生」理念は、ある前提に立って述べられていることが分かる。すなわち、共生する主体は、我われ(日本人)であり、日本人という枠は崩さず他の人びとと共生することが説かれているのである。それでは、ここでいう「国際社会で信頼される日本人」とは、どのような人のことなのであろうか。

八八年政策文書は、信頼されるためには「人びとの生活や考え方までを含めた広い意味での文化の相互理解が不可欠であり」(402)、その「土台として自らの文化(すなわち日本文化：筆者注)を十分に理解していることが必要である」(402)と説明している。この「国際理解や異文化理解の前提として、まず自文化や日本理解が必要である」というディスコースは、長い間、日本の国際理解教育を支配してきた、強力なイデオロギーであった。すなわち「国際社会で信頼されるためには、まず日本文化を十分に理解していなければならない」という考え方である。この見解は、政策文書のみならず、国際理解教育が語られる際には、必ずと言ってよいほど登場している(馬渕 1998)。しかし2章でみたように、問題は、なぜ国際理解を深める前提として、自文化理解を深化しなくてはならないかという点である。これについて、一九九〇年代後半までの公的なディスコースの多くは、充分に説得力のある説明をしているとは言い難い。自文化を深く知らない人間は、国際的に評価されるはずがないというような規範的な説法が説かれるか、外国人に日本の伝統文化をうまく説明できず、はずかしい思いをした等のエピソードが繰り返されることがほとんどなのである。

次に、二点目の「共生能力の具体的な中身」について見てみよう。「異文化を尊重し、それを理解する能力」というのが、政策文書に盛られた具体的な回答の一つであろう。また、九七年研究書は、異文化間コミュニケーションを以下のように説明している。

異文化間コミュニケーションは、個人も文化も多様であることを知り、その多様性をよしとする価値観を育てることと、争いごとは話し合いで解決するという基本的な理念をもつ学問の一領域である。(116)

すなわち、共生の能力の重要な要素として異文化間コミュニケーションの能力が取り上げられ、それを、異なる文化とその多様性を知り、かつそれを理解する力としているのである。しかし、ここでも基本的な疑問が生じる。「異なる文化を知り理解しても、果たしてそれが異文化と共に生きる、共生することを可能にするのだろうか」という疑問である。先の引用では、争いが生じた場合も話し合いで解決する理念を持つと述べているが、そのような理念は、実際には本当に有効なのだろうかという問いも出てくる。もちろん期待としてそれを語ることは可能であり、またそれが有効な場合もあるだろうが、現実が常に有効であるという保証はない。問題なのは、これらの見解には、「異なる故に、あるいは違いを熟知したが故に、共に生活を営むことが困難になる」という側面は掘り下げられずに、「それは克服されねばならない」という規範的な声にかき消されてしまう危険があることである。その結果として、「地球人としての意識が発達することが、国際人的資質の形成につながる」(188)

や、「異文化理解教育とは、自他の文化を尊重し、文化的背景を異にする人びとと学んだり働くことが（すなわち共生：筆者注）できる能力を養うことを目的とする」（204）という、常に理想的な理念を前提とした議論が展開されてしまうのである。理念を語ること自体に問題があるのではない。しかし、そこには、「異文化を知り理解すれば、紆余曲折はあってもそれがいつかは共生につながる」という理念的な視点が色濃く存在する反面、実際に生じるであろうコンフリクトについての突っ込んだ分析が少なくなる危険性を伴う。すなわち2章でみたように、集団や文化間の力関係にまで踏み込んだ分析の視点が希薄であったという、日本の国際理解教育におけると同様の傾向が、代表的な公的ディスコースにおいても表れているのである。

二　外国語能力 —— 特に英語力について

日本の国際化と教育という文脈の中で、共生の能力と常に並置されてきた能力、それがコミュニケーション能力と呼ばれるものである。八八年政策文書はそれを、

> 国際社会の中で生きていくためには、外国の人びととの相互理解を深めることができるコミュニケーション能力が必須（404）

であると位置付け、九六年政策文書は、

今後の国際化の進展を考えると、相手の立場を尊重しつつ、自分の考えや意見を表現し、相互理解を深めていく必要性は、これから一層強まっていくものと考えられる。（52）

と、その重要性を説いている。しかし、これら政策文書におけるコミュニケーション能力の具体的な中身は、いったい何であろうか。それは、次の二点に要約することができる。第一は、ここで言われるコミュニケーション能力とは、端的に言えば外国語の能力であり、第二に、外国語の能力と言っても、それは限定された英語の能力、なかんずく会話の能力のことなのである。[2]

第一の点は、至極明らかである。コミュニケーション能力を説明している箇所は、八八年政策文書では、外国語教育の充実（404-406）となっているし、九六年政策文書でも、外国語教育の改善（52-54）となっているからである。この「国際理解や異文化理解には、外国語能力がぜひとも必要である」というディスコースは強い力をもっており、文部省の『我が国の文教施策』から外国語教育促進の項目が抜けたことは過去に一度もない。すなわち、異文化間接触において求められる最も重要な能力の一つとして、語学力、この場合は外国語の能力が掲げられ続けているのである。しかし、これに対しては、異文化接触において対人関係形成を困難にする原因を扱った研究を参照し、

日本人学生はまっさきに自分の語学力不足にことよせたが、留学生はそうは考えなかった。（九七年研究書：146）

として、日本人の語学コンプレックスや、語学教育のみで異文化間の対人関係ができると楽観することを問題視する指摘もある。この点について、政策文書にみられる「コミュニケーション力＝語学力」というディスコース

が、文化仲介者にどのように受容されているかを調べることは、文化仲介者の異文化理解観を分析する際のポイントの一つになる。

第二の「外国語能力とは英語、特にその会話力のことである」という点については、少し注意を要する。政策文書は、外国語教育という用語を使い、英語教育という言葉を極力避けているからである。しかし、該当箇所を注意深く読めば、その内容が英語教育についてであることは、容易に読み取れる。八八年政策文書では、「外国語教育の充実」の項、全八段落のうち五段落までが、英語教育の充実について充てられている。また、その中で最も詳細に具体案を提示している点は、アメリカ、イギリス等の英語圏からの英語指導助手の招致プログラムと、それら英語圏の国々への日本人英語教師の研修派遣プログラムについてである。そこには、「実践的な英語教育を推進するため」(405)、「会話等の実践的能力の育成をより充実することが求められている」(405) という表現で英語教育の推進が説かれているのである。

九七年政策文書においても、英語力の育成については熱心に述べられている。中でも「小学校における外国語教育」については、特に項を設けて述べられているが、そこでは、「ネイティブ・スピーカーの活用」が唱えられ、「子供たちに外国語、例えば英会話に触れる機会を持たせることができるようにすることが適当である」、「小学校段階から、外国語の発音を身に着ける点において、メリットがある」と説かれている。九七年政策文書では、「中学校・高等学校における外国語教育の改善」の項でも、英語教育について、さらに踏み込んだ議論がなされており、「リスニングやスピーキングなどのコミュニケーション能力の育成をさらに重視する方向で改善を図っていく必要がある」として、具体的な提案を挙げている。

これらの政策文書からは、「日本人の英語力は不十分であり、特にオーラルの力が弱い」という見解が、その背景にあることが読み取れる。

> しかし、実際の指導においては、「聞くこと」、「話すこと」の指導が必ずしも十分でない面がみられる。（八八年政策文書：404）
>
> 会話等の実践的能力の育成をより充実することが求められている。（同：405）

そしてそのこととは逆に、海外・帰国子女は、一般の日本人にはないこれらの能力を持っているという指摘も見出される。例えば、九六年政策文書には、次のような指摘がある。

> 帰国した子供たちの教育の課題は、海外での経験を通してはぐくまれた特性（外国語能力や国際性等）をさらに伸ばすことである。（55）

同じような見解は、研究書にも顕著であり、「外国帰りの、英語はぺらぺらの「目立つ」子を……」（八八年研究書：21）、「帰国子女の過半数は、その国の人びとと意思疎通の手段としての外国語（communication language）を習得している」（同：54）と指摘されている。

ここでみられる、「コミュニケーション力とは英語力」のことであり、「日本人は、一般に英語力、特にオーラルの力が弱い」ことや、それに反して、「海外・帰国子女は、その、日本人が弱いところを習得している」という一連のディスコースが、海外の日本人の間ではどう受け止められているのか、これについても5章で検討することにする。

三 「日本人」の育成と国際理解教育

八八年政策文書は、「国際社会に生きる日本人の育成」という一節を設けている。では、国際社会に生きる日本人の育成とは、いったいどのようなことを指すのであろうか。同文書が、国際理解教育の推進を説く二ページほどのセクション（402-404）の中に、三回にわたって繰り返される文言がある。それは、「我が国の文化や伝統を大切に、または尊重する態度の育成を重視する」というものである。そして、我が国の文化を充分に理解することは「他文化を理解する土台」となるべきであるとの指摘が行われている。また、海外子女教育の充実という節（431-436）には、「海外子女教育は、日本国民にふさわしい教育の機会を確保することを目的とする」、「海外子女教育は、望ましい日本人の育成を図る」との文章が盛り込まれている。これらは、国際理解の前に、まず日本理解をなすべきであるというメッセージを端的に示すものと言えよう。まず立派な日本人を育成することが、国際理解教育の前提とされているのである。同文書は、国の政策を提示したものであるから、国際理解教育といえども、国民教育の枠から離れた議論が出てこないのは当然の結果かも知れない。しかし、これらの見解は、政策文書にだけみられるものではなく、その二年前に出版された八六年研究書でも提示されている。

海外子女教育の基本的課題は、……「国際社会に貢献する日本人の育成」を至上の課題としていた（16）

「どうすれば将来の日本を担う国際性ゆたかな日本人の育成をすすめていけるか」は、困難な問題であるが（30）

帰国子女教育の目標は、……国民教育の目標に背馳するものであったり、国民教育の目標と無関係な別途の目標であり得ないことはいうまでもない（41）

国際性豊かな日本人の育成という我が国の教育理念を生かすため（325）

ここには、政府政策文書だけではなく、八〇年代までの国内を代表する国際理解教育の研究者たちの見解の多くも、海外・帰国子女教育や国際理解教育の前提は日本人の育成であり、国民教育なのだという視点をもっていたことが示されている。そして、注意すべきは、ここでいう日本人とはいったい誰のことなのかという疑問や問いは、ほとんど提出されていない点である。

2章でみたように、九〇年代に入ると、成人してから必ずしも日本に定着しない子供たち、両親のいずれかが日本人でない子供たち、そして在外子弟と呼ばれる外国人の子供たちが増加し、その存在が、社会の耳目を集めるようになった。グローバリゼーションが進行するにつれて、そうした子どもたちの数はさらに増加すると考えられる。そのような状況の下、従来の「国際社会の中で信頼される日本人の育成」というフレーズを国際理解教育の目標に掲げ続けることは現状にそぐわなくなってきたのか、政策文書の文言に変化が生じてくる。『我が国の文教施策』では、九六年以降、国際社会の中で「信頼される日本人」を育成するという課題が、「主体的に生きる日本人」を育成することに変わり、同時に「日本人として、また個人としての自己の確立を図る」として、従来の「日本人として」に加え「個人として」というフレーズが併記されるようになったのである。それでも、子供たちに我が国の歴史や伝統文化などについての理解を深めさせることは重要である（51）との指摘は、現在の文部科学省の白書（2001）に至るまで、国際理解教育の説明から省かれたことはない。

これらの政策文書と比較すると、日本人性の確立が国際理解や異文化理解に先行するというイデオロギーに対しては、研究者のほうが率直に疑問を提出している。

他者を理解するためには自己を知る必要があって当然であるが、これが時として国粋主義に陥りがちになってしまう。（九七年研究書：187）

しかしながら、とくに七〇年代以降の日本の国際理解教育は、むしろ日本文化・伝統の学習、日本人としての自覚を強調する傾向を強めてきているのではないか。（同：233）

これらの指摘に政策文書がどのように回答を出していくのか。現在に至るまで、基本的には九六年政策文書の枠組みを踏襲しており、新たな見解は現れていない。

ここで、政策文書と研究書という二つの公的ディスコースの関係について考えてみたい。2章で見たように、日本の国際理解教育は、海外・帰国子女教育を一つの出発点にしたという一面がある。しかし、やはり2章でみたように、海外・帰国子女教育問題は、次のような展開で変化してきたのも事実である。それは、海外・帰国子女教育は、不安の解消や適応のための教育から、帰国生の特性を生かした国際理解教育をめざすべきであるという、八六年研究書（15，47）が繰り返し指摘してきた主張に基づいた、適応教育から海外・帰国子女の特性伸張教育、そして国際理解教育へという変化である。八六年研究書の二年後に出された八八年政策文書では、「帰国子女教育の在り方については、国内教育に適応させるというのみでなく、海外で身に着けた長所についてさらに保持・伸張を図るとともに、国内の児童生徒に対しては、異文化理解の機会を与えるなど、相互に啓発し合うような教育的配慮が特に必要である」（435）として、まさに国際理解教育の推進を説いているのである。

こうした国際化に対応した教育の流れの中で、八六年研究書は、海外・帰国子女教育は国際理解教育へと発展すべきであるというメッセージを提示した最初の出版物の一つだと言えよう。八〇年代後半から九〇年代の政策文書は、そうした研究書をはじめとするこの問題の関係者によって出された見解の影響下にあると考えられる。ここまで見てきたように、九六年政策文書は、そのようなコンテクストのもとに書かれたわけである。

しかし、一部の研究者の見解は、国際理解教育をさらに発展させたグローバル教育の提唱へと向かっていった。九七年研究書（201）で紹介されている「『国際社会』を前提に組み立てられた国際理解教育には限界があり、……グローバル教育は、「日本的特殊性や排他的なものからの脱却を促し、世界に通用する普遍性を追及させる」ものである」という魚住（1987）の見解や、「多文化教育の世界化・普遍化はグローバル教育と相通じ合うものである（202）」などの見解は、国家の枠を超えたグローバルなレベルでの教育というものを模索し始めた具体例である。もちろん、2章で指摘したように、グローバル教育における普遍性の捉え方には問題点があるし、四節でみるように、多くの場合、グローバリゼーションがアメリカ化と峻別されていない場合もある。また、国内のこの領域では、グローバリゼーションとは何なのかという議論の深化や、グローバリゼーションと国民国家との関係を論じた上でその相克に焦点を当てて展開された国際理解教育論は、最近までは少なかったという指摘もできるであろう（馬渕　2000）。

ここまでを振り返ると、政策文書では日本人性の育成が強く説かれる反面、研究書の論稿は、2章で見たように、国際理解教育の発展に寄与したこと、一部の研究者は、さらにグローバル教育論を展開しようとしている点などが、浮かび上がってくる。現在のところ、グローバル教育論に対する、政策文書の明確な応答は見られない。

5章ではこうした公的ディスコースが、海外での文化仲介者たちにどう受け止められているのかを見ていくことになる。

四　普遍性と進歩の概念

八六年研究書は、これからの日本の教育は、日本の学校にみられる特定主義的な論理に立脚するよりも、欧米の学校により多くみられる普遍主義的な論理に立脚したものになるべきではないかと述べている（299）。ここには、二つの考え方が込められていると言えよう。一つは、欧米の社会や教育が普遍主義的な考え方に立脚しているのに対して、日本のそれは、特殊主義的であるという見解であり、もう一つは、日本の社会や教育は、欧米に比べるとまだまだ遅れており、欧米から学ぶべき点が多いという見解である。以下では、この二つを順にみていきたい。

1　普遍主義

海外・帰国子女教育、国際理解教育が普遍的な価値観を追求するものであるとの論調は、頻繁に見出すことができる。

（帰国子女教育の理念には）先ず第一に人間教育の基本理念として人間尊重・個人の尊厳性の確立を挙げなくてはならない。（八六年研究書：42）。

人種や民族・国籍の違いなどを超越し、人間としての愛情と尊敬に裏打ちされることによってはじめて真の国際理解教育は可能となる。（同：44）

多様性の中の普遍性追求こそが、われわれに求められる教育的課題だとする。（九七年研究書：189）

ここで言われている普遍性追求の意味するところは、いったい何であろうか。八六年研究書は、次のようにも述べている。

それはわれわれと異なる他者の文化との差異を知ることに始まり、その差異は人間的な普遍性に立っていることに思いを致し、さらに人間的な共感をもちつつも、それぞれの文化の特殊性を理解することにある。（156）

すでに幾度も触れたように、これらのディスコースにおける問題点は、他者との差異、あるいは異文化について理解を深めることが、必ずしもそれらに価値を見出す、あるいはそれらを素晴らしいものだと受け入れることに結び付くとは限らないという点である。さらに、普遍的価値というものが存在するという前提に立って、例えば「誰にとっての普遍性なのか」などという問いは深く省みられず議論が進められている点である。それにもかかわらず、これらのディスコースは、海外・帰国子女教育、国際理解教育関係者の間に広く浸透し、生産され続けてきたのである。2章においても言及した、ここにみられる普遍性への信仰とも呼べる見解の背景には、いったい何があるのであろうか。それに対する一つの回答を得るには、八六年研究書の海外・帰国子女に対する記述を調べてみることが有用である。

2章（九六ページ）では、帰国子女の特性が極端に理想化されて列挙されている例をみた。それとほぼ同じような帰国子女像が、八六年研究書の中で他の筆者によっても引用、列挙されている（198）。少し長くなるが、その主要部分を抜粋すると、

- 物の見方、考え方が広く、日本と比較して思考できる。
- 他人の意見を大切にし、バランスのとれた見方、考え方をする。
- 自分の意見をはっきり言い、他人の意見に左右されない。
- 個性的で自立心がある。
- 良い意味での批判精神があり、建設的、批判的に物事を見る。
- 決断力があり、Yes、No がはっきりしている。
- パイオニア精神があり、新しいことに対する順応が早い。
- 公衆道徳が身につき、生命に対して尊厳心が強い。

そして、このリストの直後に、次の見解が付け加えられている。

このような特性は、日本の学校に編入学し、日本の教育を受けるにつれて、しばしば薄められたり、押さえ付けられて埋没してしまうことになる。日本の閉鎖的、一元的単一社会における異質性の排除と画一的思考の故である。（199）

これらの見解は、特定の筆者によってのみ語られているのではなく、例えば八六年研究書では、頻出する見解と

もなっているのである。

三つの点が指摘できよう。まず、帰国子女が、実に素晴らしい人格をもった者として描かれている点である。そして、その内容が、他の文献にも紹介されていく（小島　1987）。すなわちここに、研究者の論稿が、帰国子女像の構築に大きな役割を果たしていく優れた一例をみることができるのである。

第二は、これらの帰国子女の特性が、一般の日本人の特性と対照的なものとして描かれている点である。多くの日本人論からは、次のような日本人の特徴というものが、繰り返し語られる（杉本とマオア　1995；馬渕　1995a）。

・集団的で個性がない。
・建前や遠慮を重んじる。
・自己表現が下手である。
・視野が狭い。

先の八六年研究書で挙げられた帰国子女の特性は、通常、日本人論と呼ばれるディスコースで述べられる日本人像の、丁度裏返しになっているのである。

指摘すべき第三の点は、帰国子女の特性を説明したこれらの見解には、「欧米社会では」、そして「そこで生活した帰国子女は」というフレーズが含まれるか、あるいはそれと同じ内容の文脈で語られることが多い点である。言い換えるならば、それらのディスコースの執筆者には、ここで挙げた帰国子女の特性が欧米人の特性と重ね合わせて考えられている場合が多いのである。その上で、欧米人の特性に欠ける日本人は、帰国子女を通じてもたらされる素晴らしい特性をもっと学ぶべきであるというのが、上記の見解に込められているメッセージなのである。

以上から何が言えるのだろうか。それは、全てとは言えないまでも、海外・帰国子女教育や国際理解教育で求められてきた普遍的な価値観が、実は日本人の考える欧米の、それもかなり理想化された社会規範を意味していることが多いのではないかということである。すなわち、この分野での公的なディスコースが指向する普遍性とは、構築された欧米の規範に基づくものである場合が頻出するのである。そして、さらに突き詰めると、欧米の中でも英語圏、特に理想化されたアメリカ像が、これらの言説を支配していることが明らかになってくる。八六年研究書では、小学校での九九の指導法がアメリカと日本では異なる点を指摘し、アメリカ式のほうが、正確で速いかも知れないと述べたり(108)、アメリカの小学校での"show and tell"という時間を紹介してそれを無条件に賞賛し、日本人の下品な駄洒落ではなく、アメリカ人のような品のよいユーモア感覚を磨くべきだとの指摘もみられる(158)。九八年研究書でも、アメリカでは、明確に自分の意見を求められると述べて、日本人がそれらのスキルを学ぶ必要性について言及されている(139)。

吉野(1997)は、次のように指摘する。

> 異文化間コミュニケーション論の問題点は、文化の客観的な「比較」を忘れて、高度に理想化された差異の「対照」に終始する傾向である。(253)
>
> エスニック文化を超えて普遍主義的、明示的な表現を規範化して強調してきた「アメリカ文化」は、特殊主義的で不可解な「日本文化」を強調する上で好都合な「他者」である。(253)

海外・帰国子女教育や国際理解教育におけるディスコースには、この吉野の指摘に当てはまるものが少なくない。

2　日本は遅れているという見解

日本の教育やそれを取り巻く社会はまだまだ遅れている、速やかに改善が図られなくてはならない、という言説は、これまでの当然の帰結として生み出されてきたが、ここではその内容と共に、何に対してどのように遅れていると見なされているのかを検討する。

この点においても、一部の研究者たちは海外・帰国子女に期待を寄せるところから出発している。

> 日本人がこれまでの純粋ではあるが狭隘な国民的アイデンティティを、より柔軟性と多様性に富んだものとし、多彩で成熟した国際感覚と国際意識をものにする、最も基礎的な手掛かりは他ならぬ帰国子女教育にあるといえよう。（八六年研究書：30）

> 複数の国ないし文化を移動する子供たち（海外・帰国子女：筆者注）への教育は、明治以来の知識の画一的な注入を主眼にしてきた、これまでの教育の在り方を根本的に問い直す。（九八年研究書：45）

両者に共通するのは、日本の画一的で未成熟な教育が、海外の教育を受けてきた帰国子女たちによって、改革されることを期待する姿勢である。

すでに見たように、日本の教育や社会における問題性、あるいは後進性を表す言葉は、上で見た帰国子女の特性を表す言葉を裏返しにしたものとなっている。教育の領域で特によく使われるのは、例えば「画一的（八六年研究書：199)」、「単一的（同：313)」という言葉である。そして、これらの見解は、多くの日本人論者が日本社会を同質的であると指摘し問題視する視点をそのまま受け入れているか、それと同じような構造をもっている。[3]日本が遅れているというのは、どこと比較してのことなのか、いままで見たところからもかなり明白であろう。欧米、特にアメリカとの比較で、多くの言説は組み立てられているのである。先述の、八六年研究書（81）にみられる次の見解は、その点でも象徴的である。

まさに、一人ひとり個別指導を行ってくれた。全く言葉の通じない娘をどのように導いてくれたのであろうか。ともかく、三ヶ月もすると、カタコト英語を話すようになり、六ヶ月もすると、ペラペラ話すようになり、多少の文も読むようになった。……（中略）……わずか一年という短い学校生活であったが、帰るころには、娘はペラペラ話し、発音はアメリカ人同様になった。この学校はごく普通の小学校である。にもかかわらず、子ども〃一人ひとり〃に応じて受け入れ、指導してくれた。はたして、日本の学校はどうなのであろうか。はずかしさを感じずにいられなかったのは私一人だけであろうか。

これは極端な例かも知れない。しかし、その時代の国際理解教育の代表的な文献に、このような記述があるのは事実である。

本節では、海外・帰国子女教育や国際理解教育における支配的なディスコースが、欧米、特にアメリカを理想化し、その理想化された欧米像に倣って日本の教育や社会を何とか改善したいという見解に彩られていることを明らかにしてきた。もちろん本書は、それらの言説の問題点を詳らかにすることを第一の目的とするものではない。これら、研究者による公的なディスコースが、文化仲介者にどのように受け取られているか、幾度も繰り返すが、それを調べるのが本書の目的なのである。

五　文化相対主義

本節以降は、公的なディスコースが、文化に関する幾つかの点についてどのように捉えているかという点に焦点をあてて考察する。まず取り上げたいのは、文化相対主義についてである。

九七年研究書（50）は、欧米先進国に関しては、文化に憧れをもち、子供たちが全面的・直接的に現地と触れ合うことを肯定する海外子女の親が、途上国は文化やマナーに学ぶところがなく、それらに子供が触れることを弊害と見なす傾向を指摘した研究を紹介している。2章で見たように、文部省の海外子女教育施策も、英語圏先進国では、子供が平日は現地校へ行くことを前提にして週末の補習授業校を設置するのに対して、途上国では、可能な限り全日制日本人学校を設置しており、その実情は親の不安とまさに共鳴する構造を示している。海外・帰国子女教育の関係者の間には、次のようなディスコースが広く浸透しているのである。

アジア・中南米・中近東それにアフリカでは、現地校は「レベル」が低く、言葉も現地校ではやっていけないので、日本と同様の日本人学校の設立が必要になり、北米や大洋州そしてヨーロッパの英語圏では、現地校に行っても帰国後に「レベル」としてさほど問題ではなく、英語の力は受験にも役立つ。（九七年研究書：44）

もちろん、途上国にある日本人学校でも、現地との交流プログラムをほとんどの学校で実施してはいる。しかし、なぜ日本人学校で、学校自らが牽引車となって交流プログラムを実施しているかと言えば、そうでもして機会を提供しなければ、日本人児童と現地の児童との交流は実現しにくいという現実があるからなのである（国際交流研究会 1999）。さらに、その実態はとみると、多くの日本人学校では、設置されている当該国の学校との交流を行っているのではない。アメリカンスクールやインターナショナルスクールといった、現地に滞在する外国人の子供（そのほとんどが欧米人）のために設立されている学校との交流を行っている場合も少なくないのである。つまりそこには、国際理解教育の最も優れた環境と見なされている海外子女教育の現場で、その教育は幾つかの文化を間違いなく差別して取り扱っている現状が示されているのである。

それにもかかわらず（あるいは、それだからこそ）、政策担当者あるいは研究者は、海外・帰国子女教育や国際理解教育における文化相対主義を唱え続けてきた。

> 国際理解教育を進めていくに当たって、特に重要と考えられることは、多様な異文化の生活・習慣・価値観などについて、「どちらが正しく、どちらが誤っている」ということではなく、「違い」を「違い」として認識していく態度や相互に共通している点を見つけていく態度などを育成していくことである。（九六年政策文書：50）

> エスノセントリズムの段階を脱却して、多様な文化の存在を認めるカルチュラル・リラティビズムの段階に意識改革を行うことが異文化間教育の最も重要な目標でなくてはならないということである。（九七年研究書：259）

> もう一度強調しておきたいことは、文化の違いを、良い－悪い、高い－低いといった観点でとらえるのではなく、あくまでもそれを尊重しようという文化相対主義の立場をとらなくてはならないということである。（同：267）

なぜ、このように文化相対主義的な見解が語られ続けるのであろうか。公的なディスコースにおける文化相対主義には、一つの特徴が浮かび上がってくる。それは、文化間に優劣はないという理念的な見解の下に、異文化を理解するという側面が強調されるのに対して、その文化を保持するとされる社会や集団間の力関係には関心が低く、文化と貧困や政治的な弱者との関係についてもあまり言及が見られないことである。小西正雄（1994：75）は、文化相対主義を前提とした異文化理解教育について、「文化相対主義を前提とした異文化理解教育は、「お互い理解しましょう」という、文字どおり異文化「理解」教育の位置にとどまらざるを得ない」と批判している。そこでは、自文化と対照される他者の文化が想定される中で他者理解が説かれる反面、自らの持つ社会的な力と他者との関係についての問いかけは弱い。文化相対主義は「自文化中心主義や偏見は捨てなさい」という説教の言い換えでもあり、異文化に対する理解は語るが、異文化に対する判断については、あまり語らないのである（ハンソン 1990）。また、このような文化相対主義からは、1章で見たように固定的な文化観によるところの「文化を礼賛する」傾向、そして、文化を本質主義的に捉える視点を払拭することが難しい。これらの公的なディスコースにおける文化相対主義的な見解を、海外にいる文化仲介者たちがどのように受け止めているかについては、6章で検討する。

六　他文化の受け入れ

かつての海外・帰国子女教育が、適応教育、すなわち日本に帰国後、子供たちができるだけ速やかに、障害なく日本の学校や社会に溶け込んでいけるようにすることを目標にしていたことはすでに述べた。国際理解教育の研究者たちは、この傾向を鋭く批判している。

適応教育が従来の日本の文化への同化以外の何ものでもなく（八六年研究書：22）

異質的要素の排斥によって常に同質性を保持しようとする日本社会の構造は、今に至るも本質的にはほとんど変わっていないのではないか（同：308）

それでは、海外・帰国子女教育や国際理解教育の研究者たちが、このような同化主義に代わるものとして求めたものが何かと言えば、それは文化多元主義であった。八六年研究書（311，313）は、アメリカにおける文化多元主義の素晴らしさを述べ、日本においても単一的モデルから多元的モデルに改めていく必要を提唱している。その結果、一九九〇年代に入ると、かつての同化主義的アプローチには限界があったという認識が、広く受け入れられるようになった。例えば九六年政策文書（56）は、帰国子女教育について

これからの課題として、……帰国した子供たち、日本に在留している外国人の子供たち及び一般の子供たちが共に学ぶ、異文化・異言語に開かれた教育の在り方についても研究開発を行っていくことが必要であろう。

と述べ、文化多元論的アプローチへの模索が試みられるようになってくる。

しかしそれでは、日本の国際理解教育では多文化主義的傾向がみられるようになってきたかと言えば、それは早計であるかも知れない。以下、九六年政策文書、九七年研究書にみられる公的なディスコースにおける文化多

元主義について、次の三つの点から検討を加えたい。

その第一は、他の文化、日本でいうところの異文化に対する姿勢についてである。日本の国際理解教育では、相手の文化への理解を深めることを重要な目標として掲げてきた。九七年研究書（101）は「日本人は国際理解とか異文化理解というと、相手の文化を理解することと考えてきた」と指摘する。とにかく相手の文化を熟知しなくてはならないという姿勢である。その結果、皮肉にも、時としては相手の文化に同化させられる結果を生んできた（102）。そして多くの場合、同化の対象は欧米、中でも英語圏に限られている。四節で見た、アメリカの教育は全て素晴らしいというディスコースは、その典型であろう。

九七年研究書（90）は、日本語・日本事情関係者の異文化間教育に関する研究発表や実践報告について言及した中で、次のような問題点を指摘している。

確かに異文化間訓練法などの技法をさかんに異文化的要素として教育実践に取り入れてはいるものの、例えば文化の差異化に収斂する異文化間心理学の技法の根底に流れる思想的な背景は何なのか、なぜ、いかなる目的のために、誰が、何を、いつ、どこでどう学習者に教育すべきかといった深いレベルでの議論が十分になされていないことである。

従来展開されてきた国際理解教育は、2章で述べたように、異文化すなわち、異を前提としたものであり、日本人自らの中にある多様性、差異性に目を向ける姿勢が弱かった。それは、自らのアイデンティティが揺さぶられないまま、異なる文化、すなわち「異文化」を貪欲に学ぼうという姿勢とも言える。そこには、次節で取り上げる文化本質主義的な考え方が強くみられるのである。

第二のポイントは、確かに海外・帰国子女教育においては、従来の同化主義的アプローチは改善すべしとの声が広く受け入れられるようになってきたものの、一九九〇年代に入って急増した、日本国内の在日外国人児童への教育においては、同化主義的色彩が払拭されていないという点である。

外国人の子供たちが我が国の生活習慣や学校生活に円滑に適応したり、教科の学習を行う上で必要な日本語能力の速やかな習得を図るための……充実を図ることも重要である。（九六年政策文書：56）

ここには、日本に入ってくる外国人の子供たちは、速やかに適応してほしいというメッセージが込められている。もちろん、それまで積極的には取り上げられることすらなかった外国人児童への対応を明確に打ち出している点は、大いに評価されてしかるべきであろう。しかし、彼ら／彼女らの言語や文化の保持については、政策文書はほとんど語らない。[4]また、在日外国人のコミュニティーや学校が日本国内に存在することの意味性、あるいは逆にそこへ日本人が参加する教育やプログラムについても、政策文書はほとんど触れていない。

九八年研究書では、外国人児童を多数受け入れている学校における活動について、次のように紹介している。

外国の様子を聞いたり、外国人児童が民族衣装を着て自分の国、ことば、歌や遊びを紹介するビデオを作成し、それを昼休みの時間に放映して全校児童にみせていた。（175）

これらを試行錯誤の段階での試みとして評価することは可能である。しかし、もしこれらの試みがこの段階で終わってしまうとするなら、外国人児童は、あくまで救済の対象か、あるいはお客さんになってしまう危険性がある。かつて、帰国子女がめずらしい対象として、帰国後、海外の文化（学校生活の様子など）を紹介させられたのと基本的には変わらない、いわゆる"show and tell"方式の、珍しいものを見聞きしましょうというアプローチに陥ってしまう。もちろん研究者の中には、この外国人児童への取り組みを通じて、日本人児童や教員が変わっていくことに焦点を当てたり（九八年研究書：176-177）、マジョリティの立場にある者にとっての外国人児童教育の実践を取り上げて議論している例もある（東京学芸大学海外子女教育センター　2001）。つまり、第二のポイントは、公的なディスコースにおける文化多元主義が、これらの課題にどう対応していくかを問われているのが現状であろうという点である。

第三の点は、九七年研究書（278-279）においてみられる「同化」、「統合」、「共生」という流れについての見解である。ここでは、同化を「A＋B→A」（Aはマジョリティ文化、Bは異質な文化）、統合を「A＋B→A＋B」、そして共生を「A＋B→C」（マジョリティの文化も変容してCになる）とした上で、異文化間教育は、文化相対主義に立つ「統合」に対して、文化的異質性をより豊かにする「共生」を目指すべきだが、現実的には、マジョリティの文化をまったく異なったものに変えることはできないので「A＋B→A'」ということになるとの指摘がなされている。これは、従来の文化多元主義の限界を視野に入れた、理解しやすい議論の提示であると言える。ただし、ここでは共生の理念を示しつつも、その理念実現の過程で生じる多くの問題について集団間の力関係の視点から踏み込んだ分析へは展開していない。確かに、九七年研究書は、共生社会ではマイノリティばかりではなく、マジョリティも変わることが求められていると言う。しかし、それは何によって可能なのか。マイノリティへの知識や理解が深まること、マイノリティの存在が日常的なものになること、それらが、マジョリティ集団に自らの変革をもたらす契機になるとは、研究書自らが述べるように必ずしも保障されるわけではない。そのプロセスにおいて生じるであろう緊張や摩擦、軋轢や戦いについて、本章で何度も触れてきたように、これまでの多くの公的なディスコースは積極的には語らないのである。

以上、ここまで検討してきたような傾向を持つディスコースを、本書ではコンフリクト・フリーのディスコースと形容する。それは、誤解を恐れずに言えば、あくまで単一の日本文化から異なる文化を眺め、味わい、そして理解に努めるという、日本における異文化理解の基本的姿勢を言い表したものである。そこでは協調の素晴らしさは説かれるが、コンフリクトへの関心は低い。よしんばコンフリクトが生じることが想定されても、それは努力によって乗り越えられる、あるいは乗り越えるべきであると説かれる。規範的な共生論、そしてナイーブな文化多元主義が頻出する公的なディスコースの根底には、このコンフリクト・フリー性というものが横たわっているのではないだろうか。そして、その構造は、次節以下で、文化本質主義を検討することによって、いよいよ明らかになる。

七　文化本質主義

すでに見てきたように、異文化理解に関する公的なディスコースには、日本人、日本社会、日本文化を全体として捉え、その特殊性を強調するものが多い。

> まず第一に、異文化に対する日本人の意識と行動は、地理的・歴史的制約をうけている。(八八年研究書：19)
>
> 日本の都会生活はいわば秒刻みのめまぐるしさの中で、……比較的のんびり生活の流れていた海外の生活とはリズ

ムが噛み合わない。（同：48）

ただ、日本を特殊だと見なしているばかりではない。海外・帰国子女教育や国際理解教育にみられるこれら日本特殊論は、その多くが、日本を否定的に捉えている。九八年研究書は、ある帰国子女受け入れ高校での調査に基づく知見を紹介して、「日本の学校と外国の学校の比較」という表を載せている(58)。カリキュラム、教育方針、規律、教師と生徒の関係など八項目において、それぞれの特色が、日本の学校について一九、外国の学校について二〇挙げられているが、その中で、どちらかというとネガディブな評価をされているものが、外国の学校では「ガム、コーラを飲み、寝ころんで学習している」という一点なのに対し、日本の学校では六点にも上る。列挙すると、

・画一的で科目数が多い。
・一方通行の授業。
・詰め込み教育。
・知識偏重。
・大規模学級。
・先生は説教が多く威厳を示す。

以上とは逆に、これらの文献は海外の文化や社会を、ほとんどの場合、肯定的にポジティブに捉えている。帰国子女が、海外でいかに素晴らしい経験をし、それが彼ら／彼女らの人格形成に反映しているとする、前節までに見てきたディスコースが、そのよい例である。これら自虐的とも言える日本特殊論は、いったいどこから生じ

るのであろうか。それを解明するためには、まず、その問題点を整理する必要があろう。これらの公的なディスコースにみられる見解は、すでに指摘したように多くの日本人論と共鳴する部分が多い。しかし、杉本良夫やロス・マオアが述べているように、多くの日本人論ディスコースには、幾つかの問題があるのである（杉本とマオア 1995）。例えば、日本人だけがなぜ、地理的・歴史的に、その行動や意識が制約されていると言い得るのか。比較的のんびりした海外の学校や社会とは、いったいどこを指して述べているのか。これらの質問に、上記の公的なディスコースは回答を用意していない。日本人論をはじめとする、これら日本特殊論には、少なくとも三つの問題点が指摘できる（馬渕 1995a）。

第一の問題は、これらの言説は自らの立論に都合の良いエピソードを中心に集めて論述するというエピソードイズムに拠っている点である。例えば、先の地理的制約について「日本は小さい島国である」というような説明が往々にしてなされるが、これらのディスコースの発言者は、国際都市国家シンガポールや英国が島国であるとは言及しない。アメリカやオーストラリアのような面積の大きな国のみを想定あるいは例示して、読者を日本は小さな島国だと思い込ませてしまう。また、海外の教育はのんびりしているというが、日本の大学より課題が多く留年も多い先進国の大学や、受験勉強のすさまじさが伝えられる韓国や台湾の高校生等の事象は、その視野に含まれていない。問題点の第二は、これらの言説が日本を比較する場合、その比較の対象が限られていることである。前節で明らかになったように、それは欧米であり、さらに突き詰めれば英語圏、そして多くの場合がアメリカとの比較である。さらに、四節で見たように、極端に理想化されたアメリカ像が、これらの言説にはつきまとう。そして、第三の問題点は、これらの言説は、常に日本をひとまとめにして論じていることである。日本の大都市圏と地方との差、世代間の差、そして男女による社会の中での差異等について、これらの言説は、ほとんど注意を払っていない。

社会や文化に対するこのような見方は、文化本質主義的な見方であることを1章でみた。ここでいう本質主義とは、日本を一枚岩的に捉え、かつ常に特殊であるとする見方であり、日本は特殊的で、海外と比べると日本の社会や教育は問題が山積し、改革しなくてはならないという一方的な言説を指している。文化本質主義は同時に、海外、特に欧米の文化は日本より先進的であり、日本は、その理想化された欧米の多文化教育や国際教育から学ぶべきである、という言説にもつながる。日本にも、その対照としての欧米にも、変わりにくいコアのような本質的な要素が存在することを前提とした議論が、これらの言説では繰り返し述べられるのである。

こうした公的な言説に対して、海外の文化仲介者たちは、どのように反応するのであろうか。文化仲介者ももし、文化本質主義に立った見解を述べるとすれば、彼ら／彼女らはそのような見解をどのようにして形成するに至ったのであろうか。何処との比較で、日本の教育を語るのであろうか。そして、やはり日本社会を常にひとまとまりだと見なしているのであろうか。これらの問いがインタビューの中で試みられることになる。

八　日本社会の多様性——特に男女の差異について

前節で、この分野における公的なディスコースは、常に日本を一つのまとまりとしか見なしていないという指摘を行った。本章で取り上げた四つの文献にも、日本社会の多様性、例えば地域性、学歴の差、職種、収入の差、世代、男女の差などに言及したものは見出しにくい。日本社会は常に、ホーリスティック（一枚岩的）に捉えられているのである。

九六年政策文書には、次のようなフレーズがみられる。

> 国際理解教育を進めていくに当たっては、自分自身が何ものであるかを知ること、すなわち自分自身の座標軸を明確に持つことが極めて重要である。……日本人として、また、個人として自己の確立が曖昧で、自らのよって立つ位置が不明確なままでは、国際的にも評価されないのである。(51)

ここには、三節で述べた、日本人性の確立の重要性が説かれていることが分かる。従来の国際理解教育において、例えば、海外・帰国子女のマージナル性、すなわちどちらつかずのようなアイデンティティは問題があるとされ、それを救済することに力が入れられてきた。その結果、子供たちは、まず日本人としてのアイデンティティを確立することを求められたのである。マージナル性やひとりの人間の中に複数のアイデンティティが存在するハイブリッド性は、否定的に捉えられる場合が圧倒的に多かった。

そうした中で、日本社会内部にある多様性、あるいは日本文化を脱構築していこうとする試みなどは、国際理解教育、異文化理解の公的なディスコースに入りこむ余地はほとんどなかったのかも知れない。しかし、ここに奇妙な現実がある。海外・帰国子女教育において、男子と女子では、彼ら／彼女らへの対応が異なるのである。私が、国内の帰国子女受け入れ校に勤務していた時、海外の日本人学校で勤務していた時、あるいは国内で帰国家庭グループのアドバイザーをしていた時、そして数年前に、マレーシア、中国、オーストラリアでインタビュー調査をした時、そのいずれの時も次のような話を聞いた。「男の子は中学に入ったら、できるだけ早く帰国させて、国内の高校から大学進学へ備えなければならない。でも女子の場合は、様々な事情によって、海外の高校や大学を出ることになっても、将来はあまり困らない」、「女子ならば、これからの国際化の時代に英語ができていればいい。でも男子は、語学力も大切だが、それだけでは足りない。やはり、国内でのよい進学、そして就職が、男子の場合、その人生を考えるとどうしても求められる」。これらのディスコースは、どの政策文書にも研究書にも取り上げられていない。しかし、海外・帰国子女教育に関係する企業人、学校教師、親たちの間では、非常によく語り交わされているディスコースなのである。

海外・帰国子女教育には、そして国際理解教育には、はっきりとした、男女による取り扱いの差が生じている。それは公的なディスコースには登場しないが、上に述べたように、文化仲介者たちの間では共有されるディスコースとなっている。文化仲介者たちはその現実を知り、かつ事実を共有してはいるが、しかしそれについてどう考え、また評価しているかについては、従来ほとんど調べられてこなかった。5章以下のインタビューでは、日本社会の多様性の中から、特に男女による社会的な差異について、海外・帰国子女教育というコンテクストの中での、彼ら／彼女ら文化仲介者の見解を引き出すことを試みる。

九　まとめ

以上、二つの政策文書と二冊の研究書にみられる、国際理解教育ならびに異文化理解についての言説を調べてきた。その内容は次の八点にまとめられる。

（1）海外・帰国子女教育や国際理解教育が目指す第一の能力として、共生の能力が理念的に掲げられることが多い。ただし、共生へ至るためにはどうしたらいいのかというプロセスについて、特に、その過程で対立が生じた時はどうするのかといった内容についての議論はあまり見られなかった。

（2）国際理解教育や異文化理解に必要とされる能力で、いま一つはっきりと掲げられたのは、コミュニケーション能力と呼ばれるものである。しかし、その内容は語学能力のことであり、その中でも英語力、特に会話の力であることが多い。

（3）国際理解や異文化理解の前提として、まず日本文化を理解すること、そして日本人としてのアイデンティティを確立することの必要性が繰り返し説かれた。それは、公的なディスコースが、国際理解教育を国民教育の一環として捉えているという側面を示している。一九九〇年代に入ってから、一部の研究者による論稿にはグローバル教育の提唱が見られたが、国民国家とグローバリゼーションの関係についてなど、なお議論を深める余地が残されている。

（4）海外・帰国子女教育論にも国際理解教育論にも、日本での教育を特殊的、後進的なものと捉え、より普遍的かつ進歩的な価値観に基づく教育へ転換を図らなくてはならないという見解が多くみられる。しかし、そこでの進歩的、普遍的な価値観は、日本人が理想化した、欧米、特にアメリカの価値観や規範に対するナイーブな信仰に支えられている場合が多い。さらに日本人性を確立することと、普遍的な価値観に立脚することは、時としてコンフリクトを生じる場合も考えられるのだが、それについての踏み込んだ考察は少なかった。

（5）実際の教育の場では、欧米文化と途上国の文化を差別している現実が歴然としているが、本章での公式なディスコースでは、文化間には優劣はなく全ての文化には等しい価値があるという文化相対主義が説かれている。

（6）研究書は、同化・適応を目指す教育から、文化多元主義を目指す教育に切り替わるべきだとの指摘をしている。しかし、日本国内の外国人教育では、依然として日本への同化を求めることが多い。また、他の文化を全て異文化として捉え、文化間の社会的な力関係についてはあまり考慮を払わずに学べるところは学ぶという、いわばコンフリクト・フリーの言説が、公的なディスコースを支配している。

（7）本章で扱った公的なディスコースは、文化を本質主義的に捉えており、日本を全体として否定的に評価する議論が多かった。それらの議論の問題点として、エピソードに基づく方法論、比較の対象が常に欧米（アメリカ）であること、そして日本を常にホーリスティックに捉える視点の三点が指摘された。

（8）（7）とは反対に、日本文化や社会の中の多様性、差異性についてのディスコースは少ない。例えば、海外・帰国子女教育の現場で実際に起こっている、男子と女子に対する教育の違いに関する言及はなく、男女間にみられるような、社会における差異に対しての関心は低い。

以上が、日本における国際理解教育と異文化理解についての、政策担当者や研究者たちによる本章で取り上げた公的なディスコースに対する考察のまとめである。繰り返し説明したように、これらは、インタビュー調査で、調査対象者である文化仲介者たちが国際理解教育や異文化理解に対する彼ら／彼女らの見解を語る際の、重要なコンテクストを構成する言説である。インタビューの質問の多くも、これらを常に頭に置きながら生み出された。

この点を踏まえた上で、次章からは、本書の核心とも言える文化仲介者へのインタビュー調査と、その結果ならびに結果の考察について述べることにする。

第4章　注

1　（b）では、個人としての自己の確立が日本人性の確立と並列して挙げられているが、後でみるように、九七年政策文書のその他の箇所の内容を検討していくと、ここで強調されているのは、主に日本人性の確立を図ることであることが見えてくる。

2　コミュニケーション能力を、自己表現力や交渉能力にまで広げて論じる文献も一部にはある。しかし、後でみるように、そこで求められる能力は、アメリカに代表される英語圏で必要だと（特定の論者によって）見なされている能力に限定される場合が多く、また、それを普遍的なコミュニケーションの能力として、厳密な峻別を行わずに提示される場合が多い。

3　日本人論で説かれる、日本社会や文化の特性についての妥当性やその問題については、『日本人は「日本的か」――特殊論を超え多元的分析へ』（杉本とマオア　1982）等に端を発する、その問題性を検討した一連の議論（ベフ　1987；青木　1990；小坂井　1996；吉野　1997）に詳しい。

4　これは政策文書においてであって、ボランティアを中心とした外国人児童に対する母語教育等は、各地で実践されている。

第5章　文化仲介者と異文化理解

一　はじめに

本章より、文化仲介者に対するインタビュー結果とその考察に入る。この5章では、海外文化仲介者の異文化理解や国際理解教育観に関するディスコースを中心に検討し、次の6章では、それらのディスコースの背景にある文化観を中心にして検討することにする。

結果とその考察を述べる前に、まず本節で、調査地となったメルボルンおよびクアラルンプールの日本人社会と日本人学校について紹介する。また、ここで扱われる文化仲介者に対する「問い」の確認も行いたい。

1　メルボルンの日本人社会と日本人学校

メルボルンの日本人

在メルボルン日本国総領事館によると、ビクトリア州の在留邦人数（一九九九年当時）は五〇六二人[1]、そのほとんどはメルボルンとその周辺に居住している。メルボルンには、かなりの数の日本人永住者も存在するが、その多くは一時的な駐在者とその家族である。メルボルン商工会議所に加入する日本企業は約八五社であり、金融、メーカー、商社等の大企業が多い。市内には一〇〇軒以上の日本レストランがあり、日本の食料品もほとんどが現地食料品店で入手できる。以前に行った調査（馬渕　1997）によると、駐在員の多くは、企業から高級住宅地に借家を与えられ、日本から送られる日本語新聞を読み、ケーブルテレビでNHK放送を見られる環境にある。彼らの交際は、オーストラリア人より、日本人とのほうがより積極的である。長期の休暇には、オーストラリア国内や、フィジー、ニュージーランド等の近隣諸国を訪れ、多くの者が平均して最低二年に一度は日本への一時帰国を果たしている。

メルボルン土曜学校

メルボルンには、全日制日本人学校の他に、土曜校と呼ばれる補習授業校がある。二〇〇人いる生徒の約半数は永住者の子供たちであるが、残りの半数は企業駐在者の子供たちである。ボランティアによる運営委員会組織があり、教員は、日本の教員免許を持つ現地の主婦や、現地大学院の日本人学生等である。メルボルンのように、全日制日本人学校がありながら同規模以上の補習授業校が存在するところに、海外子女教育における英語圏の特殊性が現われていると言えよう。

メルボルン日本人学校

メルボルン日本人学校は、市内の中心から南東約一〇キロにあるグレンエイラ地区の閑静な住宅地にある。生徒数は、プレップ部一三名、小学部六九名、中学部一九名の計一〇一名（一九九九年当時）、そのほとんどはメルボルンに滞在する駐在員の子供たちである。学校には、「日本人としての誇りと自覚を持ち、豊かで柔軟な考えを持つ、国際社会の形成者にふさわしい国際的センスを持つ、調和のとれた児童生徒の育成をする」という目標が掲げられている。

国際理解教育プログラムとして年間五回、現地校との交流学習が実施されており、お互いを訪問し合って半日を過ごす。訪問した場合は日本の遊びやゲーム、習字を紹介し、日本語を習っている生徒の訪問を受ける場合は、日本人学校の授業に参加してもらう。授業として、中学部に、日本の中学校とほぼ同様に週四時間の英語の授業があるが、その他に、中学部で週三時間、小学部週四時間のＥＳＬと名づけられた英語の授業が実施されている。

企業理事

学校の最高意志決定機関である運営理事会メンバー九名のうち、五名は現地日本企業の代表者である。彼ら企業理事は、メルボルン日本人会、メルボルン日本商工会議所の理事も兼任している。今回のインタビューは、この五名の企業理事と、運営理事会の三名の事務局員（幹事）のうち現地日本企業から選出された二名の、計七名を対象に実施した。

事前質問紙調査の結果によると、七名の平均年齢は四六才、うち五名が大学卒である。彼らのほとんどが海外駐在の経験や豊富な海外出張歴を持っており、この点で他の教員や母親のグループとは異なっている。自己の英語力については、「かなりある」と評価している者が多い。今回の調査を通じて、ほとんどの者が自身の英語力をかなりあると評価したのは、メルボルンの理事グループのみである。また、彼らの現地での生活に対する満足度は大変高い。

教職員

調査時点での教職員数は計二一名。教員一六名のうち、一三名が文部省からの派遣教員である。派遣教員は日本全国から送られてきており、任期は一律に三年である。インタビューは、この一三名のうち、校長一名、教頭一名、校務分掌で各委員会の代表となっている教員五名の、計七名を対象に行った。

七名の平均年齢は四三才、うち六名が大学卒、一名が大学院卒である。自己の英語力については、「少しはある」と評価する者が多く、現地での生活に対する満足度は大変高い。

母親

小学部六学年、中学部三学年の各学年から選出された二名ずつの代表（全て母親）が、ＰＴＡ役員を構成している。その中から、本調査では、会長、副会長を含む七名の役員にインタビューをすることができた。

七名の平均年齢は三八才、うち三名が大学卒、二名が短大卒、一名が高校卒である（一名は不明）。自己の英語力については、「少しある」と評価する者が多く、現地での生活に対しては、ほとんどの者がまあまあ満足していると答えた。

2　クアラルンプールの日本人社会と日本人学校

クアラルンプールの日本人

在マレーシア日本国大使館のデータによると、クアラルンプールの在留邦人数は七六三八人（一九九九年当時）、在留邦人の大多数は一時滞在者であり、永住者の占める割合は低い。また、オーストラリアにみられるような公的な永住者の組織は、クアラルンプールには存在しない。クアラルンプールの日本企業は、約六〇〇社。

金融、メーカー、商社等あらゆる分野にまたがるが、日本からは大企業のみではなく中小の企業も数多く進出している。

クアラルンプールでは、日本の新聞も日本と時間差なしで購読できる。有料の日本語放送もメルボルンと同様にあり、日本人の多くは現地のメディアをほとんど利用せず、日本からの媒体によって情報を得ている（馬渕1995b)。日本人の居住地は、バンサー、タマントゥン、モントキアラ、スバンの四箇所に集中しているが、そのいずれにも日本からの食品や雑貨が購入できる店舗があり、日本人駐在者が居住する高層の高級アパートが林立している。ほとんどの日本人家庭が、運転手やアマと呼ばれる家事使用人を社費で雇っていることからも、日本とはかなり異なる生活環境にあると言える。長期の休みには、近隣のアジア諸国、オーストラリア等へ旅行し、少なくとも二年に一度は日本への一時帰国を果たしている。彼らの交際は、中国人を含むマレーシア人よりも日本人とのほうが積極的である。（馬渕　1995b)

インターナショナルスクール、塾

クアラルンプールには、英国系、米国系のインターナショナルスクール（主に欧米系の児童に英語で授業をする学校）があり、そのうちの五校に計二五〇人ほどの日本人児童が通っている。クアラルンプールには補習校はないが、現在六校の塾があり、インターナショナルスクールに通う児童はほとんどがこれらの塾に通っている。インターナショナルスクールで英語の習得を図り、日本への帰国に備えてはこれらの塾で学習するという、もう一つの海外子女教育の現状がここでも窺える。

クアラルンプール日本人学校

クアラルンプール日本人学校は、一九六六年に設立された。現在、小学部、中学部がそれぞれに中庭のある三階建ての校舎と体育館を持つという、海外日本人学校の中で世界でも最大規模の日本人学校である。「園児・児童・生徒の持つそれぞれの個性と能力を十分に、しかも調和的に伸長されることを基調に、たくましい身体と、強い心と、すぐれた知性並びに豊かな国際性を持つ日本人を育成する」といった目標が掲げられている。生徒数は、幼稚部五六名、小学部四六四名、中学部二四五名の計七三四名（一九九九年当時）で、そのほとんどはクアラルンプールに滞在する日本人駐在員の子供たちである。人数の点でも、バンコク、シンガポール、香港等と並ぶ大規模校の一つである。

国際理解教育プログラムとしては、学年ごとの現地校訪問と、現地校生徒の日本人学校への訪問が毎年一回ずつ実施されている。その内容は、日本の遊びとマレーシアの遊びをお互いが紹介し合う活動が中心である。日本人学校が力を入れているものに、小学校高学年と中学生を対象にした、二泊三日のカンポン（村落）ステイがある。これは、サバイバルマレー語の授業を含む事前授業を含めて、希望者にマレーシアの農村でのホームステイの機会を与えるものである。参加生徒や教職員は、マレーシアの素晴らしさに触れたという感想に満ちた文集を毎年発行している。ただし、このホームステイに参加する生徒は毎回全体の一〇分の一程度である。日本人生徒にとって、この機会の他に家事使用人を除くマレー人と直接接触する機会は、ほとんどないと言えるだろう。その他、年二回、マレーシアの自然や文化に触れる遠足の機会をもっている。これらのプログラムは全て、文部省より派遣された国際交流ディレクターを中心とした国際理解教育推進委員会によって企画実施されている。文部省より二〇〇〇年度研究指定校に認定されたことからも、マレーシア日本人学校の国際理解教育は、海外の日本人学校の中では高く評価されている。カリキュラムの中には、英語については中学部に週三時間の通常の授業があり、それ以前にも小学部低学年に一時間、小学部高学年と中学部には二時間の、英会話と名付けられた授業が実施されている。ただし、マレー語の授業はない。

企業理事

学校の意志決定機関である運営理事会一三名のうち、理事長を含む理事六名が、現地企業の代表者たちである。本調査では、企業代表の理事六名全員と教育担当領事理事一名の、計七名にインタビューすることができた。

七名の平均年齢は五二才、うち五名が大学卒である。彼らのほとんどが海外駐在の経験と豊富な海外出張歴を持っており、この点で他の教員や母親のグループとは異なっている。自己の英語力については、「少しある」と評価している者が多いが、マレー語に関しては「ほとんどない」としている。現地での生活に対する満足度は大変高い。

教職員

大規模校のため、九四名の教職員がいる（調査当時）。文部省からの三年任期の派遣教員は五二名、その他に、やはり日本から、事務長一名と国際交流ディレクター一名が派遣されている。本調査では、校長、小学部教頭、同教務主任、中学部教頭、同教務主任、幼稚部代表教員、事務長、国際交流ディレクターの計八名にインタビューを行うことができた。

八名の平均年齢は五三才、うち七名が大学卒、一名が大学院卒である。自己の英語力については、「少しある」

と評価する者が多く、マレー語に関しては「少しはできる」とする者が半数ほどいる。現地の生活に対しては、「大変満足している」者と「まあまあ満足している」者に分かれた。

母親

ＰＴＡの保護者代表（全て母親）のうち、本調査では、調査当時の会長一名、副会長二名、幼稚部代表二名、書記二名、会計二名の、計九名の役員全員にインタビューを行った。

九名の平均年齢は三九才、うち四名が大学卒、二名が短大卒、二名が高校卒、一名が専門学校卒である。自己の英語力については、「少しある」か「ほとんどない」と評価している。マレー語に関しては、「ほとんどない」という評価のみである。現地の生活に対しては、「まあまあ満足している」者と「あまり満足していない」と答える者がいた。クアラルンプールの場合、生活の満足度は、理事、教員、母親の順に下がっている。今回の調査では、メルボルンを含めた全グループの中で、海外生活に満足していないという点でクアラルンプールの母親グループが際立っていた。

3　インタビューにおける質問項目

先にも述べたように、本章は、国際理解教育観についてのインタビュー結果とその考察を行うものである。インタビューで私が全ての回答者に共通に試みた質問項目は、質問順に次の五項目にまとめられる。以下のインタビュー結果とその分析は、それぞれの質問項目毎に述べることとする。

1　異文化理解、国際理解教育における能力について

1―1　あなたにとって共生の能力とは何か？

1―2　あなたにとってコミュニケーション能力とは何か？

1―3　国際社会における能力では何が大切だと思うか？

2　異文化理解、国際理解教育における日本人の能力について

2―1　日本人には共生の能力があると思うか？

2―2　日本人にはコミュニケーション能力があると思うか？

3　外国語、コミュニケーションの能力について

3―1　なぜ、英語が重要だと思うか？

3―2　英語圏以外の人とコミュニケーションをする場合、英語以外の言語はどの程度必要だと考えるか？

4　普遍的な規範について

4―1　日本で最近よく言われるように、国際社会では、例えば、曖昧ではなく、イエスとノーをはっきりさせ、相手の目を見て話すことなどは大切なことだと思うか？

4―2　4―1で挙げたようなことは、世界中どこでも通用する大切なことだと思うか？　それとも、特定の社会の人とのコミュニケーションで大切なことだと思うか？

5　国際理解教育の内容とその進め方について

5―1　グローバリゼーション（グローバル化）とはどのようなことだと考えるか？

5―2　あなたの国際理解教育の定義は何か？

5―3　国際理解教育を日本政府が中心となって推進することをどう思うか？

5―4　あなたは、普遍的だと言われる価値と自文化における価値が衝突した場合、それにどのように対処するか？

二　異文化理解における能力

1　共生の能力

中央教育審議会の答申『二一世紀を展望した我が国の教育の在り方について』（4章で取り上げた一九九六年政策文書）で挙げられた、国際化に対応する教育における三つの目標に調査参加者と目を通しながら、そこで述べられている「共生」の能力について、「共生のための能力とは、どのような能力のことか」と質問した。得られた回答のうち最も多かったのは、「相手や他の文化を理解する能力」というもので、その次が、「共生のためには、日本をもっと理解すること」という回答であった。

はじめに、前者の**「共生の能力とは、相手や他の文化を理解する能力」**という回答について考察する。まず

「理解の対象は何か」、すなわち「他の文化」や「相手」の意味するところをもう少しはっきりさせるために、「理解する対象をもう少し具体的に説明してほしい」と促したところ、「外国の人」（教員）、「海外の人」（母親）、「こちらの国（国名）の人」（教員）、「いろいろな国の人」（教員）、「国の違いを超えていろいろな人」（企業理事）などの回答が得られた。分かったことは、理解の対象の単位としては、「国」が想定されている場合が多いということである。その他では「人種」、「民族」などの言葉が使われることもあったが、インタビューを進めるうちに、回答者の多くが、他の文化や他の人びとと言う時、その識別は、やはり国単位でなされる場合の多いことが分かってきた。一名、「国籍の違いのみでなく、階級や学問（学歴）の違いを超えていっしょに社会生活をする」と答えた企業理事がいたが、これは国以外の単位で人びとを捉えた唯一の例であった。

「共生のための能力とは、どのような能力のことか」というはじめの質問には、単なる「理解する能力」より一歩踏み込んだ**「異なるものを受け入れる能力」**という回答が数件あった。その中には「アクセプト（accept）する」という英語を混ぜたフレーズでそれを表現する企業理事が二名いた。海外文化仲介者、特に企業駐在員の間では、特定の英単語や英語表現を会話の中に使う者が多くいる。この「相手をアクセプトする」という言い回しも、彼らの間でよく使われる表現の一つなのだと考えられる。

その他かなり多くの回答数があったものに、**「仲良くすること」**という回答もみられた。私は、この「仲良く」の中身を知りたいという思いから、「もう少し具体的に言っていただけませんか」という質問を可能な限り試みてみた。得られた回答には、「違いは違いとして認め、評価をしてはならない」、「ぶつかってしまってはならない」という規範を述べたものが多くあった。そのうちの多くが、「いやなことでも我慢する」、「譲り合う」、「お互いを尊重し合う」といった態度の必要性を訴えていることからも、そこには、極力コンフリクトを避けたいという回答者の姿勢が窺える。

「共生の能力」を「相手や他の文化を理解する能力」と捉える調査参加者たちの考え方には、一つの傾向がみられる。それは、次のような回答によく表わされている。「共生の能力」とは、「他の人とスムーズな関係を持ちながら生きていく能力」(教員)、「周りの人とうまく接していける能力」(企業理事)などである。これらの見解が示すところは、摩擦や衝突にはあまり立ち入らず、あるいは言及せずに、共生を推進しようとする姿勢である。それは、先の公的なディスコースにみられた規範的な理念重視の共生観、あるいは2章や4章でみた、コンフリクト・フリー型(4章一六四ページ)とも呼べる異文化理解観が、今回の回答者の間にも広くみられることを示したものとなっている。

次は、二つ目のグループである。「共生のための能力とは、どのような能力のことか」の質問に、**「日本をよく理解すること」**と回答した者が七名いた。「日本人ということの理解」(企業理事)、「日本をまず知ること」(企業理事)、「自国を知る」(教員)、「自国に誇りを持つ」(母親)。これらがこのグループの、共生のための能力を聞いた質問への回答である。典型とも言える、ある教員の見解を示しておこう。

> 僕自身日本人としてのアイデンティティがどれくらい確立しているか分からないが、その確立が大事であり、その上で相手の文化、歴史、生き方をアクセプトしていくことが大切だと思う。

これらの主張は、4章でみた「国際理解のためには、まず日本理解を深める」という公的なディスコースとまさに共鳴し合うものである。

後に、「国際理解教育の定義は何か」を尋ねた時、約半数の調査参加者が、「日本人のアイデンティティの確立」をその答えの中に含めた。「「共生のための能力」とは「日本を知ること」」と答えた先の七名は、全てがその回答者の中に含まれている。「共生」と「日本人性の確立」がどう両立するかについては、「国際理解における価値と自文化の価値が衝突した時、それをどのように考えるか」という問いの中で調査参加者のほぼ全員と議論を交わしているので、本章の終わりにその結果を載せて、再び検討することにしたい。

最後に、以上の範疇に入らなかった回答を紹介しておく。「**共生能力とは、コミュニケーション能力のことである**」という回答が三人の企業理事からあった。「コミュニケーションなくして、共生は成り立たない」という見解である。反対に、「言葉は下手でも、感性があれば共生できる」と答えた企業理事もあった。また、「言葉の壁が高く、話せないでは共生には至らない」と自らを批判的に評価する母親も見られた。「異文化理解における能力」と「コミュニケーション能力」との関係についての議論は次項でさらに詳しく検討するが、後でみるように、母親の間には、この「言葉ができないと異文化理解は不可能」というディスコースが大きな影響力をもっていることが、ここでも表れたのである。

2　コミュニケーション能力

「国際理解、異文化理解で求められるコミュニケーション能力とは、どのような能力か」という質問に対する答えは、大きく二つのタイプに分けることができた。それは、コミュニケーション能力は、必ずしも狭い意味での言語の能力ではないと捉えるグループと、コミュニケーション能力とは、言語能力のことであると答えるグループの二つである。今回の調査では、この両者の答えが拮抗した。

「コミュニケーション能力は、必ずしも狭い意味での言語の能力ではない」と捉えるグループの見解には、「コミュニケーションには、言語の能力も大切だが、他にもそれと同じくらい大切なものもある」（企業理事）、「語学力より大切なものがあるはずだ」（母親）などがある。そこでインタビューでは、その「語学力以外の何か大切なもの」とは何かをさらに説明してもらうことにした。出てきた回答には、「熱意」、「積極的な性格」、「国際感覚」、「誠意」、「包容力」、「受容しようとする態度」、「人類愛」、「勇気」、「コミュニケーションの技術」などが挙げられる。実際、このグループに入らない者を含めても、今回の調査における回答者の三分の二は、これら言語能力以外の要素に、何らかの形で言及していた。海外文化仲介者たちが、日本語以外の言語での接触場面で様々な体験をしていることが、ここからも窺える。中でも注意を引くのは、最後の「コミュニケーションの技術」という回答である。この回答は、コミュニケーション能力を、単なる語学力とも、また「熱意」のような精神的なものとも捉えず、コミュニケーション上のスキルに焦点を当てて回答している。このような見解は、今回の調査参加者の中では、企業理事のみに見られた。例えば、

> 話題の選び方、話すテンポ、人の話を聞く姿勢など、英語も日本語も同じだろう。コミュニケーション能力はこのように広い技術的なものを含む。
>
> 言葉だけではなく、日本で培ってきたいろいろな技術、人とどういうふうにやっていくかということも、言葉と同じくらいに大事である。

などである。教員や母親に比して、語学力（英語力）に自信があり、日本人以外の人たちとの接触経験が格段に多い企業理事の中にこのような見解がみられることは、注目すべきである。

このグループには、「コミュニケーション能力は、語学力のことではない」とはっきり言い切った回答者たちもいた。そして、その多くは企業理事たちである。彼らの回答には、一つの特徴がみられる。それは**「言葉はツール（道具）である」**という考え方である。「語学はツールでしかない」、「言葉は大事だ。ツールとして大事だ」、「語学力は大切なスキルだが、あくまでスキルである」。これらの、「ツール」、「スキル」という表現は、今回の調査では、企業理事グループによる回答にしか見出せなかった。企業理事の多くがこのように「言葉は、コミュニケーションのツールである」と捉えていることは、他の二グループに比べて海外赴任経験の多い彼らのコミュニケーション能力に対する考え方が、体験に基づく実際的な傾向を表したものであることを示していると言えないだろうか。

次に、**「コミュニケーション能力とは言語能力のことだ」**と捉えるグループの見解を検討する。言語能力以外の要素もあるが、やはり言語能力が一番大切だというのが代表的な声であり、約半数の調査参加者、主に教員と母親から、その見解が多く出された。「やはり基本的には語学」（教員）、「第一に語学」（母親）、「語学がないと完全には理解できないと思う」（教員）、「まず言葉が大事。心があっても言葉がなくては通じない」（母親）。ここには、異文化理解のためのコミュニケーションにおいて、まず言葉ができることがその前提条件になるという主張がみられる。さらに、これらの見解には注意を引く点が二つある。一つは、インタビューでその回答を掘り下げていくと、そこで言われている語学力が、実は英語、特に英会話力に置き換えられることが多かったという点である。「コミュニケーションのためには英語が必要」（教員）、「英会話とか英語の力が大きい」（母親）、「英語がしゃべれること（が大事）である」（母親）。これらのフレーズは、それを明確に表している。

もう一つの点は、今回の調査で「コミュニケーション能力とは語学力である」と回答した者の半数以上が母親たちであるという点である。言い換えると、母親たちのグループが特に顕著に、「コミュニケーション能力＝語学力」というディスコースを表明したのである。前記のように、今回の三グループの中で、母親は自らの英語能力を最も低く評価している。また、日本人との交際が、現地の人との交際よりも、人数でも頻度でも最も際立っていたのは、母親グループの特徴である。それにもかかわらず、その母親たちの多くが押しなべたように、語学力の重要性を強く主張したというわけである。「まず、言葉ができなくては、私たちは何も理解できないと思う」、「きちんとした英語で伝えないと、いろいろなことに多くの誤解が生じてしまう」というのが彼女たちの考え方である。そこには、「言葉ができないから私たちは日本人以外の人と交われない」という、自らの語学力に対するコンプレックス感と、その裏返しとして、「まず語学（英語）力を付けなければならない」というディスコースが、規範性をもって表出されていると考えられる。

しかし、全ての母親がこのような見解を持っているわけではなかった。四分の一にも満たないが、少数の母親たちは次のように言う。「語学力より、一生懸命話すことが大切だ」、「語学力とともに、積極的な性格や気持ちが大切なのではないか」。ある母親は、次のようにも述べている。

もし（私が）英語を、学生時代にもっとやっていて、できていたら、どんなに楽しいかと思う。でも、私はひとに興味をもっているから、言葉はあとからでもいいかと思っている。言葉ができないから、それを理由にしたり、とてもじゃないけどだめだとは思わない。ちょっと勇気があれば、いくらでもきっかけはできる。そこから始めたらいい。

このような声は、母親の中では少数である。しかし、ここには、語学力の不足を自覚しながらもそれを乗り越えようとする、あるいはそれを乗り越えた一部の母親たちの経験が反映されている。海外では、日本人以外の人とのコミュニケーションは、夫である男性に任せている母親が多いという実態がある（国際交流研究会 1999）。事実、今回の調査でも、ある母親は、「ここでは、日本人以外の人とはまったくコンタクトを持たずに過ごすことができる」とさえ述べている。そのような中でも、1章で見たモハンティ（1984）が指摘したように、従来の一つの枠に収まらない女性の多様化の例がみられるのである。同じような行動パターンを持つ多くの母親と、その枠から踏み出そうとする母親の姿、そして彼女たちが他の公的な言説にいかに応答しているかは、本章における重要なテーマでもある。

以上をまとめると、今回の調査において、「コミュニケーション能力＝語学力」と捉える人たちは、母親を中心に半数近くおり、同時に、「コミュニケーション能力は、必ずしも語学力ではない」と考える人たちも、企業理事グループを中心に半数近くいることが分かった。語学力があり、日本人以外との交際の機会も多く、海外経験も豊富な企業理事たちが後者の見解を採り、その反対の立場にいる母親たちがコミュニケーション能力を狭く捉えている傾向が明らかになったのである。得られた結果は、政策文書を中心とする「国際理解のためには、まず語学を学ばなくてはいけない」という公的なディスコースの見解に対して、海外文化仲介者たちが、それぞれの立場から、あるいは同じ立場にあっても、それぞれの状況や経験から、異なった反応をしていることを示している。

3　国際社会で最も大切な能力とは

以上のディスカッションの後、インタビューでは、「では、これからの国際社会で最も大切な能力とは何か」という質問を試みた。回答は、**「それは、共生の能力である」**というグループと**「コミュニケーション能力だ」**というグループに二分された。また、「共生の能力」を挙げた者は教員に最も多かったのに対して、「コミュニケーション能力」は、先に見たように母親に最も多く支持されているという結果が出ている。

教員が「共生の能力」を非常に強く主張するのには、母親、企業理事と比べると、政策文書等の公的なディスコースに触れる機会が教員に最も多いことも影響していると考えられる。同時にそれは、文部省等の規範的な見解が、教員に概ね受け入れられていることをも示している。

この問いに対し、二人の教員が、他の回答者には見られなかった、以下のような見解を表明した。それは、**「国際社会で最も大切な能力は、自国（日本）をよく知ることだ」**というものである。二人の教員は、他のことには言及せず、この日本を知ることの重要性のみを、国際社会での最も大切な能力として挙げた。

自分の国のことを知らないと、相手にそれを語ることができない。それでは相手にバカにされる。

（自国に関する深い）知識をもってから外国に出ないと、国際社会において足元が固まっていないと思う。

これらは、4章でみた文部省の見解である日本人性の確立という言説をそのまま踏襲し、発展させたものとなっている。今回のインタビューでは、教員グループの中に、この見解を開陳するものが多かった。翻って、理事グループ、母親グループには、この傾向は現れない。この日本人性の問題については、6章で根無し草についての議論を展開する際、もう一度触れることにする。

三　異文化理解における日本人の能力

1　日本人に共生の能力はあるか

ここまでは、異文化理解における能力について、海外文化仲介者たちがどのように捉えているかを探ってきた。本節では、それらの能力と日本人との関係について、彼ら／彼女らがどう捉えているかを考察することにする。それは、「日本人は一般的に異文化理解の能力を十分に身に着けていない」という公的なディスコースにも見られた見解を、海外の文化仲介者たちがどう考えているかを問うことにもつながっていく。インタビューでは、ここまで見てきたように、異文化理解の能力を「共生の能力」と「コミュニケーションの能力」の二つに分けて質問した。まず、「共生の能力について、それが日本人に備わっているかどうか」についてのディスコースから考えることにしたい。

「日本人には共生の能力はない」、あるいは**「十分にはない」**という回答が、二人の母親を除く全ての調査参加者から得られた。「日本人には協調性がある」、「日本人は他の人のいい面を受け入れる態度がある」と答えた二人の母親には、「もしそれが自分の価値観と違うものでも、受け入れられると思うか」という質問をしてみたところ、答えに窮し、返答が途切れてしまった。しかし、「国際社会における共生能力はまだまだ日本人に備わっていない」という、大多数の者とは異なる見解を述べた者が母親グループにいたことは興味深い。

「日本人には共生の能力はない」あるいは「十分ではない」と答えた大多数の者には、「なぜ、日本人には共生の能力はないと思うのか」という、その見解の根拠を聞く質問をぶつけてみた。多様な回答が得られたが、次の三つは、それぞれ数人の者によって述べられた代表的な回答である。まず、「日本人は、日本人同士ですぐ固まってしまうから」という、日本人の傾向を理由として挙げた者がかなりいた。この「日本人はすぐ日本人同士で固まる」という表現は、九名がまったく同じ表現を用いたことからも、海外日本人社会の間では、広く言い交わされたディスコースの一つになっているのだと思われる。代表的な根拠の残る二つは、「日本は島国であるから」、そして「日本は単一民族国家であるから」という内容のものであった。これら二つは、4章の政策文書や研究書が指摘した内容とほぼ一致する。「日本人は、共生能力が劣っている」と答え、かつ大多数の者が、これら公的なディスコースと同じ見方をした事実は、この点に関して、海外文化仲介者と公的なディスコースがほぼ一致する見解をもっていることを示している。

一人の教員が、他の者とはかなり異なった意見を述べた。

子供たちはいつも「みんな」と言うが、みんなとは誰かというのは、すごく曖昧です。子供たちが同じだと思っている自分たちは、それぞれ違うわけです。性格、得意不得意も違う。僕は、違っているからおもしろい、違っているから仲良くできて楽しめるということを教えていきたいと試みてきました。

この教員は、日本が同質社会であるということに疑問を持って、それを子供に提示してきたと言うのである。後でみるように、ほとんどの者が日本を同質性の強い社会と見なしている中で、このような姿勢をはっきり提示した回答者は少なかった。ただ、この教員の場合でも、それぞれの子供の違いは、子供の個性や性格による違いにその焦点が向けられていることが、インタビューの中で分かった。すなわち、ひとりひとりの子どもは違うというのが、彼の主張のポイントだったのである。インタビュー中、例えば男女による違いなどに触れて、社会的な力関係による違いへの視点を喚起する質問を試みても、焦点は常に個々人の個性の違いに戻ってしまい、対話は発展しなかった。

2　日本人にコミュニケーション能力はあるか

異文化理解においてもう一つの大切な能力とされるコミュニケーション能力は、日本人にどの程度備わっていると、今回の調査参加者たちは考えているのだろうか。

「日本人には共生の能力は乏しい」と言う者が大部分だったのと同様に、四名が「コミュニケーション能力がないとは言えない」と答えた他は、全て**「日本人にはコミュニケーション能力は乏しい」**との見解が得られた。少数意見を述べた四名の中で三名が母親である。この母親たちは、例えば「言葉ができなくても、何とかコミュニケーションはできるのではないか」と述べ、語学力の不足を認めながらも、それ故にコミュニケーションの能力がないとする見解には「そうでもないのではないか」として反論したのである。

「コミュニケーション能力がない」と答えた大多数の調査参加者のうち四名は、「日本人はシャイであるから」（企業理事）のように、日本人の国民性のようなものが、コミュニケーション能力を阻害している要因だと述べた。ある企業理事は、次のように言う。

日本は農耕社会である。お互いに惻隠の情がある。アメリカのように雑多な民族の国は、はっきり意見を言わないと相手に伝わらない。夫婦でも、いつも愛しているよ、愛しているよと言わないと壊れてしまうようなところがある。日本人はその心配がなくきているので、他人との関わりが下手である。

ここには、日本人がコミュニケーション能力に劣っていること、それをアメリカと対比された日本社会の特徴と結び付けようとする典型的なディスコースがみられる。さらに、多くの者は、「語学力がないため」（企業理事）、「会話力がないため」（教員）を、その理由として挙げている。「会話力、語学力（英語力）がない。すなわち、コミュニケーション能力がない」という公的なディスコースと多くの海外文化仲介者の見解は、同じような傾向を示していることが分かるのである。

本項の結果と、先の三節1項の「日本人は共生能力が劣る」という結果は、ともに「日本人には、異文化理解、国際理解で求められている能力は乏しい」という、2章や4章でみた一般的なディスコースが、多くの海外文化仲介者にも受け入れられていることを示している。一方、2章で触れたように、海外文化仲介者は、海外におりながら、日本人との交際や仕事にその時間の多くを費やし、日本語以外でのコミュニケーションの機会や、日本人以外の人とのインターアクションの機会は少ないという指摘もある。今回の事前の質問紙調査でも、現地の人より駐在の日本人との交際のほうが活発であり、ゴルフやテニス等のスポーツ、買い物、食事などを日本人同士で楽しんでいる姿が浮かび上がるなど、同様の傾向が出ている。「共生」という理念を語りながら、海外日本人駐在者たちは、往々にして、現地の人とはかなりかけ離れた生活をしているわけである。さらに、日本人学校の教員や母親の中には、一日中、日本語だけで生活する者もかなりいる。

このような状況の中で、海外の文化仲介者たちは、現地理解や異文化理解の促進を強く求める公的なディスコースに触れることになるのである。今回の調査で私は、彼ら／彼女らが「日本人には異文化理解の能力がまだまだ未発達である」と嘆く声を幾度となく聞かされた。そして、その合間には、自分たちは十分な異文化体験をしていない、日本人以外とのコミュニケーションをしていないという、引け目にも似た気持ちが表明される場合が多かった。「日本人は異文化理解や国際理解の点で、まだまだ遅れている」というディスコースが、広く海外の文化仲介者に根付く背景には、彼ら／彼女らのそうしたコンプレックス感を含む、実生活における自責の気持ちの裏返しが表れているのかも知れない。

四　外国語（英語）について

1　英語の重要性

事前質問紙調査で、国際社会における英語の重要性に異議を唱える者は一人もいなかった。そこでインタビューでは、「なぜ、英語が特に重要だと考えるのか」を全員に尋ねることにした。調査参加者の見解は、英語をコミュニケーションの道具として重要視するグループと、英語を国際化の象徴として重要視するグループのいずれかの範疇に属する結果となった。

前者の、**「英語はコミュニケーションの道具として重要」**と考える者は、調査参加者の約半数で、特に企業理事に多かった。彼らは、英語が幅広く使われていることを、その重要性の現実的な理由として指摘するのである。例えば、ある企業理事は「ビジネスの世界の交渉では、英語は不可欠である」と述べ、別の理事は「インターネットとかの情報源として英語は必須だ」と述べる。そこには、具体的な状況を提示して、英語の特に実用的な価値を重視する姿勢がみられると言えよう。一つのはっきりした結果が出ていておもしろかったのは、先にコミュニケーション能力について質問した際、「コミュニケーション能力には、言語能力より大事なものがある」とはっきり答えた一〇名のうち九名は、この「英語はツールとして重要」とするグループとまったく重なったことで

ある。このグループに属する調査参加者は、

英語力は最小限身に着けばいい。なぜなら、英語力そのものよりも、何が言いたいのか、その内容のほうが大切だと思う。（母親）

仕方ないけれど、いまは英語が広く使用されているから、英語を学ばざるを得ない。（企業理事）

などと述べている。このグループからは、とにかく英語ができなくてはやっていけないという考え方や、英語ができないことへのコンプレックス感のような見解は、ほとんど見出せないのが特徴であった。

これに対して半数を少し超える調査参加者から得られた**「英語は、国際語だから重要である」**という第二のグループの見解の多くは、主に教員と母親から出された。その見解には、英語の重要性をただ認めるというのに留まらず、英語を他の言語と比較してより優れた言語であるという考えが込められている。

英語は、世界で第一言語としての地位を確立しているばかりか、現在世界のリーダーであるアメリカの言葉である。（教員）

もし私たちが英語をしゃべれたら、世界の誰とでも問題なくコミュニケートできるようになる。（母親）

英語は文法が簡単だし、アルファベットという表記法も簡単だし、他の国の言葉まで使える必要はないのではないか。みんな英語がしゃべれたら、コミュニケーションも楽だと思う。（教員）

ここで注目したいのは、先の第一のグループと第二のグループの見解の違いについてである。もちろん英語の

重要性を訴える点では、第一のグループも第二のグループも一見違いがないようにも見える。両者とも、多くの言語の中での英語の際立った重要性を主張しているからである。しかし、はじめのグループの見解には、英語そのものに対するあこがれや、英語が他の言語より優位な言語となっているという考えは、込められていない。逆に「仕方がないけど、英語を習得せざるを得ない」（企業理事）というように消極的に英語の価値を認める声や、とにかくその実用性に焦点を当てて、英語の大切さを訴えているのである。それに対して第二のグループでは、「英語は、インターナショナル・ランゲージだ」として、他言語に対する英語の国際語としての優位性を宣言する者が大多数を占める。第一のグループと第二のグループの違いは、英語をあくまでツールと見なすか、国際化の象徴のように見なすかの違いだとも考えられる。

さらに、この第二グループに入る調査参加者は、事前質問紙調査では、自らの英語力に対して高い評価を下してはいない者が多い。言い換えると、自分では十分な力がないと思っている英語を、国際語として捉え、言語として高く評価しているのである。英語ができないことへのコンプレックス感とその英語への憧憬とが、これらの見解には共存しているのである。また、先ほどの企業理事たちを中心とする第一グループの回答と比較すると、この第二グループの回答においては、英語を必要とする特定の場面を想定することは少ない。どちらかというと一律に、「これからの社会では、英語が必要だ」と、一般化された規範的な見解を繰り返す回答が多かった。そしてその見解は、先に見た公的なディスコースにおける英語の重要性を説く見解と見事に共鳴するのである。

2　英語以外の言語の重要性

次に考えたいのは、全員に問いかけた「英語圏以外の人とコミュニケーションをとる場合、英語以外の言語はどの程度必要か」という質問に対する文化仲介者たちの応答である。この質問に対する見解も、大きく二つに分かれた。全体の約三分の二の者が、「英語以外の外国語も習得するべきだ」と答え、残りの約三分の一の者が、「英語だけで十分である」と答えたのである。

まず、三分の一が回答した**「英語だけで十分だ」**とというグループを見ていこう。こうした見解は、一名の教員を除き、理事グループと母親グループからしか聞かれなかった。ただし、その見解の理由について尋ねたところ、理事グループと母親グループでは、異なる回答が得られた。理事グループでは、「英語ができれば、どこでも仕事ができる」、「我われの付き合う層は、英語を話す」、「マネージメント（管理職）以上は、英語で十分である」というように、彼らのビジネス上、英語ができれば何とかなる、というのがその理由である。

母親グループは、まったく異なる理由を挙げた。「日本に帰ったら、英語以外の言葉、例えばマレー語なんて使う機会はない」、「将来のことを考えたら、子供たちには英語が重要だ」、「自分の子供のことを考えたら英語を選択する」。彼女たちの言うポイントは、英語以外の言葉は、帰国後役に立たないという点である。特に、子供の将来にとって英語が非常に重要だという点で、母親たちの認識は一致していた。ここには、母親の現実主義、特に親として、自らの子どもの将来を第一に考える現実主義が表れていると言えよう。彼女たちは、「海外では、現地理解のためにも、現地で使われている言葉を積極的に学ぶべきだ」という公的な言説に、海外子女教育の受け取り手、そして文化仲介者として、「子供の将来には、英語が何よりも重要である」という見解で応答しているのである。彼女たちの見解は、教員を中心とする次の第二グループの見解と比較すると、より明確になる。

全体の約三分の二を占めるグループの見解は、**「英語以外の現地語も、特に非英語圏においては重要であり、できるだけ英語以外の現地語も習得すべきである」**というものであった。今回のリサーチが、英語圏であるメルボルンと非英語圏であるクアラルンプールで行われていることを考えると、当然、クアラルンプールの日本人は、英語以外の言葉、特にマレー語に接する機会が、メルボルンの調査参加者よりも多い。実際、クアラルンプールの調査参加者の中から、「英語以外に、マレー語も習得すべきだ」との見解が多く出されている。翻って、メルボルンの調査参加者の中には、この質問に「よく分からない」として、回答を避けた者が何名かいた。

「英語だけで十分」と言わず、「できるだけ英語以外の現地語も習得すべきである」との見解は、ほとんどの教員たちから出された。ここに、規範的な理念を説く教員と、先に見た現実的側面、特に自らの子どもの将来に関してそうである母親とのギャップが、かなり明確に表れている。ただし、一つ断っておかねばならないことは、今回の調査参加者の中で、「非英語圏では、英語より、その現地の言葉のほうがより重要である」と答えた者は、皆無だったということである。先に触れたように、クアラルンプール日本人学校でも、英会話の授業はあるが、マレー語の授業はない。「英語が、第一に重要である」との考えは、全ての調査参加者に浸透しているようだ。

そこで私は、「現地語も習得すべきだ」と回答した者たちに、「では、なぜ現地語も必要なのか」そして、「現地語はどの程度必要なのか」の二点を中心に、さらに質問を重ねることにした。すると、明らかに一つの結果が表れたのである。まず、「なぜ現地語も習得すべきか」という問いに対しては、「少しでも現地語をしゃべると喜んでもらえる」（教員）、「すごくうれしそうな反応が返ってくる」（母親）という答えが表すように、「現地の人が喜ぶ」という回答が中心となって返ってきた。そして、「どの程度、現地語を習得すればいいと思うか」という問いに対しては、「簡単な挨拶程度ができればよい」（企業理事）、「ひとこと、ふたことしゃべれたらいい」（教員）、「単語の幾つかを知っておくといい」（教員）、「こんにちは、ありがとうくらいは、マレー語で言えることが大切」（教員）というのがその答えだったのである。これらの回答は、教師を中心に広く見られた。その反面、「学校でも、授業で現地語（マレー語）の時間を持つべきだ」と具体的に英語以外の言語の習得の方法にまで言及した者は、全体で三名に留まった。

以上の結果は、その背景にある調査参加者の考え方や価値観を、ある意味で明確に示したものだと言えよう。確かに、今回の調査では全体の三分の二の者が、非英語圏における英語以外の言語について、習得の重要性を認め、それを肯定した。しかし、そこで言われる現地語とは、「挨拶程度の片言で十分」なのである。そして、なぜそれを習得すべきかと言えば、その片言の現地語に、現地の人がうれしそうな表情で反応すると考えられているからである。これらの点は、事前の質問紙調査では「現地語の習得も大事である」という規範的な見解に隠されてしまい、まったく分からなかった。

グローバリゼーションに対応できる能力として、特に多国籍企業などの国際的なビジネスの場において、また国際的な団体や組織において、英語力は必要不可欠な能力と見なされていることを1章で述べた。それに呼応する形で、文部省政策文書は英語教育の重要性を常に提唱し続けてきたのである。しかし2章で見たように、文部省は一九九〇年代に入ると、「英語以外の現地の言葉、特に近隣のアジアの言葉を学ぶ必要がある」との見解を打ち出し、英語一辺倒の姿勢から、より多様な外国語教育の必要性を唱えだした。[2] 教師を中心に、一見、この言説は受容されているように見えるが、その実、ここで見たように、表層的な受け止めに終始している可能性がある。

公的なディスコースでの見解は、文化仲介者である調査参加者たちには、表面的には受け入れられているように見えるが、彼ら／彼女らは、その意味するところを、自らの状況に合わせて変化させたりして解釈している。それは、先に見た調査参加者の「英語以外の現地の言葉」に対する姿勢を、彼ら／彼女らの「英語」に対する姿勢と比べた時に、より明確に表れる。調査参加者は、次のようにも言う。「外国人はみなさん英語ができるから、我われも英語ができなくてはならない」、「外国人で学歴のある人は、必ず英語をしゃべる」。多くの調査参加者にとって、英語は、やはりより高次な言語であり、言葉だけではなく、その英語を話せることは素晴らしいことなのである。そこには、英語への信仰とさえ呼べる姿勢がみられる。

1章で示した、ペニコックが指摘する「全ての人に取っては必ずしもそうではない自然性、中立性、有用性を理由にして、国際語としての英語の優位性を当然視する英語帝国主義」への疑問は、今回の調査参加者の間ではほとんど考慮されなかった。そして、そのような考え方に対する裏返しとしての、途上国においてかつての植民地人が被植民地人の言語を習うような、現地語への姿勢が露呈してくる。グローバル化、国際化の中で、異文化間コミュニケーションの重要性が説かれるが、その最前線にいる日本人文化仲介者たちの言語観の一端が、ここに示されるのである。この英語帝国主義に関する問題は、次の五節でさらに明らかになっていく。

五　普遍的な規範

1　異文化間コミュニケーションにおける規範

ここでの質問は、調査参加者が、異文化間のコミュニケーションで普遍的とされる規範に対して、自らは本当に普遍的と思っているのかどうかを問うものである。まず、「日本で最近よく言われるように、国際社会では、例えば、曖昧ではなく、イエスとノーをはっきりさせ、相手の目を見て話すことは大切だと思うか」という質問を、事前調査質問紙で、予め全調査参加者に試みてあった。その回答は、ほぼ全員が、「大変重要である」、「重要である」というものであった。私は、インタビュー時に、調査参加者に個々の回答をもう一度確認し、次の質問へ移っていった。

2　規範の普遍性

「イエスとノーをはっきりさせたり、相手の目をみて話すことなどが大切なことは分かりましたが、これらのことは、世界中どこでも通用する、普遍的で大切なことだと思いますか、それとも、特定の社会の人とのコミュニケーションで大切なことだと思いますか」。この問いに対する回答は、幾つかの回答でその内容がオーバーラップするが、それでも、おおよそ4つのグループに分けて考察することができた。まず、「これらの規範は世界中どこにでも通用する普遍的なものだ」、あるいは「世界の主流だ」と答えた者がごく少数いた。これを、第一のグループとする。次に、全体の約三分の二の者が、「これらの規範が通用しないのは日本だけで、日本が特殊である」と答えた。そのうちの半数以上が、「これらの規範は世界では標準となっているので、日本人も、これからはこの規範に合わせていく必要がある」と答えたのである。これを第二のグループとする。第三のグループは、「これらの規範は、英語圏、あるいはアングロサクソンの規範である」と答えた約四分の一の者である。このグループは、規範が通用する地域を限定した点においても、「日本人は必ずしも彼らの規範に合わせる必要はない」とする点でも、第二のグループとは異なる。そして、第四のグループとして、「これらの規範は、まったく普遍的ではない」と言うグループがあった。以下、それぞれのグループを見ていくことにする。

「これらの規範は非常に普遍的なものである」と見なす第一のグループの特徴は、その回答が断定的に述べられたことである。その多くは、まったく躊躇も見せず、「これらは、普遍的だ」と言い切ってしまう。私が「これらの規範は、東アジアの国でも、アメリカでも同じだろうか」と問い返しても、このグループの調査参加者は、自らの回答をまったく変えなかったか、あるいは、「少しは違うかも知れないが、これが世界の主流だ」との見解を崩さなかった。これらの見解を示した調査参加者は、全体の一〇分の一である。

「これらの規範が通用しないのは日本だけで、日本が特殊である」とする第二グループが、今回の調査では最も多かった。このグループには、次のような典型的な回答が幾つかみられる。「日本では、曖昧さが当たり前とされるが、世界では違う」（企業理事）、「海外では、とにかく日本と違う」（教員）というように、日本と日本以外の国との間に線を引く回答，「中国人もラテン系もイエス・ノーをはっきり言うのに，日本人だけが違う」（企業理事）のように，具体的に他の例を挙げながら，日本人だけが異なる規範を持っているという回答である。それぞれ表現は異なるが，これらの回答には，次の共通項が認められる。

その一つは，これらの回答にみられる日本以外の文化に対する考え方である。この第二グループに属する調査参加者は，「日本人的と見なされる規範は，日本以外の世界では通用しない。故に，これからは，それらを改め，より普遍的な世界の規範に正していかなくてはならない」と論じる。彼ら／彼女らのほとんどの回答には，「従来の日本の規範は，より普遍的な世界の規範に改めるべきだ」とのメッセージが込められている。私は，そのような回答を得た際，もう一度，「これは世界の規範なのか，それとも例えば欧米の一部のものなのか」という問いを返してみた。しかし，回答者の多くは，「いや，これらは，どこにでも通じるものだと思う」と述べ，自らの比較の対象をさらに分析する作業に進む者はいなかった。この点に関しての調査参加者と私の対話は，ここでストップしてしまう場合が多かったのである。これは，2章で述べた，日本に対して何か漠然と「それ以外の海外」という文化があり，それは普遍的なものなのだという見解が，海外文化仲介者にも存在することを示している。同時に，そこで言う海外が，往々にして構築された欧米，特に英語圏の一部であることを意識しない人たちがいることも示している。

これらの回答に共通するもう一つの点は，日本を常に一体として捉える見解が支配していることである。

日本人同士だったら，生活環境とか育った過程がほとんど同じなので，曖昧な表現でも察することができる。同じ環境に育った日本人同士だから，可能なのだ。しかし，世界の人は，生活環境とか全てが異なる。（教員）

ここにみられるのは、日本を完全な同質社会と見なす考え方と、他の国を、それとはまったく異質と見なす見解の並存である。日本社会の多様性や差異性は、そこには見えてこない。

第三のグループは、「これらの規範は英語圏、特にアメリカの規範ではないか」と答えた者たちである。全体の回答者の約四分の一がそう答えたが、この回答者には企業理事が多く、教員、母親からの回答は少なかった。企業理事のうちの二名は、英語圏の中の多様性にも言及している。その内の一名は、

> これらの規範は、必ずしもいつも必要とは限らない。アメリカでも曖昧な表現を使わなくてはならない時もある。曖昧な表現で相手に分かってもらう文化は英語圏にもある。

と述べるのである。このような回答は、一つの国の中の社会の多様性に言及したものとして、他のほとんどの者がそれを表明しないだけにとても目立った。さらに、このグループの者たちは、「日本人がこれらの規範に合わせるべきだ」という主張に、ほとんど同意しないのも特徴である。

最後のグループは、「これらの規範が普遍的とは思わない」と答えた者たちである。その多くが、「国によってそれぞれ異なる」と答えたが、少数から「宗教によって異なる」（母親）、「状況によって異なる」（企業理事）、「人柄によって異なる」（母親）との回答も寄せられた。

以上をまとめると、この問いに対する文化仲介者としての今回の調査参加者の見解は、大きく二つの範疇に分類ができるであろう。一つのカテゴリーは、「上記の規範に、日本人は合わせなければいけない。日本人はこれらの規範を習得するという面で遅れている。だから国際理解教育の一つの目的として、これら普遍的な規範を学ばなくてはならない」という2章、4章で見た公的な言説をそのまま支持するグループである。ある管理職教員

は、「日本人に欠けているのはまさにそこだ。そこをはっきりさせて、我われは変わらないといけない」と力説していた。

もう一つのカテゴリーは、その反対、「これらの規範は、普遍的なものではない（もしくは、英語圏のものである）」という見解である。この回答は企業理事に多かった。異文化間コミュニケーションで普遍的とされる代表的な規範に関して、海外体験が豊富な企業理事に公的なディスコースとは異なる見解を持つ者が多いことは、ここで留意しておく必要があろう。

六　国際理解教育の内容とその進め方

調査参加者には、国際理解教育に関する見解について、次の四つの内容に関する質問を試みた。それは、調査参加者のグローバリゼーション観、そこまでのインタビューを振り返っての国際理解教育の定義、国際理解教育における政府の役割について、そして最後に、国際理解における価値と自文化における価値が衝突した場合にはどうするかというものである。

1　グローバリゼーションとは

「**グローバリゼーションの定義**」を聞いた質問に対する代表的な見解は、次の三つである。最も多かったのが、

「世界は一つであるということ」、その次に、「情報化のこと」という内容、そして三番目が「考えた事がない、よく分からない」であり、それぞれが一〇名以上の調査参加者によって言及された見解であった。市場の開放や経済システムのグローバリゼーションについて言及した者は、企業理事のうち数名に留まった。彼らは、「グローバリゼーションとはスタンダード化、ミニマムな共通のルールを作ることであろう」、「グローバリゼーション（グローバル化）は、ビジネス上のある部分では、現地化、ローカル化を逆に促進する」、「グローバリゼーションとはアメリカ化のことである」という見解を述べたのである。しかし、これはごく限られた例であり、ほとんどの調査参加者は、グローバリゼーションの抽象的なイメージを述べるか、半数近くの教員や母親のように、特に何も言えないと回答したのである。

以上の結果が全体として意味しているところは、まず、企業理事の中には、日頃のビジネスを通して、グローバリゼーションについて、かなり考えざるを得ない人たちが存在するが、多くの調査参加者にとっては、グローバリゼーションは具体的にはあまり考えたことのないコンセプトであるということである。その傾向は、最も多くの調査参加者が、「グローバリゼーションとは、世界が一つになるという意味である」という観念的な回答のみを示したことにも表れている。海外の文化仲介者である調査参加者の多くは、グローバリゼーションを、イメージ的・観念的に捉えており、1章で見たような、例えば、経済領域におけるグローバリゼーション、政治領域におけるグローバリゼーションというような、具体的かつ分析的な視点からの発言は、あまり見られなかった。全体を通じて、何人もの者がグローバリゼーションの具体的な事象として挙げたのは、「グローバリゼーションの情報化社会への影響」という点のみであった。数名の調査参加者は、グローバリゼーションを、インターネットを中心とする情報テクノロジーに強く結び付けて捉えている。彼ら／彼女らが、情報化を説明する際、「インターネットなどの」という形容詞が重ねられる場合がほとんどであったこともそれを示している。

これらの結果と、かなりの数の調査参加者が「グローバリゼーションについて、考えたことがない」と答えたことを併せて考えると、グローバリゼーションについては、1章で見たようなこの問題についての専門家と今回の調査対象者のような一般の文化仲介者の間には、その理解にギャップがあることが浮かび上がってくる。吉野(1997)が述べるように、ある社会的な概念やディスコースにおいて、文化仲介者と専門家、例えば政策担当者や研究者とは、異なった理解を示す場合があるのである。それは、海外の文化仲介者たちが異文化理解について語る時、それは必ずしも、グローバリゼーションをそのコンテクストとして明確に位置づけているとは限らないことをも示している。文化仲介者は、かなり曖昧で観念的なグローバリゼーション観に基づいて、様々な見解を述べているわけである。

グローバリゼーションに関しては、全員にもう一つの質問を試みた。それは「グローバリゼーション（グローバル化）とはアメリカ化のことか」という問いである。繰り返し見てきたように、日本では「グローバル・スタンダード」という言葉が流布しており、先の五節2項の議論とも重なるが、このフレーズは、「これからの日本は、グローバル・スタンダードに合わせた社会にしていかなくてはならない」という文脈のもとで一九九〇年代以降使われてきた背景がある。これに対して、海外の文化仲介者たちはどのように理解しているのかを調べたかったのである。

結果は、**「グローバリゼーションはアメリカ化そのものだ」**という答えと、**「グローバリゼーションがアメリカ化と重なるのは否定できない」**という回答を合わせると全体の半数以上になり、中には「日本で言われるグローバリゼーションとは、アメリカ化のことである」と断定した者も二名いた。反対に、「そうは思わない」と回答した者は、ごく少数であった。

多くの海外文化仲介者は、程度の違いはあるにせよ、「グローバリゼーション（グローバル化）は、アメリカ化である」との判断を下す傾向が出たと言えるだろう。しかしこの結果は、調査者によって、「グローバリゼーションとはアメリカ化のことですか」という質問への応答となっている点に、注意しなくてはならない。すなわち、幾人かの企業理事の回答を除くと、「グローバリゼーションとは何だと思うか」という最初の質問に対しての答えではない点である。よって、言われてみればそうかも知れないという、調査参加者の考えが含まれている可能性がある。ここで言えるのは、文化仲介者はグローバリゼーションをアメリカ化と意識はできる、しかし、どの程度その意識を強くもっているか、自覚的に捉えているかは確定できなかったということに止まる。

2　国際理解教育の定義

インタビューでは、ここまでの議論を踏まえた上で、全ての調査参加者に、「国際理解教育とは何か」と問い、その定義について改めて語ってもらった。ここで「異文化理解教育」という言葉を使わずに、「国際理解教育」という言葉を用いたのは、後者のほうが、海外・帰国子女教育とそれに関係する領域では、広く用いられているからである。それは、内外の学校教育の場に留まらず、2章で見たように、文部省を中心とする政策文書においても広く使われている。本書では、「異文化理解」と「国際理解」を、その使用の実態の観点からは特別な場合を除き区別しなかったが、インタビューでは、調査参加者によりなじみの深い、国際理解教育という言葉を使ったのである。

調査参加者の見解を分類すると、四つのグループに分けることができた。それぞれはほぼ同じ数の回答者によって挙げられていたものである。その主な見解とは、「異文化と直接接する事」、「語学（英語）教育」、「異文化理解を深めること」、「日本人としてのアイデンティティを確立すること」である。はじめの二つが具体的な内容を挙げたものとなっているのに対し、あとの二つは、理念的な目標を掲げたものだと捉えることもできる。もちろん、この四つの見解のうち二つ以上に複数回答をする者もいた。以下、それぞれを順にみていく。

最初の**「国際理解教育とは異文化と直接接することである」**という考え方は、「（それは）異文化を肌で体験すること」（企業理事）、「（それは）異文化の中で生活してはじめてできること」（教員）という表現に表わされている。この考え方をする調査参加者は、「これらの（直接異文化に接するという）体験は、日本にいてはできない」（母親）との前提をもち、それが、異文化と直接接することを重要視する理由になっている場合が多かった。そこには、日本国内にいては異文化と出会うことが非常に難しいという、海外文化仲介者である調査参加者の認識がみられる。日本人が海外において異文化に出会わない限り、国際理解教育は達成できないのではないかという気持ちが、その回答に込められているのである。

二つ目の考え方は、**「外国語教育が国際理解教育の最も大切な要素である」**という立場である。ここでは、言及される国際理解教育の中身が、ほとんど外国語教育のみで占められている。主な回答には、「国際理解教育で大切なのは、英国やアメリカから英語のネイティブ・スピーカーを連れてきて、彼らに教えてもらうことだ」（母親）、「我われ日本人は、まず、ネイティブ・スピーカーから学ばなければならない」（企業理事）などが挙げられる。回答の多くから、このグループの回答者が言う外国語は英語のことを指していることが明らかになった。事実、今回の調査参加者からは、この質問の文脈の中では、英語以外の外国語に触れる者はひとりもいなかった。

さらに、これらの回答者には、「外国語を学習するに当たっては、ネイティブ・スピーカーに教えてもらうのが一番よい」という、いわばネイティブ信仰のような考えが広く見られた。この「ネイティブ・スピーカーに教えてもらう」という声は、幾人かに、「日本人の英語力を向上させるために何をなすべきか」という質問をした際に、最も支持を集めた回答でもあった。

「異文化と直接接する」、そして「外国語（英語）を習得する」という二つの回答には共通点がある。それは、異文化、外国人と接することが国際理解教育につながるという見解である。「まず触れなくてはならない」というわけである。もちろんそのこと自体がおかしいとか、間違っているとはここでは言えない。しかし、それらの見解に共通するのは、「より多く触れれば、より国際理解は深まる」という、1章で見た、リベラルな期待に支えられていることである。これらの考え方には、「触れることで、逆にコンフリクトは起こらないのか」という疑問は、ほとんど考慮されていない。この点の重要さは、以前、同様の質問を中国において現地日本企業の社長や所長たちにインタビューした折、考えさせられたことがあった（馬渕 1996）。その結果、「国際理解における価値と自文化における価値が衝突した場合、あなたはどうするか」という質問を、インタビューの最後で、できる限り多くの調査参加者に試みることになったのである。

四つのタイプのうち、残りの二つ、すなわちどちらかと言えば、国際理解教育の理念的目標を挙げた見解を考察してみたい。まず、**「異文化への理解を深めることが、国際理解教育だ」**という考え方である。この見解は、一見、「国際理解教育で最も大切なのは、異文化との直接接触だ」という一つ目の見解とあまり変わらないようにも見える。事実、この二つは同じ調査参加者から内容が重なって出されたこともあった。しかし、基本的に異なる点は、「異文化理解」を説くこの第三の見解は、具体的な異文化との直接接触を必ずしも前提としておらず、もっと理念的な目標としての「異文化理解」を掲げている点である。「国際理解教育は、お互いの文化を認め、尊重できるようになること」（教員）、「いろいろな国の文化を知り、理解すること」（母親）、「自分と異なる人種、文化、伝統、考え方があることを知り、それらを受容し、相手を思いやる気持ちや態度を育てること」（教員）などの回答がこれに入る。理念的であることを象徴的に表すのが、インタビュー時の次の問答である。

筆者：おっしゃっていることは、例えば、地球儀の周りで子供たちが手を握り合っている、そのようなイメージですか？

母親：あー、そうそう、まさにそうです。

これらの異文化理解を提唱する見解には、三つの点が指摘できる。一つは、「理解する」ということが、多分に理念的に捉えられていることである。「理解する」という行為が当然かつ自明のことのように述べられる反面、「理解する」とはいったいどのようなことなのか、あるいはどのようなプロセスなのかという分析的な視点は乏しい。二つ目は、これらの見解は、すでに見た公的なディスコースと同様に規範的であることである。それは往々にして、丁度、道徳の時間の目標のように語られたり、掲げられたりする。同時にそこには、「異文化を理解することによって、国際理解教育は進歩する」という前述の楽観的なコンフリクト・フリーの見解に基づく言説が含まれている場合が多い。第三の特徴は、このグループの回答は、文化を本質主義的に捉えている点である。ある管理職の教員は次のように言う。

日本人はものすごく利己的になりがちだが、外国の方々はそうでないですよ。マレーシアでは相手を大事にすることが根付いているのです。

ここには、文化が国単位で、しかも二項対立的に語られ、かつ1章で見たように、国単位の文化を礼賛し、本質的に構築されたイメージに基づいて言説が生み出されていく様子が鮮やかに表されている。

四つのタイプのうち最後の見解は、**「国際理解教育とは、日本人のアイデンティティの確立のことである」**という考え方である。この章のはじめにも出てきたが、この「日本人としてのアイデンティティの確立が大切である」という見解は、政策文書にも、海外文化仲介者にも広くみられるディスコースである。そして、この「日本人性の確立の重要性」は、多くの場合、第三のグループで見た「異文化理解の重要性」を主張する見解と並置される形で表明された。「国際理解とは、自分の文化を大切にしつつ、お互いの文化の違いを認め、尊重し合うこと」（教員）という回答がよく表わすように、そこでは自文化（日本文化）の理解と国際理解が共に目指すものとして並べられているのである。

しかし、回答者の見解をよく検討していくと、この二つは、常に調和的に共存するものとして捉えられてはいないことが見えてくる。それは、「まず、日本人、日本をよく知ってから、外国人や外国の文化に目を向けることが大切だ」（教員）という、幾人かの見解に表れている。この第四のグループに属する調査参加者の見解には、日本人性の確立を他の文化の理解より優先して考えるべきだという見解が、はっきり表明されている場合が幾つもあった。中には、「異文化理解が進むと、日本人性が失われるかも知れない」（教員）という危機感に基づいて、国際理解教育そのものを憂う声も存在するのである。それをさらに明確にするため、私は、第三と第四のグループに属する調査参加者のインタビュー結果をもう一度検討してみた。その結果、「日本人性の確立の重要性」と

「異文化理解の重要性」の両者を並置している者のうち、およそ半数が、プライオリティは「日本人性の確立にある」と回答していることが明らかになってきた。その傾向は、特に教員グループに強い。教員の管理職の中には、「国際理解教育とは、日本人を意識し、そこから日本人を位置付ける教育である」と徹底的に日本人性にこだわる者や、「日本文化に対する敬意と愛情を持つことが国際理解教育だ」と断定する者もあった。教員の中には、

自国の文化や歴史を正しく理解させることが、国際理解の必要性を内発的に感じさせる一番重要な引き金になると思います。

国際化というのは、根底は自己の文化なのですよ。自国文化を大事にしないで、他国文化を大事にはできない。自国文化を大事にしながら、なおかつ他国のよいところを取り入れていく。

のように述べ、4章で見た公的なディスコースを見事に再現させる者もいた。いずれの見解においても、前者（日本理解）がなぜ、後者（国際理解や他国の理解）を導くのかに対する疑問は、ほとんど持たれていない。なぜ、このようなディスコースが広くみられるのだろうか。6章における文化に対する調査参加者の見解に、その一つの答えがある。

3　国際理解教育における国家の役割

前項で見たように、多くの調査参加者が「国際理解教育とは、日本文化を理解する、日本人としてのアイデンティティの確立を図ることだ」と述べた。では、そのような海外文化仲介者たちは、国際理解教育における国家の役割についてはどのように考えているのだろうか。ここでは、「国際理解教育において、国家が中心となってそれを推進することをどう思うか。国際理解教育の主要な担い手に、国はなるべきか」という問いを中心に、調査参加者の考え方を聞いてみた。結果は、回答者の半分以上が、国が中心となって進めることに肯定的であり、約三分の一の者が、国が主導権を取ることに否定的であった。

「国際理解教育は、国が中心となって進めるべきだ」という考えを支持したグループは、次のような見解を述べた。まず、「国家こそが、教育上の哲学的指針を示すべきだ」（企業理事）、「教育という分野は、国が引っ張っていかなくてはならない」（企業理事）というように、教育における国の役割を積極的に評価する意見がある。また、もう少し消極的に、「ある程度は、国が枠を決めてほしい」（教員）、「国が決めてくれるとやりやすい」（教員）という、国家依存型とも言える見解も述べられた。さらに、「先生のレベルや地域レベルでは何も進まない」（教員）や「日本では、国以外のレベルでできることはない」（企業理事）など、日本の行政組織上の問題を指摘する発言もあった。「教育の業は、国の仕事である」（教員）とする前者の見解を積極的肯定論とすると、後者のグループで最も多く出されたのは、「国が常に国際理解教育の主要アクターであるべきとは限らないが、日本の現状では、国がその役割を果たしてほしい」（企業理事）という消極的肯定論とでもいうべき見解であった。

次に、「国際理解教育の担い手は国ではない」と答えるもう一つのグループの回答を見てみたい。少数の回答者から、「国や官僚は信頼できない」とはっきりと国の関与を拒絶する意見が出されたが、多くからは、「国は、お金は出しても、口は出さないでほしい」（教員）というように、財政面での援助のみは国に求めるが、教育の内容には口出ししてほしくないという意見が出されたのである。私は、このグループの回答者に、「では国際理解教育における国以外のアクターとしては、何が考えられるのか」という問いを試みてみた。回答は、「各学校が自由にできるのが一番いい」（教員）というように学校を取り上げる声、「地域、コミュニティーレベルでの国際理解教育は長続きする」というように、地域での取り組みに期待を寄せる声などが多かった。このグループの見解は、国際理解教育における各学校や地域レベルの役割を高く評価し、少なくとも国家の果たす役割よりは多くを期待するものだとまとめることができる。

国際理解教育における国の主導的役割を肯定的に捉える考え方とそれを否定的に捉える考え方の相対する見解は、企業理事、教員、母親間で、興味深い対比を示している。前者の見解は企業理事、そして教員の多くに支持されている。ただし、企業理事は、どちらかと言えば消極的に国家の役割を支持する姿勢なのに対し、教員は、国家の役割は不可欠だという見解が多い。一方、国際理解教育において国が主導的な役割を果たすことに強い否定的見解を示したのは、母親たちに多かった。もちろん、母親たちの中にも、「国がやってくれたら、個人や各機関がするよりも手っ取り早い」と、消極的に国に期待する声もみられる。しかし、国の役割に否定的見解を強く示したのは、今回の調査参加者の中では、母親ばかりであった。

私は、小さいことからでも始めたい。国が信用できないというのが、どこかにあるのでしょうね。

文部省って、よく知らないが、すごく頭の硬い人ばかりが集まっているようなイメージがある。本当に変わるのか、変えようと思っているのか疑問に思う。

国の力は強い。しかし現実には、国のしてくれることに対して、私たち母親はあまり信頼を置いていない。いつも私たちの期待からは何かずれた、押し付けのようなものに対する不信感のようなものがある。

企業理事や教員の中にも、教育における国の役割について、何らかの問題点を指摘した者はあったが、ここまで明確に、国の政策に対して不信感とさえ呼べる見解を表明したのは母親グループのみであった。今回の調査対象者では、一名の女性の教員を除く他の教員と全ての企業理事は、男性である。3章の方法論で、文化仲介者に女性を加えることの意義を述べたが、これらの声は、彼女たち自身のこれまでの体験や思いを反映したものになっている。彼女たちは、今回の調査の特定の質問については、一般的な、あるいは規範的な見解を述べる立場から離れて、自らの見解を表明した。そして、時にそれは、企業理事や教員たちからはまったく聞かれなかった見解でもあったのである。

4　国際理解における価値と自文化における価値が衝突した場合

本章における最後の質問は、「国際理解における価値と自文化における価値が衝突した場合、あなたはどうしますか」という内容であった。時として内容が前後する場合もあったが、実際のインタビューでは、この問いに関する応答を議論した後、調査参加者と私は「文化」観に関する議論へと移っていったのである。ここでの回答は、大きく分けて次の四つのグループに分類できた。

その第一は、**「異文化が接し合い、それが衝突する時は、ホスト文化のほう、人数の多いほうにできるだけ合わせるのが基本だろう」**（企業理事）という回答に代表されるものである。この見解は、「郷に入れば郷に従え」ということわざを使って述べられる場合もあった。ただし「どうしても合わせられない時はどうすればよいか」という疑問や質問に、この見解は答えたことにはなっていない。

第二の種類の回答は、**「自分を曲げてまでも相手に合わせることはない」**というもので、「もしそれが自分の考えから逸脱するのなら、何も他の人の考えに同調する必要はない」（教員）という声に代表されるものである。別の教員は、次のようにも言う。

ここが海外だからと言って、自分が大事に思っていることは変えられない。自分の国（日本）を大事に思っているし、日本は世界に認められるものだとも思っている。

ただし、「自分を変える必要はない」と、はっきりと述べた者は、全体で二名であった。

第三の種類の回答は、**「徹底的に話し合う」**という、対話の重要性を強調したものであり、主に、教員と企業理事に支持された見解である。「わたしたちは、とことん話し合うべきです」（教員）、「日本人は、もっと議論をすべきだ」（企業理事）などが、このグループの代表的な声である。この回答には、「日本人は、話し合いすらしないで、異文化を避けてしまう」という批判を前提とする場合があった。「日本人はもっとディベートすべきだ」（企業理事）という、公的なディスコースでみられた声も、このグループからは出された。

最後のグループの回答は、**「分かり合うところで分かり合う。共通する部分があるはずだから、その部分で受**

け入れ合う」（企業理事）という声に代表される考え方である。この第四の種類の回答をした者の数が、他の三つのグループに比べて最も多かった。二つの点から、このグループの回答をもう少し詳しくみてみたい。

一つのポイントは、先に出てきた「共通する部分」についてである。「私たちは、どこかに共通する何かをもっている」（教員）という見解が何人からも出されたので、私は、それらの回答をした者に、「共通であるという際の基準は何なのか」尋ねたのである。結果は、このグループに属する多くの人から、「現在の世界での主流文化を基に判断する」との回答が得られた。

合わせられるか否かは、西洋諸国の文化が世界の主流となってきているので、それとどれくらい近いか、離れているかで決まると思う。（教員）

それを英語圏だと、もっとはっきりと言及した回答もあった。

世界の潮流はアングロサクソンがリードしているので、それを尊重しなくてはものごとは進まない。（企業理事）

これらの声に表わされているのは、日本人が異文化と接した時に、お互いに受け入れ合い、共存していける可能性は、それぞれの文化なり規範が、主流だとされる西洋や英語圏の先進国の文化や規範にどれだけ近いか、離れているかで決まるという考え方である。

2章と4章では、日本での国際理解教育や異文化理解は、まだまだ遅れているとの言説の存在が指摘された。さらに、英語圏の文化、規範が普遍的なものだとされ、それに近づくことがこれらの教育での大きな目標となっていることも指摘された。ここでのインタビュー結果は、2章そして4章でさかんに取り上げてきたこれら海外・帰国子女教育、国際理解教育での公的な言説が、海外日本人文化仲介者の中にも明らかに存在することを示したことになる。

「共通の部分で受け入れ合う」というこのグループの回答について、もう一点の指摘を行っておきたい。インタビューの際、私は可能な限り、「それは本当に可能なことだろうか」という質問を繰り返した。そうすると、何人もの調査参加者が、答えを見失って沈黙したり、あるいは、会話がそこでいったん中断してしまった。そして、繰り返されたのが「難しいですね」という声だったのである。

私はここに、調査参加者たちの、この質問へ答えることの難しさを垣間見る思いがした。いかに規範的な国際理解教育論を展開しようと、かつ公的なディスコースの影響下にあろうと、海外の文化仲介者たちは、日本を離れた現実の生活の中で、何らかのコンフリクトを感じないはずはないのである。それ故、インタビューの前半を終えるに当たって、何人もの調査参加者から次のようなコメントがつぶやかれたことは、印象的であった。

もし私たちが妥協できなかったら、いや妥協できないところが必ずあるはずだから、そんな場合は、理解し合うことは諦めるしかないでしょうね。(企業理事)

国際理解を達成するのは難しいと思う。私たちはケースバイケースでしか分からない。そう、時にはそれは、ほんとうに難しいですね。(母親)

国際理解教育とはきれいな言葉だが、それは表面的で、理想で、願いであって、現実は大変だと思う。(教員)

これらのコメントは、本書のテーマである異文化理解のディスコースについて、重要な点を指摘している。公的な言説としての国際理解教育と文化仲介者たちが実感として感じている国際理解教育のギャップを、余す事なく示しているからである。本章で見てきたように、多くの内容、項目において、公的な言説と海外文化仲介者のディスコースは、同じ志向をもち、似通ったものであることが多かった。それは、前者の後者への影響の大きさをうかがわせるものでもある。しかしここで見られたように、幾つかの点において、規範的な公的言説と海外文化仲介者たちの国際理解教育、異文化理解に関する見解には、差異があることも分かってきた。それは、この問題の従来の視点からの捉え方に、ある転機をもたらす糸口にもなり得る。次の6章では、この公的な言説と文化仲介者のディスコースという二つの視点を軸として、異文化理解における文化観について、考察を深めていくことにする。

七 まとめ

本章では、文化仲介者としての海外日本人に対して行った、異文化理解、国際理解教育観についてのインタビューをもとに、その結果と考察を述べてきた。インタビューは五つの領域に亘っており、異文化理解に関する特定の視点からの考察と、それらを踏まえての調査参加者の異文化理解、国際理解教育観を全体として問いかけたものになった。このまとめでは、得られた知見の中で特に重要と思われるものを確認したい。また、本書での文化仲介者である企業理事、教員、母親の間で、その見解が異なる場合があった。その違いをいま一度ここで確認することも、このまとめの役割である。まず、重要な知見を振り返ることにする。

（1）二つの相対する見解が同時に掲げられることが多かった。その一つは、異文化理解の能力や国際理解教育の定義として挙げられた「**異なる国の文化を理解すること**」と「**日本人としてのアイデンティティを確立すること**」という二つの回答である。この二つは、回答者の数がほぼ拮抗した。また、ひとりの回答者がこの二つを同時に回答した場合もあった。際立ったことは、この二つの異文化理解に関する見解が、多くの場合、お互いにぶつかり合わない調和的な目標、あるいは能力として挙げられていたことである。両者の間には、コンフリクトは生じない。また、前者の「異なる文化を理解する」という見解においては、「とにかく（異文化に）触れる機会を増やすことが、異文化間での問題の解決につながる」という、ナイーブな捉え方も広く見られた。一方、「まず、日本人としてのアイデンティティの確立」を図り、「その後、異文化理解」を図るという、異文化理解の前にまず日本理解をという姿勢をはっきり表明する見解も、特に教員の中に見られた。

（2）異文化理解の能力と語学力、国際理解教育と語学教育に関する質問では、まず、ここで言われる語学が、海外日本人の間では英語に限られていることが分かった。しかし、その**英語を異文化理解能力で必要なツールの一つと見なす**か、**英語を国際化のシンボルと見なし国際語としての英語を身に着けることを至上のことと捉える**かで、見解は分かれた。前者の見解は主に企業理事、後者は主に母親と教員に支持されている。

（3）英語と英語以外の言語を習得することの重要性については、**英語のみで十分である**とする企業理事・母親の一部と、**現地語の習得も同様に重要である**とする教員に分かれた。ただし、英語のみで十分であるという理由が企業理事と母親では異なっており、企業理事が、英語が使えれば大体の世界では困らないというツールとしての英語の実用性を説くのに対し、母親は、将来、特に自らの子供の将来には、受験も視野に入れて英語が役立つという個人的な利益性を説いている。それに対し、教員は、現地語も英語と同様に大切だという極めて規範的な見解を述べる者が多かった。また、現地語の習得に関しては、その必要を主張したほぼ全員が「片言の挨拶程度ができればいい」と答え、表向きでは英語と現地語の区別をしていないように見えながら、実際には、英語の習得と現地語の習得に対する姿勢には大きなギャップがあることが明らかになった。

（4）公的なディスコースが広く受け入れられ、支持されていることが分かった。共生の能力、コミュニケーションの能力の二点を重要と見なし、その促進を図るというのは、文部省の国際理解教育の要となった目標である。そのどちらもが、今回調査した海外日本人からは幅広い支持を得た。また、**日本人は、共生やコミュニケーションの能力において日本人以外の人より遅れている**という、研究者が幾度も指摘したディスコースも広く受け入れられており、その傾向は特に母親、教員に強く表れている。母親・教員は、企業理事と比べると現地の人との接触が少なく、英語力も十分でない場合が多い。教員や母親グループの異文化接触におけるコンプレックス感が、規範的な公的ディスコースへの共鳴を導く構図が指摘できる。

（5）海外・帰国子女教育や国際理解教育でよく唱えられる、**コミュニケーション上の普遍的な規範に関しても**、日本人だけが世界の中で特殊なので、より普遍的な規範に合わせるよう努力するべきだという主張が、特に教員によって述べられた。それに反して、それらの規範は英語圏、特にアメリカのものであり、日本人が必ずしも合わせる必要はないとの見解が、主に企業理事によって提出された。

（6）**グローバリゼーション（グローバル化）について**の見解では、具体的には情報化に関する指摘が挙げられたのみで、多くの者が地球が一つになるという抽象的見解しか抱いていなかった。研究者や政策担当者には、グローバリゼーションに対する分析的視点があるのに対し、文化仲介者としての海外日本人は、どちらかというとイメージ的にしかそれを捉えていない傾向がみられた。

次に、企業理事、教員、母親の間で、見解の違いがはっきりと現れた点について触れておきたい。

（7）三つのグループの中で、**教員**が公的なディスコースを最もよく受け入れており、自らも規範的な見解を表明していた。特にはっきりと表れたのは、コミュニケーションの能力における言語力の重要性を強く主張する点、英語も現地語も共にできなければならないと主張する点、そして、国際理解教育とは日本人としてのアイデンティティをまず確立することだと説く点である。教員が、現地語は挨拶程度できれば十分だと、現地語習得への彼らの本音を述べたのは、公的なディスコースと異なる見解を示した数少ない例である。

（8）**企業理事**が他のグループと非常に異なったのは、コミュニケーションの能力についての項であった。語学力、英語力はツールに過ぎないと捉える者は、企業理事に最も多かった。また、日本ではコミュニケーションにおいて普遍的だとよく言われている規範が、決して普遍的ではなく英語圏の一部のものではないかとし、日本人が必ずしもそれに従う必要はないという見解を多く述べたのも企業理事であった。

（9）**母親グループ**の回答は、幾つかの点で、他の二グループとは大きく異なるものがあった。一つは、教員との違いである。英語力の不足を感じ、英語さえできればという英語へのあこがれ、コンプレックスを感じている点は、母親も多くの教員と同様である。しかし、教員には見られなかった、熱意や勇気を持って接すれば語学の壁は超えられるという声を出したのは、母親グループの特徴である。また、英語がなぜそれほど重要かという問いに、将来、特に子供の将来を考えると、英語力を付けておいてやりたいという、現実的な個人の希望を述べたのも、母親グループの特徴であった。母親グループが他のグループと最も顕著な相違を見せたのは、**国際理解教育に対する国の役割**を問う質問に対してであった。やはり国の主導で行うべき、いや国が中心となって進めるべきではないと、全体での見解は分かれたが、国は信頼できないとして国の教育行政にはっきりと不信感を示したのは、何人かの母親のみであった。もちろんここで、全てについて、母親グループの考え方が他の文化仲介者グループとは明らかに異なるという結論を導くことはできない。しかし、少数ながら、他とは異なる見解が母親グループの中から出される傾向は明らかであった。それは、1章三節でみたように、彼女たちの経験に基づく率直な声の中には、従来のディスコースからはみ出る可能性をもっているものもあることを示したと言えるのである。

(10) 教員、企業理事、母親の三者を比べると、企業理事の多くと母親の一部は自らの人生や経験からの見解を包み隠さず語り、公的ディスコースに沿わない見解を示すことが、特に教員より多かった。しかし、最後に試みた**「異文化理解の場において、自文化と他の文化が衝突した場合はどうするか」**という質問では、教員も含めて、全てのグループから従来のディスコースにはあまり見られなかった回答が目立った。すなわち、「そんなことは、分からない」、「異文化理解は、うわべではいろいろ言えても、実際は難し過ぎる」、「理想論が多過ぎる」などの回答がそれである。この最後の問いに対する回答は、公的なディスコースと、海外文化仲介者の異文化理解に対するディスコースとの一つの差異を、明確に表わしたものとなったのである。

第5章　注

1　この数字は、領事館などの在外公館に届け出をした人の総計であって、届け出をしていない人を含めた実際の人数は、これを上回るものと考えられる。

2　『我が国の文教施策』に「今後の国際化の進展に対応するためには、英語以外の多様な外国語の教育を推進する必要がある」というフレーズが登場したのは、平成二年（一九九〇年）度版がはじめてである。

第6章

文化仲介者の文化観

一　はじめに

ここからは、文化仲介者としての海外日本人が、異文化理解における「文化」についてどう捉えているかを考察する。全ての調査参加者に共通に試みた質問項目は、まとめると次の五つになる。

1　文化相対主義について
1―1　文化間に優劣があると思うか？
1―2　全ての文化は平等に扱うべきだと思うか？
2　同化主義、文化多元主義、多文化主義について
2―1　日本は、単一民族国家だと思うか？
2―2　日本に外国人や他民族の人を、もっと受け入れるべきだと思うか？
3　文化本質主義についてⅠ――日本人論を中心に
3―1　日本では、社会の中のいろいろな差異よりも、全体として共通する文化のほうをより強く感じるか？
3―2　日本人の特徴だと思うものを、もしあれば挙げてほしい。
3―3　先に挙げた日本人の特徴は、日本人全体に共通のものか？

2　文化相対主義　234

3―4　先に挙げた日本人の特徴は、日本人を誰と比べて考えられたものか？

3―5　先に挙げた日本人の特徴は、今後も変わらないと思うか？

4　文化本質主義についてII――根無し草に関して

4―1　海外に出て、日本に帰らなくなった若者や、海外と日本を行ったり来たりする人が増加しているが、どう思うか？

4―2　それらの人びとは、いわゆる根無し草だと思うか？　根無し草については、どう思うか？

5　海外・帰国子女教育、国際理解教育における男女の差異について

5―1　日本の社会の中で、男女の差異をどのように感じるか？

5―2　海外・帰国子女教育で、男の子と女の子への対応が異なるが、それについてどう考えるか？現状は変えるべきか？

二　文化相対主義

1　文化間の優劣

「文化間に優劣があると思うか」という問いに対する主な回答は、次のように分類できた。「ないと思う」、「あ

ると は言えない」と答えた者が全体の約半数、残りを「(優劣が)あってはならない」というべき論を唱えた者と、「答えを迷う」、「どちらとも言えない」と述べた者が分け合った。「文化間に優劣はある」と答えた者は、ごく少数である。インタビューでは、それぞれの回答の理由を尋ねていった。

「文化間に優劣はない」という第一の立場の見解は、次のような声に表わされている。

> ものの考え方や生き方、そして文化というものは、その国の人が独自に作り上げてきたものだから、それを比較して、こちらが劣っているからだめだとか、こちらが優れているからいいとかは言えないと思う。(教員)

> 文化は、それぞれの国で独自に形成されたものだから、その間に優劣はない。(母親)

同じような見解を述べる声が、何人もの調査参加者から出された。しかし、これらの見解は、「なぜ、各々の国の文化間には、優劣がないのか」という問いに答えを出したとは言えない。なぜなら、「文化」という言葉が、「各国の文化」という言葉に置き換えられたに過ぎないからである。私がその問題点をぶつけると、それに対しては、「人類は平等である。だからそれぞれの文化も平等だ」(教員)のように、人類が平等であることを文化が平等であることの理由にする回答が、数名の調査参加者から出された。

この第一グループの回答者は、「文化には優劣がないから平等だ」、「様々な文化は平等だから優劣はない」の二つの回答を代わる代わる繰り返して述べ、それ以上の説明には至らない場合が多いのが特徴であった。そして私がさらに質問を重ねていくと、「文化間には、優劣はあってはいけないのだ」という第二の見解へと移っていく者も見られた。事実、この第一の見解を示す者は、次の第二の見解を述べる者と、重なる者が多かったのである。

第二の考え方は、**「文化間に優劣があってはならない」**という回答者の価値観をその答えの中に含める見解であった。すなわち、このグループの回答者は、「ない」と言わずに、「あってはならない」と主張するのである。例えば、ある母親は、「相手の文化も尊重するべきである」と言い、別の教師は、「相手の文化を受け入れ、理解する気持ちが大切だと思う」と述べる。彼ら／彼女らの見解は、規範的な公的ディスコースが説く文化相対主義と一致する。

第三の回答は、**「答えに迷う」**というもので、回答者がこの質問に対する答えに窮する状態を素直に表わしたものであった。しかし、この「答えに迷う」という回答では、それだけが単独で発せられたものは少なかった。このグループの回答者の多くは、「迷う」と言いながらも、「しかし、やはり文化間に優劣を付けてはいけない……」（教師）という第一もしくは第二の立場か、あるいは、「優劣がないとは言いきれない」（母親）というように、次の第四の立場の回答に移行していく場合がほとんどであったのである。

最後の**「文化間に優劣はある」**という見解をはじめからはっきり述べた者は少なかった。「食べ物に困っているような所に、文化はない」と言うひとりの企業理事と、「生きるだけで精一杯の発展途上国を見れば、彼らの文化は確かに遅れ、劣っているところがあると思う」と言うひとりの母親の声に止まったのである。

以上から、「文化間には、優劣がない」という見解が、今回の調査参加者の回答を支配していたことが分かる。「文化間に優劣があると思うか」という質問に対しては、ほぼ全員から、「文化に優劣がある」と答えることへのためらいの気持ちが強く表わされていたのが、際立った特徴であった。同時に、その回答の多くは、公的なディスコースで見た文化相対主義の考え方を、そのままコピーしたような内容になっていた。2章や4章で見たように、政策文書は「国際理解教育を進めていくに当たって、特に重要と考えられることは、多様な異文化の生活・習慣・価値観などについて、「どちらが正しく、どちらが誤っている」ということではなく、「違い」を「違い」として認識していく態度などを育成していくことである」（中央教育審議会　1996）と述べている。また研究者も「文化の違いを、良い―悪い、高い―低いといった観点で捉えるのではなく、あくまでもそれを尊重しようという文化相対主義の立場をとらなくてはならない」（新井　1997）という見解を繰り返してきた。従来の日本の異文化理解論や国際理解教育での公的なディスコースは、1章で見た「全ての文化には等しい価値がある」（テイラー 1992）という文化相対主義的見解を、ほとんど批判することなく支持してきたと言えよう。今回調査した海外日本人の多くからは、まさにこれら公的ディスコースと軸を一つにする見解が述べられたわけである。

しかし一方で、この「文化間の優劣を問う」質問に対しては、調査参加者にかなりためらいがあったことも事実である。「答えに迷った」という声が聞かれた数は、この質問に対する回答が、インタビュー全般を通しても大変多いものの一つであった。そこには、他の文化と日々接触している海外の文化仲介者たちの、文化相対主義に全面的に同意することに対する躊躇が認められる。非常に規範的な公的ディスコースと、海外文化仲介者による文化観のギャップが、垣間みられるのである。そのギャップは、次の質問をすることによって、さらに明らかになった。

2　全ての文化は平等に扱うべきか

文化相対主義について一般的な見解を聞いた先の質問とは異なり、「あなたは全ての文化は平等に扱われるべきだと考えるか」というここでの質問は、調査参加者自身の異文化に対する態度について聞いたものである。結果は、「(全て平等に扱うのは)難しい」と規範的言説に否定的な見解を述べる者が、「平等に扱いたい」と回答する者を大きく上回った。

まず、**「全ての文化を平等に扱うのは難しい」**という回答を考察すると、先の「文化間に優劣があると思うか」という一般的な質問に対しては「全ての文化は平等だ」と答えた多くの調査参加者が、自らの態度を問われる質問に対しては「自分自身のこととなると、全てを平等には扱えない」と見解を変化させていることが分かる。海外文化仲介者の規範的な言説に応答する一つの姿勢が、この二つの質問に対する答えの違いに表れていると言えよう。一般論では、公的なディスコースに表わされている規範的見解に同意できても、個人的な状況に基づく見解では、そうとは限らないのである。

さらにここでの回答を検討すると、調査参加者が異なる文化を平等に扱えるか否かには、二つの基準が想定されていることが分かってくる。その一つは、**対象となる文化が、自文化**(**日本文化**)**とどれくらい異なっているのか**という基準である。これは、「程度の問題だ」というフレーズが、このグループの回答者に多くみられたことに表れている。すなわち、「ある程度なら平等に扱えても、日本の文化と例えばイリアンジャヤのようにかけ離れた文化を平等に扱うのは、ちょっと難しいのではないですか」(教員)のように、「自文化(多くの場合は日本文化)との相違の程度がそれほどでもないと感じる場合は、自文化とその文化は平等に扱えるが、相違の程度が大き過ぎる場合はそうとも限らない」という見解なのである。「平等に扱えるか否か」の基準は、この場合、「自文化との相違の程度」だということになる。

「平等に扱えるか否か」の基準として挙げられたもう一つの物差しは、**対象となる文化が現在世界で優勢な文**

化に近いか否か、というものである。例えば、ある企業理事は、

> 国際的に通じやすい文化と通じにくい文化がある。例えば、イスラム圏で女性が顔を見せないが、これは国際的ではない。このような国際的ではない文化を、我われは平等に扱うことはできない。

と述べた。ここで言われる国際的な文化か否かという基準は、回答者から見た、世界でのマジョリティの文化であるか否かという言葉に置き換えられる。ある教員は、「より受け入れられているコアになる文化があるはずだから、それに合わせなくてはならない」とも答えた。これらの調査参加者によって述べられる、国際的な文化、コアになる文化という考え方の背後には、より影響力のある、言い換えると、より支配的な文化という概念が含まれている。

1章では、バーバが、テイラーの説く文化相対主義には、マジョリティとマイノリティの力関係についての分析が乏しい点を指摘し、批判したことを見た。また、テイラーの考え方では、あくまでマジョリティ側からマイノリティ側への理解を深めるという姿勢に偏り、その逆が困難であるとの指摘も行った。ここまで見てきたような海外文化仲介者の見解の多くは、まさにそのような傾向をもった文化相対主義であると言える。彼ら／彼女らは、表面上は、文化相対主義的な見解を受け入れ、あえて異議を唱える者は少ない。しかし、そこで考えられている異文化の許容範囲は、自らが判断を下す立場になった場合、先に見たように条件付であることが多かった。異文化を平等に扱えるかどうかは、その文化が自文化と似通ったものか否か、あるいは国際的、すなわちその時点での支配的な文化か否かという基準によって決められることが多いのである。規範的な文化相対主義は、そうなると、スローガンのみの、変革の力とはなり得ない言説になる可能性がある。そこには、ロウ（1996）の説く

ように、社会におけるマジョリティやマイノリティの、内部の不平等や力関係への分析の視点は弱く、逆に、現状を維持する道具として、文化相対主義が使われる可能性すら立ち上がってくる。

次に、「全ての文化は平等に扱うべきか」という質問に対するもう一つの代表的な回答、**「全ての文化は平等でありたい」**について考察したい。このグループの回答は、前節で見た規範的回答と類似しており、「人びとが作り上げたのが文化だとすれば、それは全部平等のはずだ。それを否定はできない」（母親）というような観念論的な見解が多い。また、「現実は別として、理想的には、平等でありたいと思う」（教員）、「全て平等だとは、私の希望的観測の答えです」（母親）のように、現実は違うかも知れないが、平等だと思いたいという願望が含まれているのが、その特徴である。これらの回答は、海外文化仲介者のディスコースの中から、規範的な見解を拭い去ることが難しいことを示している。ある母親は「現実は違うのだけれども、理想的には全ての文化は平等に扱うべきなのよ」と述べ、ひとりの教員は「何で日本人は、こうした問題では本音を言わないのか。優劣がない、平等だと言っているのは、うそですよ」と言明している。これらの声は、規範的見解に常に接する環境にいながらそれに異議を唱える機会の少ない、あるいはそれが意識に上りにくい文化仲介者の姿を示している。

多くの調査参加者が規範的な見解に縛られて、自らが現実に感じている文化間の違い、もっとはっきり言うならば、力のある文化や社会と、そうでない文化や社会の差異を直視できない傾向のあることを示した中、ひとりの母親が次のような指摘を行った。

> 理想的にはまったく平等であってほしいと思っても、現実は違う。それは、力関係が表れているのだと思う。力の強い国の文化が、やはり大手を振っているのです。

力関係という言葉をはっきりと口にしたのは、この質問においては、彼女ひとりであった。

本節は、多くの回答者が規範的なディスコースを繰り返していながら、現実には、文化相対主義をそのまま受け入れることは難しいとの実感を持っていることを示した。しかしその反面、文化相対主義は、社会での力関係に切りこむ視座を持っていないという、その問題点にまで言及できた者はわずかである。では、海外文化仲介者は、社会の中での差異や力関係について、いったいどのように捉えているのであろうか。本章の後半では、その点をさらに深めていくが、その前に、異文化理解における文化観のもう一つの公的な言説、文化多元主義について、海外文化仲介者がいかに捉えているかを、次節で検討する。

三　同化主義、文化多元主義、多文化主義

日本の海外・帰国子女教育や国際理解教育が先進的な事例として取り上げてきたアメリカにおいては、同化主義から文化多元主義、文化多元主義から多文化主義への流れがあること、一方国内では、同化主義的なアプローチもまだ広くみられる反面、国際理解教育における公的なディスコースでは、文化多元主義的アプローチが採られてきた背景があることを1章と2章でみた。本書の文化仲介者たちが、他の文化や、文化背景の異なる人と接する際に、公的なディスコースにみられるそれら多元主義的見解をどの程度受け入れているのか、あるいは、文化多元主義とは異なる考えを持っているのだろうか。それを調べるのが、本節の目的である。

調査の中では、文化多元主義や多文化主義をめぐる議論の数多くの論点に、限られた時間で触れることは難し

かった。また、このような研究に直接触れる機会の少ない調査参加者に、「文化多元主義について」と尋ねても抽象的で回答が難しいと思われたため、今回の研究では、「異なる文化や、異なる文化を持つ人びととどう接していくのがよいか」という問いを中心に調査参加者の見解を考察することにした。具体的には、日本への他民族の受け入れについての意見を聞いたのである。三節二項において調査参加者全員に対して行った一連の質問が、これに当たる。それらの質問に対する見解を考察する前に、まず、回答者が現在の日本社会をどう捉えているか、すなわちよく言われるように、「単一民族からなる国、社会である」と捉えているのか否かに対する見解を確認しておくことにする。

1　日本は、単一民族国家か

調査参加者の約半数の者が「単一民族だ」と答え、それに「どちらかと言えば単一民族だ」と答えた者を合わせると、三分の二の者は「日本は単一民族の国だ」と捉えているという結果が出た。「単一民族の国ではない」と答えた者は、全体の四分の一以下であった。

この「日本は、単一民族の国か」という質問に対する回答は、「はい、そうだ」、「そう思う」などのように短いものが多かった。はっきりと**「日本は単一民族の国だ」**と答えた者の中には、「日本ほど単一民族の国は世界中にないと思う」（企業理事）とか、「大昔は混血もあったが、それ以降は島国で混血がなかったので、単一民族だ」（企業理事）と補足的に説明した者もあった。日本は単一民族の国であるとはっきり言明する者には、企業理事が多い。一方、**「どちらかと言えば単一民族の国だ」**という見解には、「ごく少数の他民族がいるので」（母親）というように、日本人以外の他民族の存在を指摘しながらも、その数が極めて少ないことを理由にして、単一民族国家であることを肯定する声が多かった。

それとは反対の回答「日本は単一民族の国ではない」という見解のほとんどは、「アイヌや沖縄の人たちがいるので」（教員）という、日本の少数先住民族の存在を理由にしたものであった。この見解は、主に教員の間で支持されている。今回の調査参加者の中では、教員が、国内、特に学校での同和教育を中心とする人権教育の領域で、アイヌ、沖縄等の先住民問題に触れる機会が多いということが、その背景にあるのかも知れない。

二名から、他の調査参加者とまったく異なる回答があった。それは、「現実とは別に、日本人が日本社会を単一国家だと考えている」というものである。

> 日本人が、単一民族だという意識を持っている。（教員）
>
> 実際に単一民族なのでなく、日本人の捉え方が、単一民族的なのである。（教員）

これらの回答は、単一民族が事実か否かという視点から離れて、単一民族という言説の存在を指摘した点で注目できる。

日本には、外国人も居住している。また、一部の調査参加者も指摘したように、先住民とその文化がある。つまり、単一民族国家とは構築された言説なのである。ここで分かったことは、そうした実態にもかかわらず、海外文化仲介者の多くの者は、日本を単一民族からなる国だと捉えており、その言説が構築されたものだと指摘する者は少数に留まるということであった。

2　他民族の受け入れ

ここではまず、「日本に外国人や他民族の人を居住者として受け入れるべきだと思うか」という質問を行った。回答を三つに分類すると、「ある程度は受け入れるべきだ」が全体の四分の三を占め、残りの四分の一が「制限なしに受け入れるべき」だと答えた。「受け入れるべきではない」と答えた者は一名であった。インタビューでは、一人ひとりに、その回答の理由を聞いてみた。

「他民族をある程度は受け入れるべきだ」あるいは、**「制限無しにでも受け入れるべきだ」**と答えた調査参加者たちは、主に次の3つを理由に挙げた。最も多かったのは、企業理事を中心に出された「そうしないと国際社会で信頼されない、孤立する」という理由である。例えば、「国際的に孤立してしまう」（企業理事）、「日本がどの国の人からも尊敬を集め、好かれるためには、他民族との融合は欠かせない」（企業理事）という声である。次に、「受け入れないことは不可能だ」という内容の理由があった。「国際社会では、日本だけで生きていくことは不可能である」（教師）という意見がその代表的な声である。さらには、「他民族を受け入れれば、国際理解が早まる」という内容を理由にする者もあった。例えば、「いろいろな人間がいることを知ることが大事で、それが国際理解につながる」（教員）、「国際理解のためにも、いろいろな民族の人がいなければ前に進まない」（母親）、などという声である。これら三種類の「他民族受け入れの理由」は、かなり規範的である。

それに対し、「労働力の確保のために他民族を受け入れるべきである」という理由が数名によって挙げられた。「将来の人口減を考えると、海外から労働力を補う必要がある」（企業理事）、「肉体的にきつい仕事は、もう日本人にはできない。それをしたい外国人はいるのだから、彼らにしてもらうことは、彼らも幸せになるし日本も助かる」(母親)。これらの考え方は、先の三つの理由より具体的である。それは、単純労働に就く人口が減少し、高齢化が進む日本での労働力の確保という点から外国人を受け入れるという見解であり、規範的な要素は弱まってくる。

一名のみであったが、**「他民族は受け入れるべきでない」**と述べた者があった。その理由は、

> 単一民族である国と、オーストラリアのように多人種からなる国を比較すると、単一民族のほうがメリットがあると考える。単一民族であれば、民族間のトラブルがない、移民者のための英語プログラムのような余分な費用やコストがかからない。我われはもっと、多民族社会のデメリットを、考えるべきである。(教員)

多くの者が、規範的な理由で他民族の受け入れを肯定する中、この教員の見解は目立っていた。1章で見た反多文化主義の立場からの議論に「少数の他民族のためにマジョリティがそのコストを負担することは、問題なのではないか」という主張があったが、この教員の答えはまさにその内容と共鳴するのである。

しかし、ここで注意して考えたいことがある。他民族の受け入れに否定的な見解を述べた者はわずか一人であったが、それでは、本書で調査した海外文化仲介者の大部分が、文化多元主義、あるいは多文化主義的見解を持っているると見なしてしまってよいのかという点である。私はこの疑問に対して、これまでのような質問では調査参加者の本音に迫れないと考えた。そこで、次に挙げる幾つかの質問をインタビュー時に試みたのである。その糸口として、まず際立って回答数が多かった答え「ある程度は受け入れるべきだ」という見解の「ある程度」の意味を、まず聞くことにした。すなわち、ここまでのように「なぜ受け入れるのか」という理由を聞くのではな

く、ここからは、「なぜ、ある程度なのか」の「ある程度」という条件に焦点を当てて、インタビューを続けたのである。

「他民族の受け入れは、なぜ、ある程度という制限つきなのか」という質問に対する回答は、大きく分けると二種類あった。一つは、「物理的なキャパシティがない」という答えであり、もう一つは、「日本のアイデンティティ、日本のよさを残したい」という内容のものである。第一の**「日本は、他民族の受け入れには物理的なキャパシティがない」**という理由は、「日本は小さな国である」（教員）、「日本は狭い」（母親）、「日本には、オーストラリアのように土地がない」（教員）、と言った声に代表された。そのポイントは、日本の国土面積が狭いことが、「ある程度」という答えの自明の理由になるだろうという点にある。すなわち、物理的な面積の大小が理由の第一となり、他の要因、例えば人口に占める他民族の比率などは、この回答者たちの考慮には入ってこない。例えば、「日本は人口が多いので、かなりの他民族を受け入れても民族間の人口バランスは保たれるが、オーストラリアのように人口の少ない国ではそうもいかないので、逆に問題があるかも知れない」というような、面積以外の側面に言及した者は一人もいなかった。それは見方を変えると、「日本は島国で、狭い」という言説が、いかに広く行き渡り、人びとを縛っているかということを示しているとも言えよう。

「他民族の受け入れは、なぜ、ある程度という制限つきなのか」という質問に対するもう一つの理由、**「日本的なものは残したい」**は、さらに深い検討を必要とした。なぜなら、この理由は、「ある程度なら、他民族を受け入れてもよい」という見解の意味を考える際の手掛かりとなるからである。

私は、外国人をある程度は受け入れないといけないと思いますよ。ただ、それが例えば、日本人にとってそのアイ

デンティティを失うようなことにつながるのなら、受け入れるべきではないと思う。（企業理事）

日本は、一つの国として、いままでにいいものをたくさん残してきたと思う。だから、もしいくらかの外国の方を受け入れたとしても、もし、その方々がいい外国人だったらいいのですが、でも、多分途上国からの人が多いでしょうからね……。それは、ちょっと困るんです。（母親）

これらの声の言わんとするところは、「日本のよさは残すべきであり、そのためには、無制限に他民族や外国人を受け入れることはできない」ということに集約される。今回の調査では、調査参加者の半数以上からこのような見解が提出された。

こうしてみると、他民族の受け入れに否定的である者がひとりであったという結果が、見直しを迫られてくる。他民族の受け入れに本当は消極的な者が、実はもっと多いかも知れないからである。公的なディスコースと共鳴し合う規範的な見解は、ここでも、表面的には海外文化仲介者に大いに支持されていたように見えていたが、実際のところでは、かなり様相が異なっている可能性がある。私はここで、他民族の受け入れを表面的には支持しながらも、実際には消極的かも知れないこのグループの調査参加者に、次の質問を試みることにした。

その質問とは、「日本的なものを残しつつ、他民族を受け入れることは可能か」というものである。その結果、多くの者が、「日本的なものが失われるようでは困る」と述べ、「日本的なものが失われない範囲での受け入れをすべきである」と主張した。また、中には「日本的なものは、他民族を受け入れても変わらないので、それは可能である」との見解もあった。「日本的なものが変化しても構わない」と答えた者は少数だったのである。

最も多かった**「日本的なものが失われない範囲での受け入れをすべきである」**と答えた者たちは、同時に「日本的なものは、やはり守らなければならない」とも答えている。それは言い換えると、「(中身が何であるかは別にして）日本的なものが保たれる範囲で他民族を受け入れる」という見解を、ここで表明したことになる。これらの回答は様々な表現でなされたが、その一つに、「郷に入れば郷に従うという考えが大切である」(企業理事)という表現が挙げられる。この表現は企業理事、教員、母親の全てのグループによって用いられた。その言わんとするところは、日本にくる外国人は、日本に合わせるべきだというものである。4章では、公的なディスコースにおいて、国内の外国人やその児童に関しては、いまだに同化主義的アプローチが主流であることを見た。政策文書ばかりではなく、海外文化仲介者の間でも、同化主義的発想は根強く支持されていることを、この結果は示している。

このグループの他の特徴として、次のものがあった。

　野放図は困る。秩序が乱れる。(企業理事)

　全てを変えると、日本人の心がどうなってしまうのかと不安である。(教員)

すなわち、彼らは、彼らの想定する日本が変化することは困ると考えて、あるいは変化することに抵抗を感じているのである。しかし同時に、このような見解を述べる者は、次のようにも述べている。

　日本人の歴史は大切にしたい。何とも勝手な言い分だが。(教員)

　日本人の慎み深い点、やさしさなどは、さっき言ったことと矛盾するようだが、失いたくはない。(母親)

ここには、自らが、他民族は受け入れるべきだという規範的な言説からは逸脱してきていることを認める、ある種の言い訳が表明されている。そして、さらに次のようにも主張する。

日本人の血というか、ここだけは譲れないという部分がある。（母親）

日本国民として、本質的なものは大事にしなくてはならない。（教員）

これは、一番大切なことでして、日本国民として本質的なことは大事にしなくてはならない。あえて、日本の本質的なものまで捨てて交流する必要はない。全てを変えていくのであれば、日本国民の魂がどうなるのかと思う（教員）

つまりこのグループの多くの者からは、文化本質主義的な見解が出されたと言えるのである。

以上は、本研究における海外文化仲介者たちが、文化多元主義を表面的には標榜しながらも、マジョリティとしての日本人性を失うことには強い警戒感を抱いていること、そして、それを支えるものとして文化を本質的にみる視点が存在することを示すことになった。本書の前半では、反多文化主義が、多文化主義を国や社会の統一性を脅かすものと懸念して、それを批判したことを、また、現在の日本の異文化（理解）主義が、多文化主義には一線を引く傾向があることを指摘した。両者に共通するものは、支配的なマジョリティの文化がその優位性を喪失することへの抵抗感が認められることである。この三節の結果から分かることは、かなり多くの海外文化仲介者が、反多文化主義的な見解に同意していることである。そして、その見解を支えるものの一つに、文化本質主義がある。

最後に、少数ながら、「他民族を受け入れることによって、日本が変化しても構わない」と答えたグループの回答を見ておこう。

> 日本的なものを残しておかなくてはならないとか、日本的なものが崩れるから他民族は入れないとは、私は考えない。消えるものは自然に消えるし、残るものは残る。それは、他民族との接触に限らず、日本人の中だけでも同じではないか。日本的なものでも、本当に必要がなくなればなくなってもいいし、私はそれでいいと思う。（母親）
>
> やはり、守りたいとか、古くからのものを壊されるという恐怖感は、多くの人びとにすごく強いと思う。そこには、非常に葛藤があるはずだ。でも、私は、それを乗り越えていかなくてはならないと思う。（母親）

最後の母親の見解は、他民族を受け入れる過程で生じる葛藤を自覚的に把握した数少ない回答であった。それは、他の多くの回答が、「オーストラリアでは、本当に多民族が調和して生活をしている」（教員）、「マレーシアでは、多民族の方々が私たちを暖かく受け入れてくれる」（母親）のように、コンフリクト・フリーのディスコースを表明する中で、特に目立った。さらに、ここで挙げた二つの見解は、「変わらない、本質的なものが文化や社会にある」という考えから一定の距離がある点を指摘できる。この本質主義からの解放という視点は重要であろう。

同時に、これらの声が母親のグループから発せられたことを、再び指摘しておきたい。今回の調査では、母親グループの調査参加者のみが、「どうしても守らないものがあると思うほど、日本がそんなに素敵な国とは思わない」、「私は、日本は息苦しいところだと思う」と、日本への違和感をためらいもなく表明したのである。このような見解が、なぜ、母親グループを中心に出てくるのか、そして、それと文化本質主義との関係はどうなっているのか。この問いは次節以降で考察する課題の一つとなる。

四　文化本質主義Ⅰ——日本人論について

公的なディスコースでは、国際理解教育の重要な目標の一つに、日本人としてのアイデンティティの確立が説かれていること、また、日本を日本以外の異文化を持つ国と比較して、その特異性を議論する言説が頻出することなどを4章で指摘した。一方ここまで見たように、本書における海外文化仲介者たちは、それらの公的なディスコースと表面上は共鳴する見解を述べる場合が多い。吉野（1997）は、日本人論と呼ばれる言説が、文化仲介者に多くの読者を得てきたことを分析している。日本人論は、「日本は世界の中でも、独特の文化・社会をもった国である」という文化本質主義的な見解が、繰り返し説かれているディスコースである。本書の海外文化仲介者たちの見解と、これら日本人論で説かれる言説は、多くの点で共通するのである。そこで本節では、海外文化仲介者の間で、日本人論で説かれるような見解がどのように受け止められているか、あるいは、どのように形成されているのかを検討することにした。海外文化仲介者は、どこまで日本は独特であるという日本人論を受け入れているのか、彼ら／彼女らの言う日本人、日本社会、日本文化の特質とは何なのか、彼ら／彼女らはどのようにして自らの日本人論を構築してきたのか、などを問うたのである。そして、これらの問いを通じ、海外文化仲介者にみられる規範的な言説の形成について、その背景を探ろうとしたのである。

1 日本社会の中にある差異と共通性

最初の「日本では、社会の中のいろいろな差異よりも、全体として共通する文化のほうをより強く感じるか」という質問に対しては、ほとんどの者が、「そう思う」、「だいたいそう思う」と答えた。「あまりそう思わない」と回答したのは、三名のみであった。すなわち、調査参加者のほとんどは、**「日本社会の中では、差異よりも、共通性のほうを強く感じる」**わけである。

2 日本人の特徴とは

続いて行った「日本人の特徴だと思うものがあれば挙げてください」という問いかけには、ほぼ全員が幾つかの特徴をすらすらと挙げた。「なかなか思いつかない」（企業理事）、「他の国との比較と言っても、いろいろな国があるので、難しい質問だ」（企業理事）などと答えたのは、二名の企業理事のみであった。挙げられた主なものをここで列挙すると、

「閉鎖的」、「語学力が弱い」、「外国語が下手」、「自己主張が下手」、「几帳面」、「集団行動を好む」、「独創性に欠ける」、「勤勉」、「長いものには巻かれる」、「画一的」、「礼儀正しい」、「おとなしい」、「曖昧な表現を好む」、「排他的」、「自己中心的」、「和を大切にする」、「異常にきれい好き」

などである。

日本人をマイナスに捉える特徴が、プラスに捉える特徴よりかなり多いことが分かる。また、4章において、公的なディスコースに見られた日本人の特徴と、これら海外日本人が挙げた日本人の特徴が酷似していることにも気づく。

3　日本人論とその一般化

次に、「先に挙げた日本人の特徴は、日本人全体に当てはまりますか」という質問をしてみた。それに対しては、多くの者が「そう思う」と答え、**「通常日本人の特徴と言われるものは、日本人全体に共通の特徴である」**との見解を述べた。約四分の一の者が、「若い世代の日本人は、異なるかも知れない」と答えたが、その半数は、「それでも、大体の日本人は（先に挙げた）日本人の特徴に当てはまる」（教員）のように答え、はっきりと「年齢や世代によって異なる」と言い切った者は少数に留まった。

代表的な回答を挙げると、「これ（先に挙げた特徴）に当てはまるのが、日本人だ」（企業理事）、「これこそが、正しい日本人だ」（教員）のように、先に挙げられた日本人像を、正真の、そしてあるべき姿だと捉える回答が目立った。また、「いまの若い連中の変な者や風俗を、私は日本文化とは思わない」（企業理事）、「私は、日本人は、このような特徴を持った人であってほしい」（教員）、「この範疇に入らない日本人は、日本人として認めない」（企業理事）のように、変化に気づいてはいるがそれを認めたくない、あるいは、自らの期待する日本人の姿を現実の日本人像に置き換えて回答している者もあった。ある企業理事はその考えを進めて、「その枠から外れる日本人は、日本にはおらず国外に脱出したりする」とまで述べたのである。

これらは、海外文化仲介者の間に、「日本人とは、こういう特徴を持った人間だ」というかなり固定化された、本質的な日本人像が存在することを示している。そしてそれは、自らが構築した範疇に入らない日本人の存在と出会う機会があっても、その多様性を否定してしまう程に、強い言説となっているのである。カルホーン(1993)は、ナショナリズムにおける本質主義は、集団を構成するメンバー間に存在する差異や異質性を抑圧し、本質的なもの、純正なものを志向するとの指摘を行ったが(1章)、まさにそれと同じ性質の議論が、ここで展開されているのだと言えよう。

前述のように、若干の者が「先に挙げられた日本人像は、全ての日本人には当てはまらないのではないか」との見解を支持した。ある母親は、「私たちくらいから上の世代は、大体同じだと思うけれど、若い人は分かりません」と言い、別の母親は「最近の十代の人については、分からない」と述べたのである。それらの回答に共通したのは、「自分より若い人たちは、違うかも知れない、分からない」という見解であった。これは、一部の海外文化仲介者の間では、「若い世代が、従来の日本人像に当てはまらない」人たちの存在として、意識されていることを示している。

4　比較の対象

「先に挙げられた日本人の特徴は、日本人を誰と比べて思い浮かべたのか」という質問に対しては、次の三種類の回答が、ほぼ同数の回答者を得た。その第一は「日本人の特徴は、どこの人と比較しても、日本人の特徴と言える」というもの、第二は「いままでの自らの体験から考えた」というもの、第三は「欧米、アメリカと比べた」というものである。

第一グループの、**「どこの国の人と比べても、日本人の特徴と言われるものは変わらない」**という見解は、「日本以外の国と比べると、このようになる」（教員）、「これらが日本人の特徴だと思って間違いない」（企業理事）といった声に代表される。中には「世界中のどこと比べてもそうだ」（企業理事）と、繰り返し強く主張する者もあった。

第二グループは、**「いままでの体験、すなわち自らが接してきた周りの人との比較から考えた」**という見解を述べた者たちである。実際、「こちら（オーストラリア）に来て、生活してみてそう思った」（教員）、「自分の周りにいるマレーシア人と比べてそう思った」（母親）のように、自分の体験の範囲で判断したという声は、多くの調査参加者から出された。私はこの第二グループの調査参加者を中心に、「では、他の国の人と比べると、先の日本人の特徴は変わるかも知れませんね」と質問を返してみたところ、「そうかも知れない」、「分からない」、「いや、どこと比べても同じだろう」という三種類の回答が返ってきた。

第二グループの回答には、「日本にいた時から、先の特徴を日本人の特徴だと考えていた」（教員）というものが数例あった。私はそれらの回答者に対して、「日本人を他の人びとと比べずに、なぜそれらが日本人の特徴と言えるのか」という質問を試みたが、回答は、「他の人と比べたら、変わるかも知れない」、「分からない」、「いや、比べなくても日本人の特徴は変わらない」のやはり三種類になった。インタビューでは、最後の回答「どこと比べても（比べなくても）、日本人の特徴と言われているものは変わらない」を述べた者に、「なぜそう思うか」と、繰り返し問うてみた。しかし、何回聞き直してみても同じ答えしか返ってこなかったので、次の質問に移ったことを覚えている。

第三のグループは、「欧米人との比較で答えた」（企業理事）、「アメリカ人と比べた」（教員）のように、**比較の対象を特定してそれに言及した**人たちである。中には、すぐには回答ができず、しばらく考えてから「先進国が目の前に浮かぶ」（母親）というように、自らの回答を振り返ることによって、比較の対象を確認できた例もあった。

以上、回答を三つのカテゴリーに分けたが、そこには次のような二つの傾向がみられることが分かった。その第一は、回答が、国単位の表現でなされることが多いことである。

> 中国人は、移民への抵抗がない。しかし日本人は違う。イギリス人は、人付き合いではじめ壁を感じるが、オーストラリア人はそうでもない。（企業理事）

この回答のように、「何々人はどう、何々人はこう」という、国名が頻繁に登場する回答が多かった。戴（1999）は、文化本質主義の問題点として、様々な異なる文化が陳列されるだけであると指摘したが、確かにそれと同様の、いわゆる各国人の批評が繰り広げられる場合が多かったのである。

第二の傾向は、何人もの回答者がインタビューの途中で考え込み、そして自らの回答をインタビューの中で、変化させていったことである。「このような質問は、はじめて考えました」と答えた者が七名、そして、「先（四節2項）の回答は、変わるかも知れない」と答えた者が九名いた。以下は、それを典型的に示す母親の回答例である。

母親：やはり、アメリカ人を意識して答えました。なぜ、アメリカなのでしょうね。
筆者：ということは、もし、韓国や中国の人と比べると、答えが変わるかも知れないということですか？
母親：そうですね。イメージとして、どうしても、白人系のイメージがあって、それと比べてしまう。何故なんでしょう？　以前から、そういう（白人の）イメージがあって、それと比べてしまう。だから、もし中国に行ってみたら、中国人は日本人と同じだと思うかも知れませんね。

吉野（1997）も、国内での文化仲介者に対する調査の中で、「他文化を知らないで、なぜ日本的な特徴が分かるのか」という調査者の問いに、ある学校の管理職が「そう言われてみると、やはり読んだものに考え方が左右されているのですね」と答える様子を紹介している。本調査でも、ここでの母親のように、従来の考え方への疑問や戸惑いを言い表す例が、幾つも見られた。

ローゼンズ（1994）は、グループに属するとの概念を人びとが作るためには、一般化された外部者の存在があればよいと述べている。本書で見られた海外文化仲介者の多くの回答は、まさにこの範疇に入る。彼ら／彼女らにとっては、日本人がそれ以外の人びとと異なっていること自体が重要なのである。私がその見解の根拠などを質問し、インタビューで対話を続けていくと、先の母親のように疑問を表明し、答えを変えた人もいた。しかし、自らの持つ固定的な日本人像が変化することに抵抗し、自らの見解を変えたくない人たちもいる。ある企業理事は、「しかし、僕自身には、日本人は日本人であり続けたいという気持ちがあるのです」と述べる。その声は、日本人特殊論がなぜ文化仲介者に深く根を下ろしているか、その理由を、如実に示したものだと言えよう。実際、インタビューの中で、一旦でき上がった本質的な日本人像を変えたくない、変えられたくないという何人もの調査参加者に遭遇したのである。

5　日本人論の変化

本節最後の質問は、「先に挙げた日本人の特徴は、今後も変わらないと思うか」という、調査参加者が、四節2項で挙げた日本人の特徴をどれくらい根強いものと捉えているかを調べるものであった。先の質問が、調査参加者が日本人の特質の多様性にどれくらい敏感であるかを聞いた質問だとすれば、ここでの質問は、調査参加者が、日本人の特質の時間的な変化にどれくらい敏感かを調べる質問であるとも捉えられる。回答は、「変わらない、変わりにくい」という内容のものと、「変わっていく」という内容のものに二分された。

「日本人の特徴は、これからも変わらない、変わりにくい」という内容の回答をした者は、「これら（先の日本人の特質）は、ずっと長く、また、これからも日本人の特徴だと思う」（母親）、「とても根強いと思う」（企業理事）、「日本語に敬語がある限り、変わらない」（母親）というように、日本人の特質を、固定的で変化のない本質的なものと捉えている。

それに対して、**「日本人の特徴といわれるものも、これからは変化する」**と答えた数名のグループには、「これだけ海外との接触があるのだから、徐々に変わると思う」（企業理事）、「一〇年前といまとは違う。だから、変わらざるを得ないと思う」（教師）のように、少しずつ変わっていくと答えた者が見られた。しかし中には、「過去とこれからでは変化のスピードが違う。急速なグローバル化の中では、過去は参考にならない。変わると思う」（企業理事）と、かなり速いテンポでの変化を予想する者もいた。

結果として、何人かの調査参加者は、日本人の特徴と言われているものも時代とともに変わっていくのではないかという見解、すなわち、日本人の特徴と見なされているものを、いつまでも続く強固なものとは捉えない見解をもっていることが分かった。これは、他の見解が、日本人の特徴を揺らぎのない固定的なものとして捉えていることと相反する。少数ではあったが、この年齢や世代の違いという要因による日本人の特徴の差異性が指摘されたことは、留意しておく必要があろう。

本節では、海外文化仲介者が、日本人の特質をどのように捉えているかをみることによって、彼らの考えに潜む文化本質主義的思考について考察してきた。全体の結果としては、多くの海外文化仲介者が、公的な言説と同様の日本人特殊論を展開、再生産していることが明らかになった。マオアと杉本（1986；1995）が指摘したように、これらの日本人特殊論は、限られた例を一般化し、日本社会を特定のイメージ化された外部世界とのみ比較し、日本を常に一枚岩的にしか見なさない考察の上に成り立っている。ソラーズ（1989）は、自然発生的かつ永続的と見なされているエスニシティ概念の多くが、実は、ある歴史的な状況の中で、他民族との動的な交渉や文化内の混合性に目を向けることなく創出されたものであると述べている。本節で見た「日本人は、他国の人びととは歴史的かつ本質的に異なる特性を持つ国民だ」と捉えている多くのディスコースは、それがまさに同じように創出されたものであるという一面を示していると言えよう。

五　文化本質主義II――根無し草について

海外文化仲介者たちのディスコースにおける文化本質主義を別の角度から考察するため、次に、調査参加者が日本人の「根無し草性」についてどう捉えているかに焦点を当てる。

文部省の月刊誌『文部時報』が、一九九九年の一月号で、「二一世紀を見据えた海外子女・帰国子女教育」という特集を組んだ。「帰国子女教育の未来像」という論文の「国際人を育てる」という節の一部を要約すると、次のような意見が述べられている。

あるアメリカからの帰国子女が、アメリカへ「帰る」と言った。裏切られたとまでは言わないが、快く別れられなかった。教育の目的が曖昧であれば「境界人（マージナル・マン）」を育てることになってしまう。アイデンティティの確立を困難にするというのが、教師の抱く不安である。（児島　1999：26）

彼が述べているのは、日本での海外・帰国子女教育、国際理解教育では広く知られている言説、日本人としてのアイデンティティをしっかり持った上で、国際的感覚を身に着けた人材を育成すべきだという見解である。彼は、特性伸張教育も、自他の国籍や民族性を無視したり軽視しては意味がなく、マージナル・マンを育てることになると危惧するのである。そのような人間を、従来の海外・帰国子女教育、国際理解教育で広く見られた言説では「根無し草」と呼び、望ましくないものとして否定的に捉えてきた（1章）。

根無し草性は、文化本質主義的な見解とは、対立する概念である。私がかつて行った調査（1995—1997）でも、根無し性は、好ましくないものとして否定的に捉えられていた。海外文化仲介者たちは、この根無し草性をどう捉えているのだろうか。根無し草は、いまだに否定的に捉えられているのであろうか。異文化間を往復し、まさに渦中にある調査参加者たちにその質問をすることによって、彼ら／彼女らの文化本質主義がどのくらい揺すぶられているかを調べてみたのが、本節の問いである。

1　海外日本人の多様性

最初の質問は、「海外に出て、日本に帰らなくなってしまった者や、海外と日本を行ったり来たりする若者が増えてきていますが、どう思いますか」というものであった。多くの者が、「いいのではないか」と答えたが、その内容には幅がある。

「大賛成」（企業理事）、「どんどんそうすべきだ」（教師）というように、条件なしで賛成した者が半数近くいた一方、「仕方がない」（企業理事）、「そういう時代になると思う」（教師）のように、「時代が変わってきたので受け入れざるを得ない」と消極的にそうした生き方を是認する者もいた。また、条件付きで賛成した者もいた。「英語圏だったらいいのではないか」（企業理事）、「女の子の場合だったら構わない」（母親）などの声である。

以上に対して、はっきりと、そうした根無し草的な生き方に抵抗を示す回答が数例あった。

ある程度、国内の路線（やり方）に乗せないといけないと思う。（企業理事）

現地校では、日本社会での人間関係が養えない。そこで育つと、日本では適応できず、就職しても人間関係とかができないのではないか。（教員）

親としては、日本人であってほしい。（母親）

全体の結果としては、日本と海外を行ったり来たりする、あるいは子どもを含め日本へ帰国しなくなってしまう人たちが増えている現象について、一部の否定的な見解を除くと、調査参加者の間ではかなり肯定的に捉えられていることが判明した。海外文化仲介者の周りでは、国境を越えた人の動きが日常的にみられること、日本人に限ってみてもそのような子どもや若者たちが増えていることが、彼ら／彼女らに、そのような考え方を受け入れさせる要因になっていると考えられる。

2　いわゆる「根無し草」について

次に、海外文化仲介者たちが、「根無し草」一般についてはどのように考えているのかを調べることにした。ここでの質問は、「それらの人びとは、いわゆる根無し草だと思うか。そして、根無し草についてはどう思うか」である。回答は、根無し草を肯定する者、否定的に捉える者、そして、インタビューのはじめでは否定的に捉えていたのが、応答を進めていくうちに肯定的に捉えるようになった者の三種類に分かれた。

まず、**根無し草を肯定する見解**である。

日本人だからと言って、日本の文化を完全に分かっている必要はないと思う。（企業理事）

根無し草という呼び方からしてマイナス的な受け取り方だ。私は、行ったり来りすることによるプラスの面を評価したい。（教員）

これらの声は、根無し草を否定的に捉える従来の見解に疑問を感じ、それを肯定的に捉え直そうとする姿勢を示したものである。また、根無し草を否定的に捉えるこれまでの言説、例えば、政策文書などに批判を述べる者もいた。ある企業理事は、「このような問題は、文部省の考えることではなくて、親の考えることだ」と述べ、別の企業理事は、「日本にしか住んだことのない人たちが、根無し草はだめだなんて言うのではないか」と述べる。彼らは、「国民としてのアイデンティティを確立せよ」という従来の、特に公的な言説に疑問を持っているのである。「日本人のアイデンティティではなくて、その個人としてのアイデンティティができればそれでよい」（企業理事）という声がそれを表わしている。これらのはっきりとした根無し草肯定論は、企業理事から多く表明されたのも特徴であった。

次は、**根無し草を否定的に捉える見解**である。これには、二種類のタイプが見られた。はじめのタイプは、教員の中に多くみられる「まず日本人であることを意識しておくことは、大事なことだと思う」（教員）、「ナショナリティ、自分の籍のあるところを大切にしなくてはいけないと思う」（教員）などの声である。主に教員から出された根無し草を否定的に捉える見解は、政策文書等の見解をそのまま言い直したような内容にもなっている。

それに対して、親の立場から、主に母親、そして父親としての見解を示した企業理事の中からも、根無し草に抵抗を示す見解が幾つか見出された。

> 子供たちの世代と、同じものを美しいと思える感性、同じものを共有できない子供を持つことは、自分にはつらい。さびしい。（母親）
>
> 日本人のアイデンティティが何かは分からない。でも、子供とは自然に通じ合うものを持っていないと、親としては悲しいなと思う。（母親）

自分の息子とは、日本語で行間まで分かり合いたい。（企業理事）

ここに表明されているのは、一般的な根無し草に対する見解ではなくて、自らの子どもに対する親としての心情を吐露したものと捉えるべきであろう。実際、先の母親のひとりは、そのように述べたのち、「私の言っていることは、全然国際的ではないのでしょうが」との言い訳を付け加えている。今回の調査参加者の多くは、海外子女の親たちでもある。彼ら／彼女らは、時代の流れとして、グローバリゼーションと国際化の中で、これからの子供たちが、ますます根無し草的になっていくこと、また、その流れを止められないことを感じている。しかし、だからこそ「さびしい」、「かなしい」、「自分の子供とは、何とか共通の文化を共有したい」と、親として揺れる気持ちを表現しているのである。

ただし、全ての母親が、上記のような見解を示したわけではなかった。次の二例は、母親グループの中の、根無し草を肯定的に捉える声である。

本人が望むなら、日本以外の国に永住しても構わない。

そのようなことは、子供自身が考えればいいと思う。例え両親が日本人で、日本にずっと住んでいるからといって、日本人のアイデンティティが、その子供に確立しているかどうかは分からない。片親が外人だからと言って、日本人のアイデンティティが半分だとも思わない。子供自身が、自分で摑み取っていくものだと思う。だから、お上の方がアイデンティティの確立がどうのこうのと、人に対して言うべきではない。

子供を独立した人格と見なそうとする親の気持ちが、これらの見解には読み取れる。先に見た、子どもと自らとの距離が広がることに抵抗を示した回答とは、対照的とも見える見解である。しかし、では、根無し草を肯定する親と否定する親の二種類の親がいるのだとは、私は考えない。ここで見られた、「親として子供と繋がっていたい」という気持ちと、「子供が自分で成長していってほしい」と願う気持ちは、相反するものとして捉えるよりも、親の気持ちの両面性を表したものと理解するべきだと考えるのである。

第三のグループは、**根無し草を否定する見解が、インタビューの途中から肯定派に変わっていった**グループである。これは、特に教員に多く見られた。このグループは、先の母親たちが親としての心情を表明したのに対して、インタビューのはじめでは、規範的な見解から回答をしようとした点にも特徴がある。ある教員は、「日本人としての基本は持っていてほしい。でも、オーストラリアに来て、日本人って何なんだろうと思い始めた」と述べる。

次の教員は、その辺りの見解の変化を詳しく語ってくれた。

> こちらに赴任する前、文部省の方も強く言われていました。日本の文化を海外の子供たちにも伝えるのだと。私も、日本人として赴任するのだと、使命感を感じていました。でも、そのうちに、日本人のアイデンティティとは何かと悩み始めたのです。私自身が分からないのです。こちらで、両親の国籍も違い、さらに移民してきた子供たちがたくましく生きている。すごいなって思うのです。だから、いかに自分が狭い視野でものを考えてきたかということを、強く感じるわけです。

ここには、この教員の考え方の変遷が鮮やかに語られている。今回のインタビュー調査では、多くの教員が質問に対して、規範的で、かつ公的な言説をそのまま写し取ったような回答を述べることが多かった。それはそれで、教員グループの特色として興味深いものであったが、企業理事や母親の中にみられた、自らの具体的な体験からの率直な見解を語る者と比較して、若干のもどかしさを感じながらインタビューをしていたのも事実である。ところが、この「根無し草」についての質問に対しては、何人かの教員が、規範的な公的言説に対する疑問をはっきりと表明したのである。ある教員は、調査者である私に、逆に教えてほしいと、次の質問をしてきた。

私のほうが聞きたいのです。日本人のアイデンティティのように、何かコアになるようなものは、本当にあったほうがいいのですか?

これは、予期していない質問であった。と同時に、私にとって、この研究におけるインタビューの機会の意義を再認識させてくれるものともなった。これらの教員のような、インタビューの実施中に答えを変えていった第三グループの声は、文化本質主義を奉じながらも、自らの海外体験によって、それに疑問を感じざるを得なくなった様子を示したのである。本項の結果をみる限り、従来の言説「根無し草を育ててはならない」は、多くの海外文化仲介者によって、疑義を突き付けられ始めたディスコースだと言えよう。そこには、異文化理解に関する規範的な公的ディスコースと、海外文化仲介者によるディスコースの間における、重要なギャップが立ち上がってきているのである。

ホール(1996)やアパデュライ(1996)が述べたように、グローバリゼーションが進む現在、ディアスポラ的な経験を持つ人びとの数は、増加の一途を辿っている。ディアスポラ的経験は、我われの生活の中に急速に比重を増し始めているのである。そのような状況にもかかわらず、これまでの日本の国際理解教育では、「根無し草のような人間を育ててはならない」と、ディアスポラによって引き起こされる現象を否定的に捉える見解が生産され続けてきた（４章）。それを支える重要な理論的枠組みの一つが、前節で見た「日本人は独特であり、同質的である」という日本人論である。そこには、バーバ（1994）やR・ヤング（1995）が述べたような、ハイブリッド性の意義を認めるという姿勢は見当たりにくい。よって、帰国子女や外国人児童の持つ異文化体験等は、確固とした日本人としてのアイデンティティに対しての、副次的な要素として取り扱われることになる。すなわち、コアとなっている日本人性とそのアイデンティティを脅かすことはないという前提で、あるいは、脅かしてはならないという前提に立った上で、多くの異文化理解が語られてきたのである。

一九九〇年代の初頭に、グッドマンは、「日本の海外・帰国子女教育はある種のエリート再生産過程である」と論じた。２章でみた、海外・帰国子女教育の歴史は、それが全てとは言えないまでも、グッドマンの主張を裏付ける一面をもっている。文化本質主義に基づく異文化（理解）主義からは、社会の中の力関係に疑義を突き付け、それを揺さぶっていくような視点は生まれにくい。一九九〇年代以降活発となった国際理解教育においても、同じ構造の問題を含んだままでの展開がみられる。そして、本書で見てきた海外日本人文化仲介者の多くは、ここまでのインタビュー結果が示すように、そうした公的な言説の影響下にいるのである。

しかし、本項でみた「根無し草」言説に関しては、多くの調査参加者が公的な言説とは異なるディスコースを表明し始めていることが分かった。彼ら／彼女らの周囲の状況が、根無し草を簡単には否定させないからであろう。ここに、文化仲介者としての海外日本人の、公的な言説からの離脱の萌芽がみられるのである。根無し草をめぐる議論は、国や文化の境を超えて移動する人たちの増加がもたらした議論の一つである。それは、文化本質主義に支えられたディスコースを脱構築するための一つの契機になる可能性を持っている点で重要であると言えよう。

ただ、同時に私は、海外という異文化のみが、文化や社会の多様性や差異性に人びとの関心を向け、自らの文化観を脱構築していく契機になることに疑問を感じる。1章で見たように、文化多元主義的なアプローチでは、対象となる集団内部での差異が顕在化せず、様々な異なる文化が陳列されてしまうだけに終わる危険性があるからである。日本の海外・帰国子女教育や国際理解教育は、これまでに見てきたように、この規範的な多元主義的アプローチを範として実施されてきた。そこには、ロウ（1996）が言うように、異文化が強調される反面、日本文化や社会内部の差異に目を向ける視点は乏しい。政策をはじめとする公的なディスコースがその差異性に言及することは、ほとんどなかったと言ってよい。それに対して、文化仲介者である海外日本人はどのように反応しているのであろうか。次節では、公的なディスコースが触れていない問題についての調査参加者の見解を調べる。

六　男女の差異

海外文化仲介者は、日本社会の中での差異性をどの程度感じており、かつどう捉えているのであろうか。それを考察するのが、本節である。事前の質問紙調査では、調査参加者が強く感じる日本社会内での差異として、学歴による違い、男女による違いの二つが、職種、収入、家柄、居住地域などの他の違いよりも際立って多く挙げられていた。学歴による違いをテーマにした研究はすでに教育社会学研究等に多くあり、先述のグッドマンの研究でも触れられている。そこで本書では、男女の差異に焦点を絞って、取り上げることにした。男女の差異を取り上げた理由の一つには、私が関わってきた帰国母親グループの、「男性には、私たち母親の問題が見えていない」という声がその背景にある。また、すでに触れてきたように、「海外・帰国子女教育では、男子と女子では、その対応が異なる」という声が、海外や国内の関係者の間からよく出されるということも、男女の差異を取り上げることにつながった。公的なディスコースではほとんど取り上げられてこなかった反面、海外日本人の間では常識化しているこの事象を材料にして、文化仲介者の、日本社会における男女の差異性についての見解にアプローチを試みたのである。

1　日本社会の中での男女の差異

「日本の社会の中で、男女の差異をどのように感じるか」という質問に対する回答は、次の三種類に大別された。「日本社会には男女の差異はあるが、それを社会の問題とは思わない」というグループ、「よく分からない」とするグループ、そして、「男女の差異があり、それは問題だ」と捉えるグループである。

はじめの**「日本社会には男女の差異はあるが、それを社会の問題とは思わない」**という声は、企業理事から多く出された。

確かに、男女差別はある。しかし女性がそれに甘んじている。女性ももっと努力しなければならない。（企業理事）

（差別は）あると思うが仕方がない。女性には体力がない。夜中の三、四時まで、我われと同じように働かせられない。（企業理事）

これらの声に表されているのは、日本での男女差別が、女性側の態度や体力の問題だとされる一方、男性側や社会の問題とは捉えられていないという点である。その他にも、「女性の地位向上は、女性ががんばって勝ち取るもの」と言いながら、「でも女性は美しくやさしくあってほしい」（企業理事）、「男女差別はあると思うが、女性は子供を産む。そのブランクは仕事の効率に差し障る。それに女性にしかできない仕事もある」（企業理事）というように、女性をある枠の中でのみ考えようとする見解もあった。

しかし、全ての企業理事が以上のような見解に立つとは限らない。「自らが性差別を受けた経験がないから分からないが、女性の立場になれば考えが変わるかも知れない」（企業理事）、「日本の男社会は変わっていくべきだ。そのためには、長時間労働を減らしていくなど、社会制度を変える必要がある」（企業理事）。これらの声は、あとで見る最後のグループの声と重なり合うものである。

第二のグループの声は、**「よく分からない」**あるいは**「あまり男女の差異を感じない」**というものであり、その多くは、教員、そして母親の一部から出されていた。

現在は、女性も強くなったので、差異はあまり感じなくなった。（教員）

私は女性だけの職場であったし、あまり感じなかった。（母親）

このグループの声には、二つの傾向がみられる。一つは、近年の女性の地位向上を挙げて、差異はなくなってきていると述べる者が相当いることである。「最近は社会の中での女性の力も強くなったと思う」（母親）などという見解が、その例である。もう一つの傾向は、「教師では、女も男も差はない」（教員）、「私の職場では、あまり感じなかった」（母親）のように、「回答者の環境によってはあまり感じなかった」という、個人的感想からの見解を述べる者が多かったことである。教員の世界では、女性教員の占める比率が小学校で約六割、中学校で約四割となっている（文部省　2000）。教師たちの多くが、男女の差をあまり感じないと答えた背景には、この職場の男女比率も影響していると考えられる。また、今回の調査対象の母親たちは、経済的に安定している専業主婦であり、結婚後は働いた経験がない。言い換えると、今回の教員と母親グループは共に、男女の差別を感じにくい環境にいると言えるのである。しかし、全ての教員、母親が、このグループに入ったわけではなかった。

「日本の社会には男女差別があり、それは問題だ」と見なす最後のグループを見てみよう。ある教員は「教員の世界でも女性差別はある。一般教員には女性が多くても、管理職となると男性が多い」と述べ、別の教員も「女性は、育児休暇も取りにくいし、取れても復帰のための制度が整っていない」と指摘する。これらは、教員の中にあっても男女差別は存在し、それは社会の問題だ、と捉えている者がいることを示している。母親グループの場合、状況はより深刻である。

女性には与えられない仕事がある。学校の先生の世界などはまだいいが、会社に入ったら、女性はまだまだ難しい立場にあることを自分の子供にも言っている。男の人の意識、そして社会の根本は変わっていない。日本は、女性にとって働きにくい社会だ。女性が働ける環境が整っていない。子供が大きくなって復帰しようとしてもできない。特に小さい子供がいる母親や出産を控えている場合、日本はすごく働きづらい。

差別を感じる。私でも感じるし、いま、仕事を持っている人は、もっと感じると思う。同じ能力があっても、男性が上に立つ。女性は男の人の倍働く位やらないと、やっていけないように感じる。

これらの声は、女性の切実な訴えを表している。

母親グループは、先の第二、第三グループに二分された。すなわち、「日本社会には、男女の差異がある」ことをあまり感じないグループと、それを強く感じるグループの二つに分かれたのである。モハンティ（1984）は、女性を一つのカテゴリーで括ることへの疑問を呈示したが、本書で取り上げられた母親たちは、経済的、社会階層的にも、また学歴の面でもあまり差のない海外駐在員の専業主婦というグループであるにもかかわらず、日本社会における女性の地位について、異なる二つの見解に分かれたのである。次項で、その要因の一端に迫りたい。

2　海外・帰国子女教育における男女の問題

インタビューで、調査参加者全員に共通に聞いた最後の質問は、「海外・帰国子女教育で、男の子と女の子への対応が異なるが、それについてどう考えるか、このような扱いを生む日本の社会は変わるべきだと思うか」であった。そこで言われる「対応の違い」とは、次の事象を指す。

男子は、将来家庭の主になり、サラリーマン社会に出ていくわけだから、中途半端な精神構造ではだめだ。英語ができても、日本での教育を受けていなければだめ。だからできるだけ早め（年齢の低い内）に帰国させるべきだ。それに対して、女子の場合は、生活の中心にならなければならないという切羽詰った切実感がない。だから、語学ができて、現地の言葉を話せるようになって、帰国子女で帰れたらそれで良しとする親が多い。（母親）

このような実態について、公的なディスコースは取り上げていない。しかし、この母親が生き生きと描き出した、海外・帰国子女教育における男女による対応の相違は、海外日本人の間では周知の現象となっている。今回の調査でも、この指摘のような現象があることを「はじめて聞いた」と答えた者は、二名のみであった。その二名以外の者は、既知の現象として、それに対する各自の見解を述べたのである。結果は、「このような現状は変わるべきだ」と答えた者が全体の半数足らず、「現状が望ましい」と答えた者が約四分の一、そして残りが「仕方がない」等、その他の回答をした。三種類の回答を順に見ていこう。

「海外・帰国子女教育の一部にみられる男女への異なった扱いや、その背後にある日本社会の男女関係は変わるべきだ」という声は、さらに二つのグループに分かれた。一つは、

変わらないと、日本は国際社会の中で、だめになる。（企業理事）

男は外で働き、女は家庭を守るという日本的な概念では、もう時代についていけない。（教員）

という見解に代表される。彼らは、「従来の男女観に基づく考え方では、これからはやっていけない」という意見をもち、それ故に、「海外・帰国子女でのこの現象は変わるべきだ」と主張するわけである。この見解は、主に企業理事や教員の中から出された。もう一つのグループは、

変わってほしい。男女差はなくなってほしい。（母親）

女の人にも機会を与えてほしい。（母親）

という母親たちである。彼女たちは、「女性の地位を高めて欲しい」という願いから、「海外・帰国子女でのこの

現象を変えるべきだ」と述べるのである。

以上に対し、「海外・帰国子女教育にみられる男女への異なった扱いや、その背後にある日本社会の男女関係は、**変える必要はない**」という考え方では次のような見解が出された。

日本社会での男女のあり方を変える必要はない。(企業理事)

男にしかできない事、女にしかできない事がある。長い歴史の中でいまの(日本の)社会システムができてきたとすれば、それは変える必要はない。(教員)

彼らは、現在の日本社会での男女関係を肯定的に捉え、それ故、海外・帰国子女について指摘された現象にも問題を感じないと主張するグループである。このグループには、教員が多かった。中には、「性差は大事にしなければならない。女性が強くなり、仕事を持って、女性に女性らしさがなくなると、社会にうるおいがなくなる」(教員)という女性観を吐露した教員もいた。また、少数だが、企業理事の中には、男性の女性に対する優位性をはっきりと表明した者もいた。ある企業理事の「女性は、ハードディシジョンができない。男女平等は無理なのだ」などが、その代表的な意見である。このグループの見解に共通するのは、「男はこうあるべきだ、女はかくあるべきだ」という、社会での男女の役割を固定的、かつ本質的に捉える考え方である。

最後のグループは「海外・帰国子女教育にみられる男女への異なった扱いや、その背後にある日本社会の男女関係は**問題はあるが仕方がない**」という見解を表明する人たちである。

仕方がないでしょうね。私たちの力では変えられない、変えるにはあまりにも大きい問題ですね。(教員)

いやなのですが、しょうがない。あきらめる。(母親)

このグループを構成するのは、ほとんどが母親であった(一つ目の回答は、今回の教員グループの中で唯一の女性から出された)。そして、その何人かから、「仕方がない」というフレーズが出された。中には、「仕方がない」という理由をもう少し説明しようとしてくれた母親もあった。

自分と自分の子供の利益を考える。いまの社会が変わらない限り、仕方がないのだ。理想だけではいけない。

彼女の主張には「日本社会を自分たちなりに観察し、我が子の将来を考えると、海外・帰国子女での現状は、受け入れざるを得ない選択だ」という声が込められている。

ここまでのことから、次の諸点が指摘できるだろう。その第一は、かなりの数の調査参加者が、社会での男女の役割を固定的、本質的に捉えていることである。そのような本質的な捉え方は、特に、女性に対する見解に顕著であった。例えば、「「女の子は英語がしゃべれて、将来はスチュワーデスかニュースキャスターになって」というあこがれが、親にも子供にもある」と、ある母親が指摘するように、調査参加者の見解にみられる女性への期待は、特定の職業に限定されている場合が多かったのである。1章で、「グローバリゼーションは、社会における女性の地位を、よりカジュアルで流動的なものにした。その結果、女性に期待されている仕事としては、例えば語学の力を活かした仕事と呼ばれる一群の、通訳、ガイド、接客等のサービス業が挙げられる」(ブラックモア 2000)との指摘を行ったが、先の母親の女の子への期待の指摘は、まさにそれと重なるのである。

女性を固定的、本質的に捉える見方は、社会の中での男女の関係についても、特定の固定化した視点で捉えることにつながっていく。ユーバルーデイビス（1997：15）は、国家によってごく自然に生み出される言説の中には、「男性が女・子供を守る」という、性による役割分業的な見解があると述べている。日本で従来から使われてきた、海外・帰国子女という言葉の中には、文字どおり「子女」という言葉が含まれている。この点において、海外・帰国子女教育とは、名称そのものの中に、子供と女性、すなわち「子女」を救済しようとする一面が内臓されていると言えよう。同時にそれは、日本の海外・帰国子女教育、国際理解教育においての男女の差異性に対する関心の低さを象徴するものでもあろう。その姿勢が、海外文化仲介者たちにも反映されているのである。

考察の第二のポイントは、母親の声が二分されることである。約三分の一の母親が、「日本社会での男女の差異は問題であり、それを変えるべきだ」と主張したのに対して、約三分の二の母親はそれに同意しなかった。同意しなかった母親たちの多くも、日本社会での女性の地位の低さについては認めている。しかし、それでも彼女たちは変化を求める声を積極的には上げなかった。

ここでの回答を、先に見た「日本の社会の中で、男女の差異をどのように感じるか」に対する回答と比べてみると、一つの結果が表れる。前項では、多くの母親が、男女の差異をあまり感じないと答え、その理由に、彼女たち自身がそうした状況にあまり遭遇したことがないことを挙げていた。そして本項で、日本社会の変化を求めなかった母親の全員が、その「日本社会には男女の差異をあまり感じない」グループに属しているのである。これは、今回調査した母親たちの中には、個人的に男女の差異を切実に感じてこなかったが故に、社会の変化も求めない者がいることを示唆している。次の声が、それをよく表している。

私は、自分が社会に出て働きたいと思うようなタイプではないので、この海外・帰国子女教育での男子と女子の扱いの違いも、とても自然に受けとめている。やはり男の子は、将来、社会に出て職に就いて、一家を構えて、家庭をもって、奥さんと子供を養っていくという長い道のりがありますね。だから、ぼーっとしていられない。でも、女の子の場合は、一応社会に出ても結婚して家庭に入るわけなので、親としては女の子を育てるのは楽というか、したいようにさせてやれる。

ここには、社会における男女関係の現状を、女性である母親が肯定し、支えていることが読み取れる。そして、その原因の一つには、彼女たちのこれまでの人生経験が挙げられるのである。

私と、私の周囲では、あまり男女の差異を感じなかった。

私に限って言えば、社会の中での男女の差異は感じない。

これらの母親は、現状を問題視するような経験の機会が自らには少なかったと言い、それ故に、変化も求めないと述べるのである。今回の調査対象である母親たちは、駐在員の妻という、経済的にも社会的にも恵まれた、かなり均一化した層に属している。そのことがこのような回答を多くした要因の一つであろうとも考えられる。

しかし全ての母親がそうというわけではなかった。何人かの母親たちは、母親、あるいは女性として、日本社会での男女の関係の変化を求めたのである。

私は、ほんの短い間しか外で働いたことがありません。それでも、私にとって、男であることと女であることの違いは、一番強く感じたことでした。それは差別です。変わってほしい。（母親）

変化を求めるか否かは、彼女たちが、自らの人生の軌跡の中で、どのくらい差異に目を向ける機会があったか、また、苦い思いを味わい、それを差異に目を向ける契機にしたかなどが、その重要な要因のひとつになっていると言えよう。

最後に、本節の結果と、根無し草をめぐる五節の考察で明らかになった文化本質主義に関する結果を比べて明らかになったことを、述べておきたい。五節で根無し草性を大いに肯定しディアスポラ的生き方に共鳴した者が、六節では男女差別の現状を肯定するという場合が、企業理事を中心に幾つか見られた。この結果は、多文化主義の主張者が、必ずしも男女の差異やジェンダーの問題に敏感であるとは限らないことを示している。

一方、五節で根無し草を否定的に捉え、文化本質主義に強くこだわった九名全員が、男女の差異を感じず、また日本での男女の関係を変えたいとは思っていないとの結果も、この六節で得られた。この結果は、本書における海外文化仲介者の中で文化を本質的に捉える者は、日本社会での男女の差異への関心が低い、あるいは変化を求めない傾向があるということを示している。次の教員の述懐は、その例である。

私は、まず日本人であることを意識しておくことが大事だと思う。また、男性と女性との役割は異なったものがあるから、やはり女性には家庭内のことをしてもらったほうが社会はうまくいくと思う。

1章でトリンを引用して、「もし多文化主義が、文化間にある違いの問題としてとどまる限り、あまり有益なものとはならない。多文化主義は、一つの文化の内部における差異性を問題にしていかねばならない」との指摘を行った。本節の結果は、文化を本質的に捉える人たちには、文化や社会内での差異には目を向けようとしない傾向があること、その一方で彼ら／彼女らは、日本と日本以外の文化を峻別し、「文化を礼賛する」傾向があることを示している。それは、文化に対する異なった見解を持った人たち、すなわち、文化本質主義の問題に気づき、社会の内部の差異にも目を向け始めている人と、本質主義にこだわり、社会の差異に目を向けることに消極的な人の両者が、海外文化仲介者の中に共に存在することを示していると言えよう。

七　まとめ

本章では、海外文化仲介者たちが異文化理解や国際理解教育を語る際、そのコンテクストを形作る「文化」についてどのように捉え、考えているかを考察してきた。取り上げたのは、文化相対主義的な考え方、文化多元主義的な考え方、文化本質主義的な考え方（これは、日本社会や文化をどう捉えるか、また、根無し草的生き方をどう捉えるかの二つの点から考察した）、そして社会の中での差異の一つとして男女による差異をどう捉えているかの五点である。5章と同様に、考察の際には、これら五つの領域における公的なディスコースの見解と、文化仲介者としての海外日本人の見解を比較する視点を基本に据えた。また、企業理事、教員、母親の三者を比べたのも5章と同様である。得られた主な知見を、以下にまとめる。

（1）　文化相対主義について

文化間には優劣はない、あってはならないという規範的見解が圧倒的多数を占めた。それは規範的な公的ディスコースの一種の複製である。しかしその回答は表面的であり、幾つかの条件や特徴があることも判明した。まず、調査参加者が優劣がないと言う際には「理想的には」というフレーズが挿入される場合が多く、ためらいがみられる。第二に、この質問における かなりの数の回答者が考える文化は、調査参加者が**日本文化とあまり距離がないと想定する欧米の文化**である。中には、現在支配的な先進国の文化と日本文化の間には優劣がないと述べたのであって、途上国の文化は文化比較の対象になっていない、あるいは文化という範疇そのものに含まれていないという見解もあった。第三に、より優位な文化をもった自分たちが、途上国の文化を見下すべきではないという規範の形で、あるいは願望としての見解が表明される場合が多かった。その場合、実際に回答者が文化に優劣がないと見なしているかどうかは、別問題である。

（2）　文化多元主義について

まず、ほとんどの回答者が、**日本を単一民族国家である**と把握していることを確認したのち、海外文化仲介者が他民族の受け入れにどのような見解を持っているかを調べた。結果は、多くの者がある程度は積極的に受け入れたいと答え、複数の文化の調和的共存（すなわち、多元主義）の大切さを主張した。そこで、その「ある程度」の意味に焦点を当ててインタビューを行ったところ、調査参加者の多くからは、「**日本的なものを損なわない範囲で**」という条件を付けた上での受け入れ賛成論が出された。インタビューの中で、この条件的受け入れ案が明らかになってくることに対しては、回答者から戸惑いや言い訳のフレーズが見られた。また、自らの見解が規範的な言説から外れることへのためらいを示す者もいた。しかし同時に、郷（日本）に入れば郷に従うべきだという同化主義の見解が広くみられ、調査参加者の多くが、日本文化、日本社会を本質的に捉えている姿が浮かび上がってきたのである。ただし、主に母親を中心にした少数の者が、日本文化・社会を本質的に捉え、かつそれを肯定的に捉えることには、興味を示さなかったという結果も得られた。

（3）　文化本質主義Ⅰ――日本人論について

日本人、日本社会、日本文化は独特で特殊であるという、日本人論で広くみられる言説が大きな支持を得た。その内容は、海外・帰国子女教育、国際理解教育の研究者たちが挙げた内容と酷似するものであった。多くの調査参加者は、日本人以外の漠然とした他者を想定し、それに対して正真正銘の日本人像を描こうとするのである。また、一部の者が、若い世代の日本人はその範疇に入らないかも知れないという見解を示した他は、ほとんどの調査参加者は、自らが挙げた日本人像が全ての日本人に当てはまると主張する。その見解を支えるはずの、具体的な日本人と日本人以外の者との比較については、約三分の一の者が、比較の対象は欧米、またはアメリカであると明言したが、半数以上の者が比較の対象を持たなかった。インタビューでそれが明らかになった際、自らの見解を変えようとする者と、自説を変えまいとする者に分かれた。また、これらの日本人の特質が、グローバル化、国際化の中で将来変化するか否かについては、過半数の者が変化しにくいとの見解を示した。海外文化仲介者の持つ日本人像は、まさに本質的なのである。

（4）　文化本質主義Ⅱ――根無し草について

日本人が、日本に帰国せず海外に住みつくことや、海外と日本を行ったり来たりすることについて、多くの回答者は抵抗を示さなかった。それに対して、「根無し草」についての公的ディスコースに表れる概念を使った質問には、三分の二の者が、**根無し草になることに否定的見解**を示したのである。しかし、はじめ根無し草を否定的に捉えた者の約半数は、インタビューを進めていくうちに、そのような生き方もいいのではないかと、**根無し草の存在を肯定的に捉える見解**に変わっていった。特に、ここまでのインタビューで、規範的な見解を最も強く主張し、公的な言説からの逸脱が最も少なかった教員グループに、このような答えの変化がみられる。彼らは、海外赴任前の講習等で示された根無し草への否定的見解に、疑問を感じているのである。教員が根無し草に対する考え方を変えた背景には、彼らが海外に赴任後、根無し草的に生きている多くの人たちの姿に触れたことがある。一見強固に見えた本質主義的見方が、根無し草に関する議論では成り立たなくなる可能性を、この結果は示している。

（5） 日本社会での男女の差異について

男女の差異については、それを問題とは考えないという見解、よく分からないという見解、そして差異を問題と捉える見解の三つに分かれた。主に、第一の見解は企業理事、第二の見解は教員と母親、そして、第三の見解は母親の中にみられる。母親グループは、差異を問題視する者と、それをあまり問題視しない者たちに分かれた。もう一つの質問は、海外・帰国子女教育において男子と女子で対応が異なることから、それをもたらしている日本社会の男女の位置付けは変わるべきかどうかというものであった。**日本社会を変える必要はない**という声や、**仕方がない**という声がかなりあったが、そこには、回答者が日本社会の男女関係、特に女性の役割を固定的、本質的に捉える見方が表れている。また、母親たちが、**何とか現状を変えたい**と言う者と、**現状を是認しよう**とする者の二つに分かれた。その要因としては、彼女たちが、自らの人生の中で、具体的な差異に目を向ける契機があったか否かが挙げられる。最後に、先に見た文化本質主義に関する見解と、男女の差異に関する見解を比較した。その結果、文化本質主義を強く表明した者が男女の差異を認めず、日本での男女関係の変化には消極的であるという傾向が表れた。それは、文化本質主義が、規範的な文化相対主義、文化多元主義と連動して、文化を固定的に捉えていることを表わしている。そしてそれが、教育やジェンダーの問題において、支配的なマジョリティの文化、社会、集団を強化する理論的な、大きな支柱になっていることを示唆しているのである。

このようにまとめると、教員の声は、規範的言説に強く支配されていたが、ある質問には、その呪縛から解き放たれる契機を示したものもあったことが分かる。母親たちは、最も規範的な言説に批判的であったが、ある質問では、現状維持を是認する者と、それを乗り越えようとする者が対照的に分かれた。企業理事には、多文化、異文化問題においては現状を鋭く批判する者が見られたが、男女の差異の問題においては、女性の地位の向上に対して最も消極的であった。これら三種類の文化仲介者としての海外日本人の見解を、本書の枠組みの中で位置付けし直すことは、終章「文化本質主義から解き放たれるために」の仕事である。

終　章

文化本質主義から解き放たれるために

最後に、先の5章、6章で得られた知見を本書全体の中で捉え直し、同時に、本研究の持つ意味について改めて考察したい。そのためには、研究の枠組みを、いま一度、確認しておく必要があるだろう。

本書における研究は、グローバリゼーションという急速かつ大規模な社会変動に対して、教育が、特に日本においてはどのように対応しているかを探る目的をもって始められた。そして、二つの視点から、その課題に迫ることを試みたのである。その一つは、日本での国際化に関する一連の議論の中でこれまで大きな比重を占めてきた、国際理解教育と呼ばれる分野を研究の領域に据え、とりわけ、歴史が長く多様な人びとを引き付けてきた海外・帰国子女教育問題に研究の焦点を当てたことである。もう一つは、それらの教育について、文化仲介者と呼ばれる一群の人びとが語る「異文化理解」に関するディスコースを研究の対象としたことである。それは、この研究を、海外生活で異文化体験を持つと見なされている文化仲介者が、それぞれのコンテクストからこの問題にどのような姿勢で、どのような見解をもって応答しているのかを探る作業へ導くことになった。

研究の枠組みを構成する概念としては、グローバリゼーションと多文化教育をめぐる議論を検討することとし（1章）、まず、グローバリゼーションが教育に突き付けた議論として次のものを考察した。それは、近年の経済分野での急激なグローバリゼーションが、語学力と異文化対応能力を備えた人材の育成を教育に要請したこと、グローバリゼーションは国民国家概念を揺さぶろうとしてきたが、教育は、国家がその主導権を維持しようとする一つの重要な領域であり、その結果、国家とそれ以外の教育のアクターとの間に緊張を生じていること、そして文化領域におけるグローバリゼーションでは、支配的な文化（例えばアメリカ文化）を普遍的なものと見なす教育観が文化帝国主義などの問題を提起していること等々である。多文化主義を巡る議論では、日本がモデルとして捉えてきたアメリカにおける同化主義、文化多元主義、そして多文化主義の流れを振り返り、そこでは、統一性と多様性のいずれに重点を置くかという点が議論の中心であるとの分析を行った。また、文化本質主義的な視点からの議論が多い点を取り上げ、それを脱構築するハイブリディティを考察する視点や男女の差異を考察する視点の有効性についても検討した。これらの議論の分析によって得られた概念的枠組みが、本書における「問い」を基本的に形成していくことになったのである。

次に、本書のコンテクストとしての、日本の海外・帰国子女教育、国際理解教育の展開を提示した（2章）。そこでは、企業駐在員の子供を救済する目的から始められた海外・帰国子女教育に文部省が本腰を入れて取り組むようになっていく過程、また、一九九〇年代に入ると、海外・帰国子女教育は、国際理解教育、異文化間教育という枠組みの中に収斂していく過程をみることができた。同時に、それらの展開の背景にある、政策担当者や特に研究者による海外・帰国子女教育論、国際理解教育論についても、1章で得られたこの研究の概念的枠組の視点から、批判的に分析を行ったのである。

本書は、先に述べたように、海外文化仲介者たちの異文化理解に関する見解、そして、それを規定する彼ら／彼女らの文化に関する理解を探ったものである。その際、文化仲介者が、文部省の政策や研究者の生産する公的な言説をいかに理解し、解釈し、かつそれに応答しているかを調査することを通じて、その教育観、文化に関する理解を炙り出すことを試みた。本書での文化仲介者は、海外の日本企業の代表者、日本人学校の教員、海外日本人児童の母親の中でリーダー的な人たちの、三グループから成る。すわなち、海外日本人学校の運営理事会の役員たちが、この研究における文化仲介者なのである。三グループの調査参加者たちには、まず事前質問紙を送付した。事前質問紙送付の目的は、調査の主旨を理解してもらうこと、インタビューの時間を短くするために統計的なデータを集めること、そして、公的な言説の一部を示しそれへの回答を記入してもらうことによって、インタビューの際に、調査者と調査参加者が同じ素材に基づいて討議できる基盤を作ることの三点であった。インタビューでは、全員に共通する約一〇項目の質問を用意し、それに基づいた議論を繰り返した。調査参加者たちは、時には戸惑い、またインタビューの最中に自らの回答を変更する場合もかなり見られたが、そうした調査者と調査参加者との間のやりとりを、本書では、文化仲介者の教育観、文化観を抽出する過程として重要視したのである。

インタビューで試みた質問項目は、1章におけるグローバリゼーションに関する議論や、多文化主義、文化本質主義をめぐる議論から組み立てられたものであり、同様の質問項目は、4章において政策文書、研究書にみられる公的な言説を考察する際にも用いている。はじめの約半数の質問項目は、主に国際理解教育に対する調査参加者の見解を調べるもので、後半の質問項目は、調査参加者の文化に対する理解を聞く問いが中心である。前者の結果と考察を述べたのが5章であり、6章では後者の結果と考察を述べた。

まとめの本章では、調査結果全体の考察を行う。はじめに、「異文化理解」に関して文化仲介者のディスコースにみられる規範的言説の限界を分析し、何が問題なのかを探る。問題の根底には、文化本質主義が横たわっている。次に、二つのギャップを考察する。一つは公的な言説と文化仲介者による見解との間に認められるギャップであり、もう一つは三つの文化仲介者を比較、整理することによって見えてくるギャップである。そして最後に、これらのギャップが、従来の本質主義的な見解を打破する糸口になることを示して、本書を閉じたいと思う。

一　規範的な見解

川端は、異文化間教育学会の学会紀要第一号（1987）の中で、国際化時代の教育の目標として「多様な文化のなかから自己の文化を見直してその相対性を自覚するとともに、文化的差異を超えて人類が互いに同胞意識を正しく認識すること」（17）を掲げている。それから一〇年以上を経て、同学会の会長（当時）も、これからの課題として「グローバル化が急速に進む中で、異文化に育った人びとと共に生きる社会の実現である」（2000）と述べている。国際理解という言葉が文部省の『わが国の教育水準』に登場したのは、実に一九六四年のことであり、そこには「外国に対する偏見を除去して正しい国際理解へと進めよう」というフレーズがあった。日本での国際理解教育は、「異なる文化を理解する」ことを軸に、長い年月、ほぼ同じ目標を掲げ続けてきたことが分かる。見方を変えると、誤解を恐れず大胆に言えば、日本での国際理解教育で論じられてきたことは、関心を集めるテーマやその力点の置き方は時代とともに変わりはしたが、その取り組みの基本的な姿勢や、特に「文化」の捉え方については、あまり変化していないことを表しているとも言えよう。

本書は、公的なディスコースにおいても、文化仲介者と呼ばれる人びとが生み出すディスコースにおいても、共に従来の海外・帰国子女教育や国際理解教育における見解には強い規範性がみられることを明らかにした。例えば、「異なった文化を持った人びとと共に生きなくてはならない」、「多様な文化を尊重しなくてはならない」という、「かくあるべし」というディスコースは、政策文書やこの問題を扱う研究者の著作の至るところに見出すことができる。そして、5章と6章で見たように、その多くは、本書の文化仲介者たちによって受け入れられ、改めて主張されているのである。実際、公的な言説における規範をそのままコピーしたような見解を述べる調査参加者たちが多かった。

例えば、政策文書の「アジアの言語を学習する様々な機会を拡充することが望まれる」（中央教育審議会 1996）という主張に呼応するように、今回多くの調査参加者が、「英語以外の言語を習得することは、もちろん必要なことだ」との見解を述べた。彼ら／彼女らは、公的な言説の規範性を支持し、自らの見解の中で公的言説とほぼ同じ表現を用いる場合もあったのである。

しかし同時に、この海外文化仲介者の規範的な見解には、時として、字句どおりには解釈できない問題点も見出された。例えば先の事例の場合、調査参加者の述べた英語以外の外国語の習得とは、「片言の挨拶程度の現地語ができれば、現地の人が喜ぶ」という、現地の人や文化に対する一種の優越的感情から発せられたものが多いということが分かってきた。多くの調査参加者が、英語も英語以外の現地語も共に重要だと述べる一方で、彼ら／彼女らの、英語習得に対する熱意や態度と、英語以外の現地語に対するそれとの間には、大きなギャップのあることが明らかになったのである。これは、文化仲介者が、公的な言説を表面的には受け入れていても、実際の異文化接触の場では、自らの状況に応じてその意味を変化させている、よい例であると言えよう。つまり公的なディスコースにおける規範性は、その内容を変えられた形で、文化仲介者たちに受け入れられ、解釈されている場合があるわけである。文化仲介者の述べる規範的な見解を考察していくと、さらに次の二つの大きな特徴が見出された。

1　コンフリクト・フリーな考え方

特徴の一つは、幾つもの質問に対する調査参加者の回答が、二つの相対する見解を含んで述べられることが多かった点である。最も明確な形で表れた一つの例は、国際理解教育の目標について示された見解であった。多くの調査参加者にとって、国際理解教育の目指す重要な目標の一つは、「日本人としての確固としたアイデンティティを持った人材を育成すること」であった。すなわち、日本人性の確立である。しかし同時に、調査参加者たちは、「世界に共通する普遍的な規範を理解し、それを受け入れることのできる人材を育成すること」を、それらの教育の目標として挙げた。その背景には、日本人の異文化理解能力、国際理解能力はまだ十分ではなく、世界の普遍的な規範をより学び、習得する必要があるという考え方がある。これらの調査参加者による主張には、日本の教育や社会における後進性を指摘する一方、理想化された普遍的規範への同調を説く公的言説に対する疑問や問いかけは見られない。

しかし、そのことよりも、むしろ問題は、多くのディスコースにおいて、一つの目標である「日本人性の確立」と、もう一方の目標である「日本以外の国にあると想定されている普遍性への同調」が、何の抵抗もなく、並列に掲げられていることであろう。日本の伝統的規範を尊重することと、日本以外の国の規範を受け入れることとは、当然相容れないこともあるし、衝突することも予想される。それにもかかわらず、インタビューにおける多くの回答の中には、この、時として相反する概念のぶつかり合いを示唆する見解は見出せなかった。相反する二つの目標が、ひとりの調査参加者の回答に、往々にして調和するような形で並べられているのである。なぜ、このような見解が頻出するのだろうか。

その理由の一つは、インタビューで「あなたがよいと信じる日本の規範と、日本以外での規範がぶつかった時、あなたならどうしますか？」と尋ねた際の調査参加者の対応に見出すことができた。異文化理解観、国際理解教育観に関する項の最後で行ったこの質問に、多くの回答者は戸惑ったのである。ある者は回答をしぶり、ある者は「分からない」と回答を避け、ある者は「異文化理解や国際理解とは理想であって、現実はそんなに簡単ではないのだ」と自らの回答を変化させた。結果は、文化仲介者がいかに理想的に、あるいは観念的に異文化理解や国際理解教育を捉えようとしていたかを示すものであった。これらの問題に対する見解を述べる際に、調査参加者たちの多くは、自らのアイデンティティが脅かされたり、時には変化を強いられるという状況を、あまり想定していなかったことが分かってきたのである。

これまでの海外・帰国子女教育、国際理解教育は、日本人が、異なる文化や社会を背景に持つ人びとを理解すべきであるという前提の下に、かつ、理解し得ないことはほとんど想定されることなく展開されてきたのではないだろうか。そうした状況の中、文化仲介者の多くは、日本人性の確立と普遍性への同調という、公的な言説にみられる二つの規範の間でのコンフリクトへの気づきに乏しかったと言えよう。それは、調査参加者の多くが、この点においては、公的な言説の生産者と同じ立場に立っていることを示している。事前質問紙によって明らかなように、調査参加者の多くは、国内にあっては在日外国人に対して圧倒的マジョリティの日本人であり、海外においても経済的には何の不自由もない日本人社会の一員として、異文化に接することができる状況にある。言い換えると、彼ら／彼女らの位置は、国内においても、海外においても、マイノリティの立場とは一線を画しているのである。コンフリクト・フリーと本書で形容した公的言説が、海外文化仲介者によって再生産されている背景として、このような要因を無視することはできない。

2　ナイーブな言説

調査参加者による文化相対主義に対する見解や、他民族を日本に受け入れることに対する見解は、共に大変規範的であった。彼ら／彼女らの大多数は、全ての文化は平等であり、日本は他民族をもっと受け入れるべきだという見解を支持するのである。また、調査参加者の多くは、自らの回答がこれらの規範的見解とずれる場合、それを表明することを躊躇したり、規範的見解から外れることに対する言い訳を挿入したりもした。しかし、調査参加者とさらに対話を重ねることで、一見規範的な言説を受け入れているように見えながら、無条件に受け入れているとは言えないこと、すなわち、そこには調査参加者の状況を反映した解釈が加えられていることが分かってきたのである。

まず、全ての文化が平等だと調査参加者が言う時、それは、彼ら／彼女らが実際にそう理解しているのではなく、理想的にはそうあってほしいという願望が述べられている場合の多いことが分かってきた。さらに、調査参加者が「全ての文化」と言う時の文化は、現在支配的な欧米先進国の文化が想定されている例も数多く認められた。他民族の受け入れに関して、調査参加者は、複数の民族・文化の調和的共存、すなわち文化多元主義的な見解を主張する。しかし、調査参加者のこの規範的主張には、日本的なものを損なわない限りにおいてという条件が強く働いていたのである。また、受け入れても構わないのは、日本文化とあまり異ならない文化ないしは欧米先進国の文化である、と答えた調査参加者が数多くいた。さらに、他民族の受け入れに関しては、多元主義的な見解を述べていた者の多くが、「日本国内では外国人は日本の文化に合わせるべきだ」という同化主義を根強く持っていることも分かってきた。

これは、いったい何を意味するのであろうか。一つは、すでに述べたように、海外の文化仲介者にみられる規範的言説の受け入れが表層的であるということである。しかし、それは見方を変えると、海外文化仲介者は、規範的な公的言説とは距離を置いた見解を主張する可能性を持っているのにもかかわらず、実際には公的言説を支持する見解を提出しているという公的言説の支配力の大きさを、逆に示すのである。海外で生活した経験がなく、その点では異文化体験が相対的に乏しいと言える国内の大多数の日本人とは異なり、今回の調査参加者は、海外での異文化（と通常見なされるもの）との接触の機会に日々その身を置いている。インタビュー結果は、彼ら／彼女らの海外における経験の数々が、全ての文化を平等に扱うことや、他民族を条件なしに受け入れることの困難性に目を向けさせていることを示している。しかしそれにもかかわらず、多くの調査参加者が、あまりにも単純化された、あるいは、無警戒ともいえる文化相対主義、文化多元主義を力説する。このナイーブな見解の背後には、何があるのであろうか。

前項では、社会の中における自らの立場を変えずに、あるいは変わらないことを前提にして異文化を理解しようとする調査参加者の姿勢を指摘した。本項では、特定の領域においては、規範的な見解を持ち続けることが困難であるという自らの気づきにもかかわらず、規範的でナイーブな言説を表明し続ける調査参加者の姿が浮かび上がってきた。このようなコンフリクト・フリーかつナイーブな見解を調査参加者にもたらす要因の一つとして、本書は、彼ら／彼女らに深く根を張る文化本質主義的見解に注目したのである。

二　文化本質主義

調査参加者の大多数が、日本人、日本文化、日本社会は、世界の中で特殊でありユニークな存在であるという見解をもっていた。これは、政策文書や特に多くの研究書に見られた公的なディスコースと軸を一にするものである。そこでは、日本人とはこうだ、日本社会の特徴はこうだという言説が、様々な形で表現される。

これらの言説の基礎には、本物あるいは真性のような日本人の存在が想定されている。と同時に、日本人以外の者は一般化された他者として括られ、日本人とは異なる人、異なる社会・文化・規範を持つ人として想定されるのである。このような見解を、本研究では、文化本質主義的見解として捉えてきた。文化本質主義的見解では、想定された自文化と異文化との間に、はっきりとした境界が存在する。自文化や異文化の持つ独自性は、固定的で変化のしにくいものである。さらに、文化本質主義的見解は、自文化の内部での、または異文化の内部での差異性には関心が低いか、それを無視する傾向がある。多くの調査参加者は、日本人、日本の文化・社会の特殊性を述べることによって、その文化本質主義的見解を明らかにしたのである。

このように捉えると、前節までに見た調査参加者の異文化理解、文化観に関する見解に対して、一つの説明をすることができる。多くの調査参加者たちは、日本人としての本質は変えることなく異文化と接し、そして異文化について学びたいのである。その対象は、あくまで「異文化」であって、その位置付けは、「自文化」を脅かすものではない。したがって、そのような異文化理解にはコンフリクトは発生しにくい、もしくは想定されていないのである。

さらに、調査参加者が、ナイーブな文化相対主義、文化多元論を躊躇なく表明できるのも、文化本質主義的見解が基礎にあるからだと考えられる。ほとんどの調査参加者にとって、様々な文化とは、異なる文化として並列的に陳列されたものである。そこには、文化間の力関係や、ある一つの文化の中にある多様性を想起させる視点は乏しい。また、個々の異文化は、その本質が変わりにくいものとして捉えられている。したがって、調査参加者が「日本国内にも他民族を受け入れるべきだ」と言う時、自らが良しとしている日本社会や文化の規範が変化することはほとんど想定されていないのである。その可能性を指摘されると、とたんに他民族の受け入れに消極的になったり、限定付きの受け入れ論に転向する調査参加者が数多くいたことが、何よりもそれを示している。

このように考えてくると、文化本質主義は、海外・帰国子女教育、国際理解教育、文化概念の理解に関する政策文書等の公的な言説や、多くの文化仲介者によるディスコースを、根源的に支配する概念のひとつであるということが見えてくる。文化本質主義に囚われる限り、コンフリクト・フリーかつナイーブな規範的言説は、常に生産し続けられるのである。そこには、文化を脱構築して一つの文化に内在する多様性を顕在化させる視点や、多様な文化間の様々な力関係を分析する視点は生まれにくい。

冒頭で述べたように、海外・帰国子女教育、国際理解教育が、様々なテーマや課題と取り組みつつも、構造的な発展、転換を示しにくい大きな要因の一つがここにあると、私は考える。文化本質主義の呪縛から逃れることなくして、海外・帰国子女教育や国際理解教育に従来とは異なる視点からの議論は生まれにくいというのが、本書における一つの結論である。

しかし、海外の文化仲介者も文化本質主義的で規範的な言説の支配から逃れられないという、問題の構造を提示しただけに留まるのかというと、そうではない。この研究で得られたもう一つの重要な結果は、文化仲介者の見解にみられる二種類の食い違いが明らかになったことである。それは、公的言説と文化仲介者の見解の間にある相違、そして、本研究での文化仲介者グループである企業理事、教員、母親の三つのグループ間での相違である。

三　公的言説と文化仲介者の見解との食い違い

前節までは、政策や研究書等で述べられている公的な言説が、文化仲介者として位置付けた調査参加者たちの見解を、いかに強く支配しているかを示した。しかし本研究の結果には、限られた論点に関してではあるが、両者の間に見解の相違を示したものもあった。ここでは、その中身を確認するとともに、そうした食い違いの持つ意味について考える。

公的な言説と文化仲介者の見解の間にある相違の一つは、「あなたが良いと思う日本の規範と、異文化理解で大切だと言われる日本以外での規範がぶつかった時、あなたはどうしますか」という質問への答えに見られた。公的言説では、この二つがぶつかることはあまり考えられていない。「我が国の歴史や伝統文化などに対する理解を深め、これらに誇りと愛情を持つとともに、広い視野を持って異文化を理解し、異なる文化や習慣を持った人びとと共に生きていくための資質や能力を育成することが重要となってくる」（文部省　1998：484）のように、国際理解教育における二つの目的は同時追求が可能なものとして掲げられているのである。しかし、本書の海外文化仲介者の多くは、このコンフリクト・フリーな言説を鵜呑みに支持することはなかった。すでに見たように、彼ら／彼女らの個人的体験や、海外での各々の位置が、公的な言説への躊躇や疑問を持つ可能性を生み出すのである。

このような公的言説との相違は、調査参加者が、自らが表明した日本人論の問題点に気づいた時、さらに明確に表れた。インタビューの過程で、自らの日本人論がはっきりとした比較の対象を持たずに述べられていたこと、あるいは理想化されたアメリカ等との比較のみに基づいて形成されていたことに気づいた時、調査参加者の半数は、自らの日本人論を変える必要を表明した。彼ら／彼女らの周りには、まさに想像ではない現実の、しかもステレオタイプ化されたアメリカ人のみではない様々な人種や民族の存在が、日常の中にある。そのような調査参加者は、日本と異文化を二項対立的に分けることの問題性を認識せざるを得ないこと、言い換えると、そのコンテクストによって文化本質主義的見解が成り立たないと認識せざるを得ない場合のあることを、今回の調査結果は示したのである。

一方、調査参加者の中には、「日本人は独特である」と認めることには躊躇を示しながらも、「日本人の独自性は残したい」という希望を表明する形で日本人論を展開する者もあった。このグループの者たちにとって、文化の本質性は、事実ではなく願望となる。そこには、一枚岩的な正統な日本人や日本文化が望ましいものなのだというイデオロギーが立ち上がってくる。ハイブリッド性をもった、根無し草のような日本人は、このような調査参加者にとっては望ましい存在ではなくなる。そして、この考え方は、根無し草を否定的に捉える公的言説とまさに一致したのである。

公的言説と調査参加者の見解における最大の相違は、しかし、この「根無し草性」に関する問いへの応答の中にこそ見られた。根無し草を否定的に見なすことは、海外・帰国子女教育では伝統的な公的ディスコースであるにもかかわらず、インタビューを進めていく中で、調査参加者たちは、その公的言説とは反対の見解を示したのである。あるいは、インタビューのはじめのうちは根無し草に否定的見解を示していた調査参加者も、最終的にはその多くが根無し草性を肯定的に評価する見解を打ち出したのである。彼ら／彼女らは、日本と海外を行ったり来たりする生き方を肯定した。また、様々な国や文化を渡り歩くことによって、根無し草的なアイデンティティが形成されることに対しても、否定的には捉えなかった。そして、この傾向は、全ての質問で最も公的言説を強く支持し、規範的見解を繰り返していた教員のグループにも、他のグループと同じように見られたのである。根無し草を否定的にみる見解から肯定的にみる見解へのこの転換は、グローバリゼーションと無関係ではない。彼らの周りにいる、ディアスポリックな生き方をしている多くの人との邂逅、例えば、オーストラリアで様々なエスニック・マイノリティと出会うことが、調査参加者に、根無し草性を否定する根拠を失わせたのである。

　以上の結果は、非常に強固に見える公的なディスコースの影響や、また、その一つの核とも言える文化本質主義的な考え方が、特定の事柄においては、海外文化仲介者である調査参加者によって疑問を持たれたり、修正を求められたりしていることを示している。本章の前半では、日本での国際理解教育が、長年にわたり基本的には同じ課題を掲げ続ける中で、規範的な公的言説がいかに大きな影響力を及ぼしているか、また文化本質主義的見解がいかに根強いかを指摘した。しかし、本節で考察してきたように、そのような文化本質主義的見解が弱まり、現状を変え得る一つの有力な契機は存在するのではないだろうか。そして、「根無し草を否定的に捉える言説」への反駁、それは、グローバリゼーションが進む中、文化本質主義的なディスコースを突き崩す一つのきっかけと捉えることはできないだろうかと考えるのである。

四　企業理事、教員、母親グループの相違

次に、企業理事、教員、母親の三グループの見解の相違を考察することによって、規範的な言説を乗り越えようとする、もう一つの新たな可能性を探りたい。調査結果は、企業理事が規範的な公的言説に、時として批判的であることを示した。例えば、他のグループでは、多くの者が英語を国際化のシンボルとして捉えたのに対し、企業理事には、英語はあくまでコミュニケーションの道具であると捉える者が多かった。他のグループの調査参加者に見られた、盲目的とも言える英語への思い入れ、あるいは英語に対するコンプレックス感は、彼ら企業理事には少なかったのである。また、「国際社会での普遍的な規範を、日本人は学び、習得すべきだ」という、異文化理解に関する見解や国際理解教育でよく主張されてきた公的ディスコースにも、企業理事の多くは批判的であった。彼らは、そこでの普遍的な規範とは、英語圏、特にアメリカの規範のことであり、日本人が必ずしもそれに同調する必要のないことを指摘したのである。

先の二例は、多くの企業理事が、自らの体験から、特定の事項については規範的な公的ディスコースに疑問を感じ、それに批判的でもあることを示している。彼らの中には、普遍的な規範の存在に関して、その脱構築を試み始めている者も少なくない。しかし、今回の調査結果は、異文化間の事柄にはかなり敏感であったこの企業理事グループが、社会における他の多様性、例えば男女の差異については必ずしもそうではないことを、同時に示した。三つのグループの中で、従来の男女の社会における役割の問題点、そこでみられる不平等に対して最も関

心が低くそれを変える姿勢に欠けたのは、企業理事だったのである。ここには、社会でのある一つの事象には批判的である人たちが、他の事象には現状是認グループになる可能性を示す、一つの例が示されている。

教員たちは、今回の調査において、規範的な公的言説に最も忠実なグループであった。教員は、他のグループより公的言説に接する機会が多い。それは、文部省が海外・帰国子女教育、国際理解教育を確立してきた過程で、特にそれに関わる教員に対しては指導の徹底を図ってきたこと、また、海外へ派遣される全教員が、派遣前の研修等で政策文書に基づいた公的ディスコースに接する機会が多くあることなどから、容易に説明できる。しかし、このような教員グループでさえ、海外での彼ら自身の体験により、限られた論点に関してではあるが、公的言説に疑問と批判の目を持ち始めていたことはすでにみたとおりである。多くの教員が、根無し草を否定的に捉える見解から、それを受け入れ、根無し草的生き方の価値を肯定的に捉えるようになったことは、そのよい例であった。個人的な経験、この場合は海外でのそれぞれの経験が公的言説への見直しの契機となっていくことが、ここでも見られたのである。

母親たちは、今回の調査対象の中では、公的言説からの逸脱が最も大きかったグループである。彼女たちは、自分たちの状況に合わせて、特に自らの子供の将来に関わることになると、公的言説を自分たちの利益に沿うように解釈し直すのである。例えば、彼女たちが英語の重要性を強調する時、その理由は英語が子供の将来に役立つと考えるからであった。そしてここで彼女たちが「役立つ」と言う時、それは公的言説が説くような、国際語としての英語が役立つという意味だけではなく、英語ができることが日本社会の中では受験や就職の際に有利であるという意味も含まれていた。このように考える母親たちにとって、将来役立つ可能性の低い英語以外の言語は軽視される。「英語以外の現地語も学習すべきである」という規範的言説は、母親たちには振り向かれない。

国（文部省）の教育政策への不満と不信を最も明確に打ち出したのも彼女たちであり、自らの利益性を他のグループより率直に語る母親たちは、今回の調査参加者の中では規範性から最も遠い存在だったのである。母親たちは、規範的な公的言説から最も距離を置いており、また本質主義的見解を述べることも他のグループよりは少なかった。日本文化、日本社会を本質的に捉え、かつそれを肯定的に捉えることに、彼女たちはあまり興味を示さなかったのである。

母親グループの結果でいま一つ注目すべき点は、彼女たちの、社会における男女の差異についての見解にみられる。全ての母親が、原則としては社会の中で男女が平等に取り扱われるべきだと述べた。さらに、社会の中に男女の差別はもはや存在しないのではないかと述べた少数の母親を除き、大多数は男女の差別を感じると答えている。ただ、見落としてはいけないのは、その現状を変えたいと声を上げた者が比較的少数であり、逆に多数の母親が現状をさほど問題視しない見解を提出したことである。日本社会の男女関係、男女の不平等に関する質問で、多くの母親たちが現状を是認した。

> 私は、女性だけの職場にいました。だから、あまり差別は感じなかったです。だからかどうかは分かりませんが、帰国子女教育や日本の社会で、男子と女子が違う捉え方や扱いを受けると言っても、それを自然に受け止めていますから……。
>
> 個人的にも、わたしの周りでも、あまり男女差を感じることはなかった。

今回の調査参加者が社会的、経済的に安定した境遇にあることにもよるのだろうが、多くの母親たちが、男女の不平等を感じ、問題視する経験を自らは持たなかったというのが、その説明である。

以上を振り返ると、例えば、企業理事や教員が公式言説に批判的な見解を述べる場合、逆に母親たちが現状を従順に是認する場合、いずれのケースにも、彼ら／彼女らの、現状に対する疑問や批判を形成する経験があったか否かが、一つの大きな要因になっていることが分かってくる。その経験とは、教員の場合、様々な文化背景が混在する人との出会いであり、母親の場合、女性としての不平等に向き合わざるを得ない局面であったのかも知れない。いずれにせよそれらの経験は、一般化のできない、具体的な立場を持つ者によって、それぞれの具体的なコンテクストのもとで経験され、時にはそれが、規範的な公的言説に対する疑問や批判を生み出す契機となるのである。本書が、文化仲介者として社会的に立場の異なる三つのグループを取り上げ、それぞれのグループが公的な言説にどう対応しているかを調べた意味もここにある。その相違の中に、規範的言説の支配にチャレンジし、従来の国際理解教育や異文化(理解)主義に関する見解に新しい視点を提供する萌芽が認められるからである。

五　文化本質主義への挑戦

本書は、グローバリゼーションに対する一つの応答としての教育、特に海外・帰国子女教育や国際理解教育について、そこで語られるディスコースに注目して考察を試みたものであった。そして、異文化理解や文化観に関する見解が、公的なディスコースと海外在住の文化仲介者によるディスコースにどのように表れているかを調査、分析してきたのである。

結果は、強い規範性が、公的なディスコースと文化仲介者によるディスコースの双方を支配していることを示した。例えば、社会の「統一性」と「多様性」という相対する二つの理念が、衝突を想定しないで同時に追求可能なものとして掲げられている。また、多くの見解で、日本人としてのアイデンティティを確立することと、異文化理解を促進することの二つが、お互いにぶつかり合うことなく達成を図るべきものとして主張されている。これらの規範性に満ちた言説は、他にも、外国語を習得すべき理由や文化相対主義、文化多元主義をめぐる見解など、様々な論点において広く認められた。本書は、これらのディスコースを検討した結果、そこにみられるコンフリクト・フリー性とナイーブ性の二つを指摘したのである。

さらに、インタビューの分析結果は、調査参加者の見解が文化本質主義に支配されていることを明らかにした。文化本質主義は、先の規範的な言説をまさに支える概念である。本書において、文化を本質的に捉える者は、ハイブリディティ（異種混淆性）や男女の差異性など、社会や文化の内部にある多様性に関してあまり関心がないか、あるいはその意味を認めようとしない場合が多かった。文化本質主義に囚われ続ける限り、異文化理解や国際理解教育において従来の枠組みを超える進展や展望は得られにくいのではないかというのが、本書の一つの結論である。

しかし、その一方で、文化本質主義に支えられた規範的な言説に、必ずしも支配されていない文化仲介者の見解があることも明らかになってきた。1章で、文化本質主義を脱構築する要因として、ディアスポリック・ハイブリディティ、あるいは「根無し草」の視点と、さらに、ジェンダーの視点の有効性について述べたが、それに対応する形で、調査参加者が根無し草を肯定することで規範的な公的言説に疑義を提出している事実（三節）、そして、母親たちの、自らのコンテクストからの率直な声が多様性をより重視する見解を生み出していること

（四節）が認められたのである。

一部の企業理事、そして母親たちは、規範性や文化本質的見解にあまり強い支持を示さなかった。特に、母親たちの多くは、社会的にも経済的にも恵まれているので、一見、現状維持にそれほど批判的ではないように見える場合があったが、その反面、自らの立場から、自らの利益に基づいて最も率直な発言をし、また、最も多様性に富んだ回答を示した。

グローバリゼーションが進行する中、一時的であれ何らかの形で国を離れる日本人の数は急速に増大している。数ばかりではなく、その形態も、学生、技術者、長期の旅行者、専門職を持つ者など多様化の一途を辿っており、また、さらに多様化を続けると予想される。それにもかかわらず、異文化理解や国際理解教育に関する見解において、規範的な言説に対する文化本質主義の強い影響力がなかなか変わらないこと、と同時に、異文化理解における幾つかのディスコースの中に、文化本質主義的な枠組みから脱却できる可能性を示すものがあることを、本書は明らかにしたかったのである。根無し草性を肯定的に評価し、社会や文化の内部での力関係に鋭敏になることは、文化本質主義を突き崩す一つの契機になり得るのではないだろうか。

異文化理解のディスコースにおける文化本質主義は、大変根強いものであった。しかし、中には、例えば海外日本人の間で、また母親たちの間で、そのことに疑問を持ち、批判的な眼差しを向けて問題点を探り、チャレンジし始めた人たちの存在があることをも、本書は同時に示したのである。そうした人たちの存在によって、グローバリゼーションがさらに進む中、文化本質主義的な見方は、少しずつではあるが、その基盤が弱まりつつあると言えるのかも知れない。

あとがき

［一］

本書は、オーストラリアのモナシュ大学に提出した博士論文"Discourses of Intercultural Education in Japan"を日本語に書き改めたものである。書き直した部分もかなりあるが、全体の構成や主な論点には、手を加えていない。論文そのものについては、ハルミ・ベフ氏（スタンフォード大学名誉教授）とロジャー・グッドマン氏（オックスフォード大学教授）の二名がExaminer（審査員）になってくださり、心温まる評価や励ましと共に、出版に際しての的確なコメントもいただいた。限られた時間内で書き上げるという制約はあったが、それらのコメントを十分活かしていなかったとすれば、それは私の責任である。

本書の大部分は、一九九九年から二〇〇一年にかけて約二年間、モナシュ大学研究生として過ごした日々に行なった研究に基づいている。海外でのリサーチ生としての生活は、新鮮な驚きや研究者としての贅沢さを味わわせてもくれたが、同時に絶え間のない緊張と苦しみを伴う毎日でもあった。今回のメルボルンでの滞在は、私にとって何度目かの海外生活である。交換留学生や駐在員としての、あるいは永住権を取得して日本への帰国を前提としない生活を送っていた頃と比べても、それはかなり様相を異にしたものであった。

二〇年近く何らかの形で働いていた人間にとって、一介の研究生になるということは、ある種の解放感もあったが、それ以上に肩身の狭さ、そして時にはみじめとも言える苦い思いにさせられることも多かった。駐在員のような、制約はあるものの「至れり尽くせり」の生活とは世界が異なったし、かといって永住者と見なされるわけにもいかず、どこにも属さないことの不安定さが常につきまとったのである。また、ある時期からはまったく収入が無くなる中で、家族五人が微々たる奨学金に頼って生活したのも、いい経験となった。

物理的にはゆとりのある生活ではなかったが、英語圏でのリサーチ生（コースワークのない博士課程の学生やある程度リサーチが進展している場合、研究者の卵として、セミナーや研究会・学会などで、教職についている者と同等の扱いを受ける場合が多い）としての特権にあずかれたことは、想像していた以上の充実感をもたらしてくれた。まず、頻繁に開かれる、学部や大学、それに専門領域の枠を超えた内外の研究会やセミナーなどに、毎週のように参加できたこと—それは、デリダの熱のこもった講演やベネディクト・アンダーソンの刺激的な議論であり、また、ジョシュア・フィッシュマンが語る自らの研究や同じ研究生仲間の発表会であったが、そのほとんどが、だれにでも質問のできる、またディスカッションの機会が開かれている雰囲気であったことに、何よりも魅せられた。ナショナリズムやポスト構造主義などの大きなテーマのセミナーや研究会に、他領域の者が臆面もなく参加し、発言の出来る環境は、国内ではなかなか味わいにくいものである。また、学問的な精緻さよりも考え方やアプローチの斬新さがより評価される場合もあり、時にはプロヴォカティブ（挑戦的）な姿勢が求められることなどにも考えさせられた。

今回、本格的に研究をスタートさせたのは、オーストラリアの諸大学で、遠隔地に住む者に博士課程への登録が認められるようになってからのことである。私は、幸いにも、モナシュ大学でその登録を許された最初の留学生となることができた。一九九八年の三月末に渡豪して指導教官を決定し、その年の夏期休暇を利用して研究計画についてのディスカッションを深め、一九九九年の三月に家族と共に再びオーストラリアへ戻ったのである。予想していたとはいえ、それからの日々は、カルチュラル・スタディーズやポスト・コロニアル研究などの膨大な文献の山に圧倒され、次々と生産される新たな文献と、文字通り格闘する毎日となった。

同じ学部や研究室の友人たちが、およそ三〜四年計画で仕上げようとする中、私の場合は、約二年で形を出さねばならないという条件があった。特にコースワークのないリサーチ生の場合、指導教官との関係は、研究の成否を左右する鍵ともなる。学生の求めるテーマでの造詣が深いことは必須であるが、それだけでなく、教師として指導力もあり、そして性格や感覚的にも「合う」といった全ての条件を満たす指導教官と出会うことは、いくら事前に下調べをしていても、現実には大変難しい。友人たちの中には、指導教官との問題で、大学を移ったり、研究を断念する人たちが後を絶たなかった。私自身も、初めの指導教官が他大学へ転出したり、文学部と教育学部にまたがって複数の指導教官をもっていたために、指導教官に関わる問題では、最後まで気を許せなかった。殊に、方法論をめぐっては、指導教官間の見解の相違をリサーチ生自身で調停しなくてはならず、毎日が光の見えない闇のように思えた日々もあった。そんな中にあっても、何とか研究を続けられたのは、本当に多くの人たちに支えられたからである。日本から、そしてオーストラリアで、必要なとき、不思議と言ってよいほどに、回りの人たちに支えられ、助けられたからこそ今回の研究が出来たのだと、心から思う。感謝したい。

［二］

私が、本書で扱ったテーマ、特に海外に住む日本人をめぐる問題と出会ったのは、二〇数年前、文部省からの奨学金を得て、タイ国へ留学したときに遡る。

日本を離れて二日目の朝だったと思う。ホテルの隣のテーブルで食事をしていた駐在員が日本からの出張者に、「こちらで日本的なものを求めても無理な話ですよ」と諭すように話していた。彼らの話は、日本とタイの風土論、国民論、そしてその夜の接待のことに至るまで続いたのだが、当時の私には何もかもが新鮮であり、かつ考え込まされる内容であった。彼らの言う「日本的」なるものとは、いったい何を指すのだろうか。思いを巡らせるうちに、新たな疑問が次々と浮かび上がってきたのである。

そのときの留学先は、マレーシアの国境からさほど遠くない町にある教育大学で、仲のよくなった友人には、イスラム教徒と仏教徒、そして少数のキリスト教徒が入り混じっていた。お互いに「力関係」を意識し合わない学生同士として接することの出来た日々は、それ以降の海外生活ではほとんど味わえない貴重な思い出となった。と同時に、南タイで起こっていた当時の独立運動や、宗教の境界線のようなところを行き来しながら過ごした経験は、私のものの見方を大きく左右することになった。当時から、留学するなら英語圏、それもアメリカへ行く学生が大多数を占めていた中で、「英語にどっぷり浸る経験などより、ずっと有意義な留学だった」などと殊更に喧伝した自分の姿を思い出す。私にとって最初の海外滞在が英語圏でなかったことが、その後の生き方や考え方に拭うことの出来ない影響を与えてきたことは、そのことの意味を見詰め直す作業として今日まで続いている。

数年を経て、国内で教師として務めた後に赴任したのは、オーストラリア・ビクトリア州のモーエルという地方都市であった。そこに、現地校の中に全日制の日本人学校が間借りするという実験校のようなものが設立され、私はそこに派遣されたのである。全校で二〇〇人ほどの児童がいる中で約六〇人が日本人という、俗に“School within a school”と呼ばれる試みが始まった。私は、他の二名の教師と共に、現地校の職員室と校地内にある日本人学校の建物との間を往復しながら、ビクトリア州の教員資格を取得して現地スタッフの一員となった。当時、オーストラリアの公立学校で急速に広まっていた日本語教育のモデル・スクールで、日豪の子どもたちを教えたのである。

いわゆる「異文化」のぶつかり合いを一般的に理解されている意味で考えるならば、モーエル校での毎日はまさにその連続であった。オーストラリアの地方都市にある何の変哲もない公立学校において、毎朝のラジオ体操から、入場行進まで日本式にした運動会など、多くの場面で我われの紹介した行事やプログラムが取り入れられていき、まさに日本とオーストラリアが相互に乗り入れたような状態になったのである。校庭にはふたつの国の国旗が掲揚され、子供も、教員も、親も、毎日ふたつの国を行き来した。加えて、インドシナ諸国からやってきた家族、さまざまな文化背景を持つ現地オーストラリア人の家族、そしてアボリジニーの子どもたちが混在する環境で「文化」を考えさせられない日々はなかったと言っていい。しかし、ある意味でそれは、常に文化が展示され、そしてそれを味わうことが当然視された毎日であったとも言えよう。

私にとって、オーストラリアの教員たちと仕事仲間として付き合えた経験は、再び大きな財産となった。赴任後一ヶ月もしない頃だったろうか、ある早朝、校庭の見回り当番でペアになったベテランの女性教師が話しかけてきた。「昨日の職員会議で、私がなぜ黙っていたかわかる？　あなたのような民主的な国から来た人にはわかりにくいかもしれないけれど、ここでは、はっきり反対意見なんて言おうものなら、ずっと目の敵にされてしまうのよ。あなたも、気をつけなさい」。彼女の忠告は、朝の眠気を吹き飛ばすほどに新鮮であった。「ものをはっきり言わない日本人は、海外では誤解される」といった、国内の異文化間コミュニケーション論などでひろく行き渡った言説が、根底から揺すぶられるような思いである。当時、やはりほとんどの場合、国単位で「文化」を考えていた私にとって、このように日本とオーストラリアの通念がひっくり返ってしまうような経験は、その後も絶えることはなかった。

それ以降、現地の教員や保護者と、そして教育庁の関係者たちと、お互いの教育観や文化観について何度討論を重ねたことであろう。一九八〇年代初めのオーストラリアは、多文化主義が急速に人々の支持を得て、学校やコミュニティーに浸透していった時期でもある。我われは、LOTE（英語以外の外国語教育）と呼ばれるプログラムの開拓者ともなって様々な試行錯誤や企画を試みた。各地から、そして日本からも多くの見学者が来る一方で、しかし、着物を着てのお茶会や書道のデモンストレーションなど「日本」を展示、紹介する数多くのイベント、さらにそこで交わされる会話やマスコミ報道の論調に至るまで、次から次へ、これでもかと「文化」を称えるように取り上げ続けることに疑問を持ち出したのも、この頃である。また、あれほど多文化教育に熱心になる教員やその集団が、原住民のアボリジニーの問題になると、とたんに舌鋒が鈍り、中にはあからさまに、「アボリジニーは別だ」と公言する人たちが多いことにも考えさせられた。私が、最近の各国における移民政策の見直しや多文化主義への辛らつな批判などについて、また、とみに高まる愛国心や社会規範の復活をめぐる議論に、ある種の現実感をもって接するようになってきたきっかけは、この八〇年代の経験が基になっているのかもしれない。

自らの過去ばかりを長々と書いてしまった。辟易されたかも知れないが、私の今回の研究は、こうした自らの経験や思いが積もった中で生まれてきたことを述べておきたかったのである。

［三］

最後になったが、今回の出版に際して、多くの人々に心からの謝辞を述べておきたい。

まず、この本のもとになったモナシュ大学における研究では、学内、学外の多くの教員や研究者の方々のお世話になった。私が文化本質主義をめぐるテーマに関心を持つそもそものきっかけとなったのは、モナシュ大学のロス・マオア教授とラトローブ大学の杉本良夫教授による名著『日本人は「日本的」か』（一九八二年）に啓発されたところが大きい。お二人には、既に十五年以上もさまざまな機会を通じて教えられ、励ましを受けてきたが、特にマオア教授には、一九八七年に同教授がメルボルンに移られて以来、今回の研究を立ち上げる前段階から現在に至るまで、研究のみに留まらず、折にふれて常に心温まるサポートをいただいた。中心的な指導教官であったジョージナ・ソリダス博士には、研究の枠組みや、私にとっては未知の領域であった研究を含めて教えを受けた。同博士は、多文化主義とジェンダー論の双方に批判的に迫る研究をされており、学生にも人気が高く、母親でもあって、多忙を極めておられたが、実に効率的に、また密度の高い指導をしてくださった。学問上の厳密さには少しの妥協も許さず、会っているときには自らのすべてを傾注して指導をされる同博士の姿勢には、教師として、同時に人間としても、多くのことを教えられた。その他にも、今回の二年有余の在外研究期間にお世話になった先生方は、学内・学外で、そしてさまざまなカンファレンスや研究会で議論をさせていただいた研究者を含めると、実に多くに上る。個々のお名前を挙げることは失礼させていただくが、その全ての方々に深く感謝申し上げたい。

私は、研究者の方々ばかりではなく、スタッフや友人にも恵まれた。モナシュ大学の文学部と教育学部のさまざまなオフィスのスタッフには、深夜まで使う研究室や、日本から持参したコンピューターのトラブルに至る細かいことまで、数え切れないほどお世話になった。また、隣接するテーマで研究する研究仲間たちとの時間は、刺激的で、時には挑戦的であるとともに、共通の不安や夢を分かち合える、心和むひとときでもあった。いろいろな国からの留学生を含め、彼ら／彼女らとのネットワークは、今も私の宝である。そして今回、このような特別な機会を与えてくれたオーストラリアでの滞在は、大阪女学院短期大学の在外研究制度によって実現したものであった。諸般の情勢の厳しい中、援助くださった関根学長をはじめ同僚の先生方や事務局のスタッフには、改めて心から感謝したい。

本書は、日本人や日本文化をめぐる問題に関して、いわゆる先行研究としてその成果に負わせていただいたものが数多くある。もちろん参考文献リストに、その詳細は掲げてあるが、中でも、吉野耕作氏の『文化ナショナリズムの社会学』に関する研究には多くを負っている。研究の立ち上がりの頃から、まだおぼろげだった私の考えを聞いていただいていたが、その後幸いにもメルボルンに滞在された吉野氏と、本書でひとつの鍵となった「文化仲介者」という概念をはじめ、多岐に亘って議論の場を与えられたことは、大変感謝なことであった。また、直接の面識はないが、小坂井敏晶氏の『異文化受容のパラドックス』と戴エイカ氏の『多文化主義とディアスポラ』という研究にも励まされた。殊に、小坂井氏には、西洋化現象が根強く再生産されることの逆説性について、また戴氏には、日本人に関するディアスポラ的視点からの研究がほとんど存在しないときになされたその研究に、多くの点で触発され、また、教えられた。

日本国内においても、異文化間教育学会を中心とする研究者や文部科学省をはじめとする関係者など、多くの方々にお世話になった。限られた紙面で全ての方々に謝意を表わすことは難しいが、中でも、在外研究の出発前に励まして下さった方々には感謝が絶えない。その励ましやアドバイスに本書が応えるものになっているかどうか、懸念を拭えないのが、今の偽らざる気持ちである。本書で展開した議論の中には、ナショナリズムやジェンダー・スタディーズなど、ひとつひとつが大きな問題であり、さらに綿密な、あるいは異なった視点からの検討を要するものも多く含まれている。不十分な点を承知しつつも、それら膨大な議論をあくまで本書のテーマと問題意識の枠組みの中で、現時点でのプロヴォカティブな議論として、そしてとりわけ、今後の議論のきっかけになることを第一義に願って、微力ながら力を尽くしたつもりである。同時に、本書が、いわゆる「異文化」や「文化観」に関心のある、ひろい層の読者の目に触れることが出来、これまで以上にひろい視点からの議論をもつことがもし可能となるならば、筆者としては望外の喜びである。不適切、不十分な点については、どうか忌憚のない叱正をたまわりたく願っている。

本書の出版にあたり、日本学術振興会より、平成十四年度科学研究費補助金（研究成果公開促進費）の補助を受けた。また、国内の出版界に面識のない私を京都大学学術出版会に紹介してくださったのは、ラトローブ大学の杉本良夫教授であり、同時に、小林哲也京都大学名誉教授には、ご多忙の中、推薦をいただいた。そして大変限られた時間内で、手際よく、また的確に出版まで導いて下さったのは、同出版会編集次長の鈴木哲也氏である。これらの方々のご助力がなければ、本書の出版は考えられなかった。

最後に、私事ながら、ここに至るまで私を支え続けてくれた家族に、感謝したい。何回にもわたり日本と海外を往復する生活、それも決して平坦とは言えない生活を共にしてくれ、それでもそれぞれの場所で、友達を作り明るく振舞い、育っていってくれた妻と子どもたちには、心から「ありがとう」と言いたい。日本とタイとオーストラリアの三つの国を、私たち家族はそれぞれの居所として生きてきたし、これからもそうなっていくのだろうと思う。本書の中で、図らずも「ディアスポラ」を論じたが、その辛さ、ときには切ないほどに交錯する思いも、あまりにも私的になることをためらいながらも、偽りのない事実として申し添えたい。異質性とその脱構築の意味を考えるとともに、ある種のノスタルジーとも形容できるこれらのテーマについては、家族への悔悟と感謝とともに、私自身のこれからの大きな課題となって迫ってくることを、本書を閉じる今、ひしひしと感じている。

馬渕　仁

二〇〇二年一一月

参考文献

Anderson, Benedict (1983) *Imagined Communities : Reflections on the Origin and Spread of Nationalism*, London : Verso.

天野正治 (2001)「多文化社会における「共生」への教育」 天野正治、村田翼夫編 『多文化共生社会の教育』 玉川大学出版部。

天城 勲 (1998)「まえがき」 中西晃研究代表 『国際理解教育の理論的実践的指針の構築に関する総合的研究』平成7年度～平成9年度科学研究費補助金(基盤研究(A)(1))研究成果報告書。

青木 保 (1990)『「日本文化論」の変容 戦後日本の文化とアイデンティティ』 中央公論社。

Appadurai, Arjun (1996) *Modernity at Large : Cultural Dimension of Globalization*, Minneapolis : University of Minnesota Press.

新井郁男 (1997)「異文化間教育のカリキュラム」 江淵一公編 『異文化間教育研究入門』 玉川大学出版部。

Asante, Molefi K. (1991) "Multiculturalism : An Exchange", *The American Scholars*, 60, 3 : 267-272. =米山裕訳 (1997)「多文化主義―欧州」 多文化社会研究会編訳 『多文化主義―アメリカ・カナダ・オーストラリア・イギリスの場合』 木鐸社。

Banks, James (1994) *An Introduction to Multicultural Education*, Massachusetts : Allyn and Bacon.

Barth, Fredrik (ed.) (1970) *Ethnic Groups and Boundaries*, Oslo : University Press.

Barthes, Roland (1973) *Mythologies,* selected and translated from the French by A. Lavers, London : Allen and Unwin.

Bateson, Gregory (1972) *Steps to an Ecology of Mind*, St.Albans : Paladin.

Beck, Ulrich (1992) *Risk Society*, London : Sage. Originally published (1986) as *Risikogesellschaft : Auf dem Weg in eine andere Moderne*, Frankfurt am Main : Suhrkamp Verlag.

Befu, Harumi (1983) "Internationalization of Japan and Nihon Bunkaron" in Mannari, Hiroshi and Befu Harumi (eds.), *The*

Challenge of Japan's Internationalization : Organization and Culture, Tokyo : Kodansha International Ltd., 232-266.

ベフ、ハルミ (1987)『イデオロギーとしての日本文化論』 思想の科学社。

Bhabha, Homi K. (1994) *The Location of Culture*, New York : Routledge.

Bhabha, Homi K. (1996) "Culture's In-Between." in Stuart Hall & Paul du Gay (eds.), *The Questions of Cultural Identity*, London : Sage, 53-60.

Blackmore, Jill (2000) "Globalization : A Useful Concept for Feminists Rethinking Theory and Strategies in Education?" in B. Nicholas and C. Torres (eds.), *Globalization and Education : Critical Perspective*, New York : Routledge.

Brack, B.L. (1983) "The Reentry Process as a Cultural Universal and the Status of 'Returnee' Studies in Japan" 『META REPORT I』 メタカルチャーの会。

Brah, Avtar (1996) *Cartographies of Diaspora - Contesting Identities*, London : Routledge.

Bull, Hedley (1977) *The Anarchical Society : A Study of Order in World Politics*, New York : Columbia University Press.

Burbules, Nicholas and Carlos, Torres (eds.) (2000) *Globalization and Education : Critical Perspective*, New York : Routledge.

Burton, John (1972) *World Society*, Cambridge : Cambridge University Press.

Calhoun, Craig (1993) "Nationalism and Ethnicity", *Annual Review of Sociology* 19, 211-239.

Cannon, Robert A. (1997) "Advancing International Perspectives : The Internationalisation of Higher Education in Indonesia" in R. Murray-Harvey and H. C. Silins (eds.), *Learning and Teaching in Higher Education : Advancing International Perspectives*, Proceedings of the Higher Education Research & Development Society of Australia Conference, Adelaide, July, 1997.

Carey, J. (1989) *Communication as Culture : Essays on Media and Society*, Boston : Unwin.

千葉杲弘 (1998)「ユネスコにおける国際理解教育の概念の変遷 第1節―第9節」 中西晃研究代表 『国際理解教育の理論的実践的指針の構築に関する総合的研究』平成7年度～9年度科学研究費補助金(基盤研究(A)(1)) 研究成果報告書。

中央教育審議会（1996）『二十一世紀を展望した我が国の教育の在り方について』。
Cohen, Abner（1969）*Custom and Politics in Urban Africa*, Berkeley : University of California Press.
Cohen, Robin（1997）*Global Diasporas*, London : UCL Press. ＝駒井洋監訳、角谷多佳子訳（2001）『グローバル・ディアスポラ』明石書店。
Crystal, David（1989）*The Cambridge Encyclopaedia of Language*, Cambridge : Cambridge University Press.
Degrado-Gaitan, C. & Trueba, H.（1991）*Crossing Cultural Borders : Education for Immigrant Families in America*, London : Falmer Press.
Denzin, Norman K. & Lincoln, Yvonna S.（1994）“Introduction : Entering the Field of Qualitative Research” in N. Denzin and Y. Lincoln (eds.), *Handbook of Qualitative Research*, Thousand Oaks : Sage 1-19.
Dicken, Peter（1992）*Global Shift*, London : Paul Chapman Publishing Ltd.
土居健郎（1971）『甘えの構造』弘文堂。
江淵一公（1982）「東南アジアの日本人学校—その現状と教育の国際化をめぐる矛盾」　岩橋文吉編　『国際化時代の人間形成』ぎょうせい。
江淵一公（1986）「帰国子女を取り巻く日本社会の環境的特質に関する研究」　東京学芸大学海外子女教育センター　『国際化時代の教育』　創友社。
江淵一公（1997）「異文化間教育とは」　江淵一公編　『異文化間教育研究入門』　玉川大学出版部。
江淵一公編（1997）『異文化間教育研究入門』　玉川大学出版部。
Eisenstadt, S. N.（1972）“Intellectuals and Tradition” in DAEDALUS : *Journal of American Academy of Arts and Sciences*, Spring 1972, 1-19.
Eller, Jack David（1997）“Anti-Anti-Multiculturalism”, *American Anthropologist*, 99, 2 : 249-260.
Featherstone, Mike（1991）*Consumer Culture and Postmodernism*, London : Sage.

Featherstone, Mike (1995) *Undoing Culture*, London : Sage.

Foucault, Michel (1977) *Discipline and Punish : the Birth of the Prison*, London : Allen Lane.

Foucault, Michel (1979) "Truth and Power : An Interview with Alessandro Fontano and Pasquale Pasquino" in M. Morris and P. Patton (eds.), *Michel Foucault : Power/Truth/Strategy*, Sydney : Feral Publication, 29-48.

Foucault, Michel (1980) "Two Lectures" in C. Gordon (ed.), *Power and Knowledge : Selected Interviews and Other Writings by Michael Foucault, 1972-1977*, Melbourne : Pantheon, 78-108.

Gellner, Ernest (1983) *Nations and Nationalism*, Oxford : Blackwell.

Giddens, Anthony (1990) *The Consequences of Modernity*, Stanford : Stanford University Press. ＝松尾精文、小幡正敏訳 (1993)『近代とはいかなる時代か?』 而立書房。

Giddens, Anthony (1999) *Runaway World*, London : Profile Books, Ltd. ＝佐和隆光訳 (2001)『暴走する世界』 ダイヤモンド社。

Gilpin, R. (1987) *The Political Economy of International Relations*, Princeton : Princeton University Press.

Glazer, Nathan (1976) "The Emergence of an American Ethnic Pattern", in N. Glazer (ed.), *Affirmative Discrimination : ethnic Inequality and Public Policy*, New York : Basic Books.

Goodman, Roger (1993) *Japan's 'International Youth'-The Emergence of a New Class of Schoolchildren*, Oxford : Clarendon Press. 長島信弘、清水郷美翻訳編集 (1992)『帰国子女 新しい特権層の出現』 岩波書店。

Goodson, Inor F. (1995) "The Story So Far : Personal Knowledge and the Political", *Qualitative Studies in Education*, Taylor & Francis Ltd.

Gordon, Milton (1964) *Assimilation in American Life : The Role of Race, Religion, and National Origins*, New York : Oxford University Press.

Gordon, Milton (1975) "Toward a General Theory of Racial and Ethnic Group Relations" in N. Glazer and D. P. Moynihan (eds.), *Ethnicity : Theory and Experience*, Cambridge, Mass : Harvard University Press, 84-110.

Gordon, Milton (1981) "Models of Pluralism." *The Annals of the American Academy of Political and Social Science*, 454 : 178-188.

Guba, Egon G. and Lincoln, Yvonna S. (1994) "Competing Paradigms in Qualitative Research" in N. K. and Y. S. (eds.), *Handbook of Qualitative Research*, Thousand Oaks : Sage 105-117.

Hall, Stuart (1990) "Cultural Identity and Diaspora" in Jonathan Rutherford (ed.), *Identity : Community, Culture, Difference*, London : Lawrence & Wishart, 222-237.

Hall, Stuart (1992a) "The Question of Cultural Identity" in S. Hall, D. Held & T. McGrew (eds.), *Modernity and its Futures*, Cambridge : Polity Press.

Hall, Stuart (1992b) "The New Ethnicities" in J. Donald, and A. Rattansi (eds.), *'Race', Culture and Difference*, London : Sage.

Hall, Stuart (1996) "Who Needs 'Identity'?" in S. Hall & P. du Gay (eds.), *The Questions of Cultural Identity*, London : Sage, 53-60.

ハンソン、F・アラン (1990)『文化の意味』 野村博 飛田就一監訳 法律文化社。

原 真 (1986)「帰国子女教育の実践目標としての特性の保持・伸長」 東京学芸大学海外子女教育センター 『国際化時代の教育』 創友社。

Harvey, David (1980) *The Condition of Postmodernity*, Malden : Blackwell Publishers. =吉原直樹監訳 (1999)『ポストモダニティの条件』 青木書店。

Hechter, Michael (1976) "Ethnicity and Industrialization : On the Proliferation of the Cultural Division of Labor", *Ethnicity* 3, 3, 214-224.

日高博子 (1983)「在外教育施設における国際理解教育と現地理解—シンガポールとケニアにおける実践から」『海外子女教育紀要』第5号 全国海外子女教育研究協議会。

Hobsbawn, Eric. J. (1983) *Nations and Nationalism Since 1780*, Cambridge : Cambridge University Press.

堀尾輝久（1995）「二一世紀に向かう教育」　『季刊―人間と教育』　五　労働旬報社。

星野　命（1980）「帰国日本人の生活適応とアイデンティティ」　祖父江孝男編　『日本人の構造』（現代のエスプリ別冊）　至文堂。

Huberman, M. & Miles, M. (1994) *Qualitative Data Analysis*, Thousand Oaks : Sage.

Hughes, P. (1995) "Internationalization of Education and Curricula for the Twenty-First Century", *Education Research & Perspectives*, 22, The University of Western Australia, 2, 1-16.

異文化間教育学会（1987-2002）『異文化間教育』　1-16　アカデミア出版会。

稲村　博（1980）『日本人の海外不適応』　ＮＨＫブックス。

井上達夫、名和田是彦、桂木隆夫（1992）「序章《人間が豊かな共生社会》をめざして」　『共生への冒険』　毎日新聞社。

Issacs, Harold R. (1975) *Idols of the Tribe : Group Identity and Political Change*, New York : Harper and Row.

岩波書店（1998）　『岩波講座　現代の教育11　「国際化時代の教育」』。

海外子女教育史編集委員会（1991）『海外子女教育史』　海外子女教育振興財団。

海外子女教育の推進に関する研究協議会（1992）『補習授業校における教育の充実強化について』。

海外子女教育の推進に関する研究協議会（1993）『帰国子女教育の充実方策について』。

海外子女教育の推進に関する研究協議会（1995）『日本人学校における教育の充実強化について』。

海外子女教育振興財団（1977）『海外勤務者子女教育振興に関する要望書』。

海外子女教育振興財団（2001a）『帰国子女のための学校便覧　2001』。

海外子女教育振興財団（2001b）『海外子女・帰国子女の明日のために』。

海外子女教育振興財団（2002a）『月刊海外子女教育』　4月。

海外子女教育振興財団（2002b）『月刊海外子女教育』　9月。

海外子女教育推進の基本的施策に関する研究協議会（1976）『海外子女教育の推進に関する基本的施策について』。

梶田孝道（1988）『エスニシティと社会変動』 有信堂。

Kallen, Horace M. (1956) *Cultural Pluralism and the American Idea : An Essay in Social Philosophy*, Philadelphia : University of Pennsylvania Press.

加藤幸次（2000）「ご挨拶」 『異文化間教育学会創立20周年記念シンポジュウム』 異文化間教育学会。

川端末人（1978）「異文化間コミュニケーションと自我形成の研究」 『神戸大学教育学部研究収録』 第60集 神戸大学。

川端末人（1987）「異文化間教育研究の視座構造」 『異文化間教育』 1 アカデミア出版会。

川端末人、鈴木正幸（1982）「海外日本人の児童・生徒のための教育に関する基礎的研究II」 『神戸大学教育学部研究集録』 69集 神戸大学。

経済企画庁（1997）『進むグローバリゼーションと21世紀経済の課題 経済審議会21世紀世界経済委員会報告書』 経済企画庁総合計画局編。

Kimball, Roger (1990) *Tenured Radicals : How Politics Has Corrupted Our Higher Education*, New York : Harper Perennial.

Knight, Jane (1999) “Internationalizing the Curriculum : A Canadian Perspective”, A paper presented at IDP seminar, Fremantle, Australia.

Knight, J. & de Wit, H. (1995) “Strategies for Internationalization of Higher Education : Historical and Conceptual Perspectives” in H. de Wit (ed.), *Strategies for Internationalization of Higher Education : A Comparative Study of Australia, Canada, Europe and the United States of America,* Amsterdam : European Association for International Education (EAIE), Chapler 1.

小林哲也他（1978）「在外・帰国子女の適応教育の条件に関する総合研究」『京都大学教育学部研究記録集II』 京都大学教育学部比較教育学研究室。

小林哲也他（1979）『在外日本人児童・生徒の適応と学習―マニラ・シンガポールにおける在外日本人コミュニティとその子弟の教育に関する調査報告』 京都大学教育学部比較教育学研究室。

小林哲也（1981）『海外子女教育・帰国子女教育』有斐閣新書。

小林哲也（1983）「海外子女教育研究の課題―異文化間教育の立場より―」『東京学芸大学海外子女教育センター研究紀要』第2集 東京学芸大学海外子女教育センター。

小林哲也（1995）『国際化と教育』放送大学教育振興会。

児島国弘（1999）「帰国子女教育の未来像」『文部時報 1 特集21世紀を見据えた海外子女・帰国子女教育』文部省。

小島 勝（1987）「書評 東京学芸大学海外子女教育センター『国際化時代の教育』（1986 創友社）」『異文化間教育』1 アカデミア出版会。

小島 勝（1991）「海外子女と日本文化・社会の環境的特質に関する研究」海外子女教育史編纂委員会編『海外子女教育史』海外子女教育振興財団。

小島 勝（1996）「書評 佐藤郡衛著『転換期にたつ帰国子女教育』（1995 多賀出版）」『異文化間教育』10 アカデミア出版会。

国際交流研究会（1999）『海外子女をとりまく教育環境の多様化と変容に関する比較研究』。

小西正雄（1994）「相対主義をこえて―Beyond Relativism」『国際理解』25 帝塚山国際教育研究所。

小坂井敏晶（1996）『異文化受容のパラドックス』朝日新聞社。

クアラルンプール日本人学校（1997）『第5回マレイカンポンホームステイ感想文集』クアラルンプール日本人学校国際理解教育推進委員会。

クアラルンプール日本人学校（1999）『学校要覧』。

倉地暁美（1997）「異文化間教育学と日本語・日本事情」江淵一公編『異文化間教育研究入門』玉川大学出版部。

Kurimoto, Kazuo（1996）*Internationalization of Higher Education in Japan*, Paper Presented at the OECD/IMHE Conference on the Internationalization of Higher Education, Melbourne.

桑ヶ谷守男（1991）「帰国子女教育の変遷」海外子女教育史編集委員会編『海外子女教育史』海外子女教育振興財団。

Lechner, Frank J. and Boli, John (eds.)（2000）*The Globalization Reader*, Malden, Massachusetts : Blackwell Publishers.

LeCompte, Margaret D., Millroy, Wendy L. and Preissle, Judith (1992) *The Handbook of Qualitative Research in Education*, San Diego : Academic Press.

Leifer, Eric (1981) "Competing Models of Political Mobilization : The Role of Ethnic Ties", *American Journal of Sociology*, 87, 1 : 23-47.

ロウ、リサ (1996)「アジア系アメリカ—異質性・雑種性・複数性」『思想』８５９(浜邦彦訳)。

Lyotard, Jean-François (1979) *The Postmodern Condition : A Report on Knowledge*, Manchester : Oxford University Press. Originally published (1979) as *La Condition postmoderne : rapport sur le savoir*, Les Editions de Minuit. ＝小林康夫訳 (1986)『ポスト・モダンの条件』水声社。

Mabuchi, Hitoshi (1995a) "The Problem of Japanology" in K. Kitao (ed.), *Culture and Communication*, Kyoto : Yamaguchi Shoten.

馬渕 仁 (1995b)「クアラルンプール日本人社会における調査結果の分析」『海外子女をとりまく教育環境の多様化と変容に関する比較研究』国際交流研究会。

馬渕 仁 (1996)「中国日本人社会における調査結果の分析」『海外子女をとりまく教育環境の多様化と変容に関する比較研究』国際交流研究会。

馬渕 仁 (1997)「オーストラリア日本人社会における調査結果の分析」『海外子女をとりまく教育環境の多様化と変容に関する比較研究』国際交流研究会。

Mabuchi, Hitoshi (1998) *Japanese Children Abroad : Toward a Sociology of Literature on their Situation*, Melborne : Monash Asia Institute, Monash University.

馬渕 仁 (2000)「書評 江淵一公編著『トランスカルチュラリズムの研究』(1998 明石書店)」『異文化間教育14』京都 アカデミア出版会。

Macdonnell, Diane (1986) *Theories of Discourse*, Oxford : Blackwell.

Marger, Martin N.（1985）*Race and Ethnic Relations : American and Global Perspective*, California : Wadsworth.

松原達哉（1980）「帰国子女の学習適応に関する研究」『日本におけるバイリンガリズム』筑波大学バイリンガリズム研究会。

松原達哉（1989）「帰国子女の学力・人格特性・生活意識及び教師の意識に関する研究」東京学芸大学海外子女教育センター『国際化時代の教育』創友社。

松尾知明（2000）「文化的多元主義から多文化主義へ―多文化教育のパラダイム転換へ向けて―」『浜松短期大学研究論集』55号。

McGrew, Anthony（1992）"Conceptualizing Global Politics" in A. McGrew, P. Lewis et al. *Global Politics*, Cambridge : Polity, 1-29.

McHoul, Alec & Grace, Wendy（1993）*Race and Ethnic Relations : American and Global Perspective*, California : Wadsworth.

Mckay, J.（1982）"An Exploratory Synthesis of Primordial and Mobilizationist Approaches to Ethnic Phenomena", *Ethnic and Racial Studies*, vol. 5, no. 4, October.

メルボルン日本人学校（1999）『学校要覧』。

Miles, Matthew B. & Huberman, Michael A.（1994）*Qualitative Data Analysis*, Thousand Oaks : Sage.

Mills, Sara（1997）*Discourse*, London : Routledge.

嶺井明子（1997）「ユネスコの国際理解教育の軌跡」江淵一公編『異文化間教育研究入門』玉川大学出版部。

嶺井明子（2001）「国際理解教育―戦後の展開と今日的課題」天野正治、村田翼夫編『多文化共生社会の教育』玉川大学出版部。

箕浦康子（1994）「帰国子女の研究について」『児童心理学の進歩』金子書房。

Mohanty, Candra Talpade（1984）"Under Western Eyes : Feminist Scholarship and Colonial Discourses", *Boundary* 2, 12(3), 13(1), (Spring/Fall).

文部省（1959）『わが国の教育水準』。

文部省（1964）『わが国の教育水準』。

文部省（1970）『わが国の教育水準』。

文部省（1976）『我が国の教育水準』。

文部省（1981）『我が国の教育水準』。

文部省（1988-2000）『我が国の文教施策』。

文部省（1983）『海外子女教育に関する総合的実態調査報告書』。

文部省（2000）『学校基本調査報告書』。

文部科学省（2001）『文部科学白書』。

モーリスー鈴木、テッサ（1996）「文化・多様性・デモクラシー――多文化主義と文化資本の概念にかかわる小考察――」『思想』867。

Mouer, Ross & Sugimoto, Yoshio (1986) *Image of Japanese Society*, London : Kegan Paul International.

村瀬、アン・エリザベス（1983）「帰国した子どもたちの不安」小林哲也編『異文化に育つ子どもたち』有斐閣。

中根千枝（1967）『タテ社会の人間関係』講談社。

中西　晃・野田一郎（1980）『海外子女教育に関する調査研究』東京学芸大学海外子女教育センター。

中西　晃（1980）「帰国子女の特性を生かす教育」『帰国子女教育に関する調査研究』東京学芸大学海外子女教育センター。

中西　晃（1985）「帰国生徒及びボストン在住日本人児童生徒の保護者からみた日本と欧米の文化的環境の違い」『東京学芸大学海外子女教育センター紀要』3集。

中西　晃（1988a）「帰国子女教育と国際理解教育」天野正治・中西晃編『実践教職課程講座第15巻　国際理解の教育』日本教育図書センター。

中西　晃（1988b）「異文化理解と海外子女教育」『異文化間教育』2　アカデミア出版会。

中西　晃（1998）「研究主題名からみた国際理解教育の変遷」中西晃研究代表『国際理解教育の理論的実践的指針の構築に関する総合的研究』平成7年度～平成9年度科学研究費補助金（基盤研究(A)(1)）研究成果報告書。

Nelson, Cary, Treichler, Paula A, and Grossberg, Lawrence (1992) "Cultural Studies" in L. Grossberg, C. Nelson and P. A. Treicher (eds.), *Cultural Studies*, New York : Routledge, 1-16.

Newfield, Christopher and Gordon, Avery F. (1996) "Multiculturalism's Unfinished Business" in A. F. Gordon & C. Newfield (eds.), *Mapping Multiculturalism*, Minneapolis : University of Minnesota Press, 76-115.

Nielsen, Francois (1980) "The Flemish Movement in Belgium after World War II : A dynamic Analysis", *American Sociological Review*, 50, 2 : 133-149.

Nieto, Sonia (1992) *Affirming Diversity*, New York : Longman.

日本在外企業協会（1976）「海外派遣者の子女教育問題推進に関する重点施策について」 海外子女教育史編集委員会編 『海外子女教育史』 海外子女教育振興財団。

野田一郎（1988）「在外教育施設における国際理解教育」 天野正治、中西晃編 『実践教職課程講座第15巻 国際理解の教育』 日本教育図書センター。

小川順子（1983）「国際理解教育の創造と実践」 『海外子女教育紀要』 第5号 全国海外子女教育研究協議会。

岡部保博（1983）「海外日本人学校における現地理解教育―ウィーン校での社会科教育の実践を通して―」 『国際理解』 15号 国際理解教育研究所。

Olzak, Susan and Nagel, Jones (1986) *Competitive Ethnic Relations*, Orland : Academic Press.

大野正雄（1984）『海外日本人学校における国際理解教育についての調査研究―在イスラム圏日本人学校の現地理解教育についての調査研究を中心として』。

Park, Robert (1928) "The Bases of Race Prejudice", *The Annals of the American Academy of Political and Science* 140, (Nov.) : 11-20.

Parrilo, V. N. (1996) *Diversity in America*, Thousand Oaks, CA : Pine Forge Press.

Pennycook, Alastair (1994) *The Cultural Politics of English as an International Language*, Essex : Longman Group Limited.

Pitman, Mary & Maxwell, Joseph (1992) "Applications of Qualitative and Ethnographic Research" in LeCompte, M., Millroy, W. & Preissle, J. (eds.), *The Handbook of Qualitative Research in Education*, San Diego : Academic Press, 729-770.

ラタンシ、アリ (1996)「人種差別主義とポストモダニズム　(下)」　『思想』　８７０　(本橋哲也訳)。

Ravitch, Diane (1990) "Multiculturalism : E Pluribus Pluribus Plures", *The American Scholars*, 59, 3 : 337-354. ＝宇田川史子訳 (1997)　「多文化主義―多からなる多」　多文化社会研究会編訳　『多文化主義―アメリカ・カナダ・オーストラリア・イギリスの場合』　木鐸社。

Robertson, Roland (1992) *Globalization*, London : Sage.

Roosens, Eugeen (1994) "The Primordial Nature of Origin in Migrant Ethnicity" in H. Vermeulen & C. Govers (Eds.), *The Anthropology of Ethnicity : Beyond 'Ethnic Groups and Boundaries'*. Amsterdam : Het Spinhuis, 81-104.

Ruby, Jay (1980) "Exposing Yourself : Reflexivity, Anthropology, and Film", *Semiotica*, 30, 1-2 : 153-179.

酒井直樹 (1994)「死産される日本語・日本人―日本語という統一体の制作をめぐる (反) 歴史的考察―」『思想』　８４５。

酒井直樹 (1996)「序論　ナショナリティと母 (国) 語の政治」　酒井直樹、ブレット・ド・バリー、伊豫谷登士翁編　『ナショナリティの脱構築』　柏書房。

佐藤郡衛 (1993)「書評　ロジャー・グッドマン著　長島信弘、清水郷美訳　『帰国子女―新しい特権層の出現』(1992 岩波書店)」『異文化間教育』　7　アカデミア出版会。

佐藤郡衛 (1995)『転換期にたつ帰国子女教育』　多賀出版。

佐藤郡衛 (1997)『海外・帰国子女教育の再構築―異文化間教育学の視点から』　玉川大学出版部。

佐藤郡衛 (2001)『国際理解教育　多文化共生社会の学校づくり』　明石書店。

佐藤弘毅 (1978)『海外子女の教育問題』　学苑社。

佐藤弘毅 (1991)「在外子女教育への施策」　海外子女教育史編纂委員会　『海外子女教育史』　海外子女教育振興財団。

Schlesinger, Arther M. (1991) *The Disuniting of America*, New York : Norton.

関根政美（1989）『マルチカルチュラル・オーストラリア—多文化社会オーストラリアの社会変動』 成文堂。

Shills, Edward (1957) "Primordial, Personal, Sacred and Civil Ties: Some Particular Observations on the Relationships of Sociological Research and Theory" in *British Journal of Sociology*, Ⅷ, 2: 130-145.

Sklair, Leslie (1991) *Sociology of the Global System*, Hemel Hempstead: Prentice Hall/Harvester Wheatshef. =野沢慎司訳（1995）『グローバル・システムの社会学』 玉川大学出版部。

Sleeter, Christine E. & Grant, Carl A. (1988) *Making Choices for Multicultural Education Five Approached to Race, Class, and Gender*, Upper Saddle River: Prentice Hall, Inc.

Smith, Anthony (1986) *The Ethnic Origins of Nations*, Blackwell.

Smith, Anthony (1991) *National Identity*, Nevada: University of Nevada Press.

Smyth, John and Shacklock, Geoffrey (1998) "Behind the 'Cleansing' of Socially Critical Research Accounts" in J. Smyth & G. Shacklock (eds.), *Being Reflexive in Critical Education and Social Research*, London: Falmer Press, 1-12.

Sollors, Werner (ed.) (1989) *The Invention of Ethnicity*, Oxford University Press.

総務庁行政監察局編（1997）『教育の国際化を目指して—日本語教育が必要な外国人子女や帰国子女の教育の現状と課題—』。

Spivak, Gayatri Chakravorty (1988) "Can the Subaltern Speak" in C. Nelson and L. Crossberg (eds.), *Marxism and the Interpresentation of Culture*, Urbana, University of Illinois Press. 271-313.

Stromquist, Nelly & Monkman, Karen (eds.) (2000) *Globalization and Education Integration and Contestation across Cultures*, Lanham: Rowman & Littlefield Publishers, Inc.

杉本良夫、ロス・マオア（1982）『日本人は「日本的」か—特殊論を超え多元的分析へ』 東洋経済新報社。

杉本良夫、ロス・マオア（1995）『日本人論の方程式』 筑摩書房。

多文化社会研究会（1997）『多文化主義—アメリカ・カナダ・オーストラリア・イギリスの場合』木鐸社。

多田孝志（1991）「教員派遣制度」 海外子女教育史編纂委員会 『海外子女教育史』 海外子女教育振興財団。

戴　エイカ（1999）『多文化主義とディアスポラ』　明石書店。

滝沢　州（1991）「海外子女教育振興財団」　海外子女教育史編纂委員会　『海外子女教育史』　海外子女教育振興財団。

田中圭治郎（1991）「国際理解教育・現地理解教育に関する研究」　海外子女教育史編纂委員会　『海外子女教育史』　海外子女教育振興財団。

Tate, William F.（1997）“Critical Race Theory and Education : History, Theory, and Implications” in M. W. Apple（eds.）*Renew of Research in Education*, 22, Washington, DC : American Educational Research Association.

Taylor, Charles（1992）*Multiculturalism : Examining the Politics of Recognition*, Princeton University Press. ＝佐々木毅、辻康夫、向山恭一訳（1996）『マルチカルチュラリズム』　岩波書店。

Todaro, M.（1997）“Education and Development” in *Economic Development*, 6th edition, New York : Longman. ＝岡田靖夫監訳　ＯＣＤＩ開発経済研究会訳（1997）『Ｍ・トダロの開発経済学』　国際協力出版会。

東京学芸大学海外子女教育センター（1978-）『在外教育施設における指導実践記録』。

東京学芸大学海外子女教育センター（1986）『国際化時代の教育』　創友社。

東京学芸大学海外子女教育センター（1998）『新世紀をひらく教育研究　海外子女教育センター創立二〇周年記念誌』。

東京学芸大学海外子女教育センター（2001）『報告書　第2回外国人児童生徒教育フォーラム　学校と地域を結ぶネットワーク構築に向けて』。

Tomlinson, John（1991）*Cultural Imperialism, Baltimore* : The Johns Hopkins University Press. ＝片岡信訳（1997）『文化帝国主義』　青土社。

Trinh, Minh-ha（1991）*When the Moon Waxes Red : Representation, Gender and Cultural Politics*, New York : Routledge.

辻内鏡人（1995）「脱「人種」言説のアポリア―エセンシャリズムとポストコロニアルの相克」『思想』　８４３。

ユネスコ（UNESCO）（1982）*Final Report of World Conference on Cultural Policies*, Mexico City and Paris : UNESCO.

魚住忠久（1987）『グローバル教育の理論と展開』　黎明書房。

魚住忠久（1994）「グローバル・エデュケーション」『教育学研究』 第61巻第3号 日本教育学会。
魚住忠久（1995）『グローバル教育 地球人・地球市民を育てる』 黎明書房。
魚住忠久（2000）『共生の時代を拓く国際理解教育』 黎明書房。
Villennas, Sofia (1996) "The Colonizer/Colonized Chicana Ethnographer: Identity, Marginalization, and Co-optation in the Field", *Harvard Educational Review*, 66, 4: 711-731.
ヴォーゲル、エズラ・F（1979）『ジャパン・アズ・ナンバーワン』広中和歌子 木本彰子訳 TBSブリタニカ。
Walcott, Harry (1994) *Transforming Qualitative Data: Description, Analysis, and Interpretation*, Thousand Oaks: Sage.
Wallerstein, Immanuel (1990) "Culture as the Ideological Battleground of the Modern World-System" in M. Featherstone (ed.), *Global Culture*, London: Sage: 31-56.
Wallerstein, Immanuel (1995) *Historical Capitalism with Capitalist Civilization*, New York: Verso. =川北稔訳（1997）『史的システムとしての資本主義』 岩波書店。
Wallerstein, Immanuel (1996) *Open the Social Sciences Report of the Gulbenkian Commission on the Restructuring of the Social Sciences*, Stanford: Stanford University Press. =山田鋭夫訳（1997）『社会科学をひらく』 藤原書店。
Waters, Malcolm (1995) *Globalization*, London: Routledge.
吉野耕作（1997）『文化ナショナリズムの社会学』 名古屋大学出版会。
ヤング、アイリス・M（1996）「政治体と集団の差異―普遍的シティズンシップの理念に対する批判」『思想』 867 （旋光恒訳）。
Young, Robert J. (1995) *Colonial Desire: Hybridity in Theory, Culture and Race*. London: Routledge.
Yuval-Davis, Nira (1997) *Gender & Nation*, London: Sage.
Yuval-Davis, Nira & Prima Wetbner (1999) *Women, Citizenship and Difference*, London: Zed.
銭谷芳富（1998）「系統性ある現地理解教育のあり方を探って（国際性豊かな子どもの育成はどうあればよいか）―リオ・デ・ジャ

ネイロ日本人学校での実践より」『海外子女教育紀要』第9号 全国海外子女教育研究協議会。

全日本電気機器労働組合連合会（1981）「電気労連の海外総合対策」海外子女教育史編集委員会編『海外子女教育史』海外子女教育振興財団。

索　引

［著　者］
馬渕　仁（まぶち　ひとし）
大学在学中にタイに留学。中学・高校の教員を勤めた後，渡豪。現在，大阪女学院大学教授。Ph. D.（モナシュ大学）。
主な論文
“The Problem of Japanology” in *Culture and Communication*, K. Kitao (ed.),. Yamaguchi Shoten, 1995
Japanese Children Abroad : Toward a Sociology of the Literature on their Situation, Melbourne : Monash Asia Institute, Monash University, 1998

「異文化理解」のディスコース――文化本質主義の落とし穴

平成 14（2002）年 12 月 20 日　初版第一刷発行
平成 15（2003）年 9 月 30 日　初版第二刷発行
平成 17（2005）年 3 月 30 日　オンデマンド版発行

著　者　馬渕　仁
発行人　檜山爲次郎

発行所　京都大学学術出版会
京都市左京区吉田近衛町 69
京都大学吉田南構内（〒606-8315）
電　話（075）761-6182
FAX（075）761-6190
http://www.kyoto-up.or.jp
振　替 01000-8-64677

ISBN 978-4-87698-904-1
Printed in Japan

印刷・製本 ㈱デジタルパブリッシングサービス
定価はカバーに表示してあります